浙江理工大学学术著作出版资金资助（2019年度）
浙江省生态文明研究中心学术著作出版资金资助（2017年度）

Decoupling Water Consumption and Environmental Impact on Textile Industry's Economic Growth

纺织产业经济增长中的水脱钩问题研究

李　一◎著

图书在版编目（CIP）数据

纺织产业经济增长中的水脱钩问题研究/李一著.
—北京：经济科学出版社，2019.4
ISBN 978－7－5218－0294－8

Ⅰ.①纺…　Ⅱ.①李…　Ⅲ.①纺织工业－经济增长－关系－工业用水－水资源管理－研究－中国　Ⅳ.①F426.81②TS108.5

中国版本图书馆CIP数据核字（2019）第034868号

责任编辑：李　雪
责任校对：隗立娜
责任印制：邱　天

纺织产业经济增长中的水脱钩问题研究
李　一　著
经济科学出版社出版、发行　新华书店经销
社址：北京市海淀区阜成路甲28号　邮编：100142
总编部电话：010－88191217　发行部电话：010－88191522
网址：www.esp.com.cn
电子邮件：esp@esp.com.cn
天猫网店：经济科学出版社旗舰店
网址：http://jjkxcbs.tmall.com
固安华明印业有限公司印装
710×1000　16开　15印张　230000字
2019年7月第1版　2019年7月第1次印刷
ISBN 978－7－5218－0294－8　定价：58.00元
（图书出现印装问题，本社负责调换。电话：010－88191510）

前　言

水资源作为人类生产生活中必需的自然资源，为人类社会进步与经济发展做出了巨大贡献。自习近平总书记提出“绿水青山就是金山银山”的科学论断，国家逐步加强包括水资源环境在内的生态文明建设。纺织产业是典型的高耗水、高污染行业，既面临着水资源消耗带来的取水量过多的资源难题，还有废水排放带来的污染较大的环境困境。我国在2015年发布了《水污染防治行动计划》，狠抓工业水污染防治，其中，纺织产业就是重点防治产业之一。此外，《纺织工业发展规划(2016～2020年)》中也对纺织工业明确提出了绿色发展目标：到2020年，纺织单位工业增加值取水下降23%，纺织工业单位主要水污染物排放下降10%。纺织产业的水资源环境问题已成为生态文明建设的短板之一。

浙江理工大学纺织产业可持续发展研究团队，依托浙江理工大学浙江省丝绸与时尚文化研究中心、浙江省生态文明研究中心、浙江省服装工程技术研究中心等，从事纺织经济、环境管理、生态经济、纺织化学等领域多年，纺织工业环境足迹研究成果丰硕、基础扎实。研究团队成功申报国家自然学科基金青年项目“水足迹视角下纺织产品工业生产水资源负荷评价研究”、浙江省自然科学基金青年项目“纺织服装产品模块化工业水足迹核算与评价方法”、浙江省哲学社会科学规划课题“工业水资源消耗，废水排放峰值模拟与脱钩路径研究：以纺织业为例”等重要课题，为本书的撰写提供了大量学术积累。因此，《纺织产业经济增长中的水脱钩问题研究》的出版，是研究团队对以往研究成果的系统梳理和提炼，也是对相关研究的进一步推进和提升。

本书不仅探究纺织产业水资源消耗与经济增长、水环境污染与经济增长之间的脱钩关系，而且系统探讨水资源环境与经济增长之间双重脱钩（水足迹脱钩）的关系。深入、系统地探讨水脱钩问题，实现水资源环境与经济增长从“两难”到“双赢”的跨越，对于纺织产业实现在有限增长模式下的生态经济系统协调优化具有重要的理论意义，对于促进纺织产业水管理制度优化和绿色发展具有重大的现实意义。研究基于环境高山理论、脱钩理论和水足迹理论，从水资源消耗脱钩、水环境污染脱钩和水资源环境双重脱钩三个层次，定义水脱钩的内涵、目标、路径和手段，改进并提出水资源环境双重脱钩模型，构建系统完整的“资源脱钩、环境脱钩、资源环境双重脱钩”的脱钩理论分析体系，基于“压力—状态—响应”（Pressure - State - Response，PSR）分析框架开展脱钩原因分析。

本书在以下三个方面有所创新：

（1）根据水的特征，构建了包含水资源消耗脱钩、水环境污染脱钩、水资源环境双重脱钩的水脱钩综合分析框架，拓展了脱钩理论的内涵与外延。研究基于脱钩理论，根据纺织产业生产中的水量、水质特征，把水资源、水环境和经济纳入有限增长模式下的资源环境系统，定义了水资源消耗脱钩、水环境污染脱钩和水资源环境双重脱钩共三个脱钩的内涵，分别即经济增长中水资源消耗下降、水环境污染减排和水资源环境双重优化，形成了综合考虑水量、水质的系统化水脱钩分析框架；研究还提出并实证分析了水资源环境与经济系统的协调优化、“穿越环境高山运动”、绝对减水化和相对水效率提升分别是实现我国纺织产业经济增长中水脱钩问题的目标、路径和手段。

（2）水资源环境的双重脱钩比单一脱钩更有效，是推进水管理由条块化向系统化改革的理论依据。研究基于水足迹理论建立了水资源环境双重脱钩模型，在水资源、水环境与经济增长系统整合的思路下，综合分析纺织产业经济增长中的“水资源消耗和水环境污染”双重脱钩问题，从脱钩年份和脱钩指数来看，水资源环境双重脱钩比单一的水资源消耗脱钩或者单一的水环境污染脱钩更有效。因此，需要全面衡量水资源环境与经济增长间的脱钩态势，统筹思考工业用水的资源管理和环境治理问题，促使纯粹重视节水管理或纯粹治污管理向系统化节水治污转变，这为打破我国“九龙治水”格局提出理论分析基础与部门改革挑战。

（3）纺织产业经济增长中的水问题存在反弹效应。研究基于能源的反弹效应，类比地提出了水资源、水环境、水资源环境的反弹效应理论假说，通过研究发现，技术进步促进了纺织产业水资源、水环境、水资源环境的减物质化，但是由此引致的经济规模增大、产业结构变化、社会发展中的用水需求提升等一系列连锁现象，反而会导致水资源环境消耗不减反增。水在自然界不存在可替代物品，这对工业经济增长中的水资源消耗和水环境污染问题发出了警示、提出了新挑战，开展数码印花、有机合成化纤工艺等无水工业生产模式、无水工艺研发、无水产品设计是解决这一问题的主要方向。

总的来说，本书以独特的研究视角和系统的研究方法，打破针对水资源或水环境单一指标的传统研究思路，为实现资源环境与经济增长从“两难”到“双赢”的跨越提供理论依据，为进一步促进纺织产业的水管理制度优化提供决策参考。

本书参考和引用了一些专家学者的文献资料与研究成果，在此对他们表示感谢。由于作者研究能力和水平的限制，有些观点与论述可能有待商榷，恳请广大读者与同行批评指正。

李　一

2018 年 5 月 29 日

绪　　论

1.1 研究背景

1.1.1 理论背景

自然环境是人类赖以生存和活动的场所。长期以来，人类为满足自身生产和生活的需求，不断向自然环境索取资源和能源，同时又将活动过程中产生的废弃物排放到环境系统中，形成了复杂性和多样性并存的人与自然耦合系统（coupled human-natural system，CHNS）。随着人类社会的向前推进，人类对于经济发展与资源环境系统关系的思考也处于动态的演进之中[1]。

1.1.1.1 古典经济学时期的资源、环境与经济思想

早期资本主义国家通过开发和掠夺殖民地的自然资源，极大地促进了本国经济的发展，而本国生产生活所产生的废弃物很快被自然界净化，并没有产生严重的污染问题。人们认为自然环境系统能够无限量地为经济发展提供生产资源和废物容纳功能，而经济可以实现无限扩张

（见图1-1）。在此背景下，经济学家们在分析影响经济增长的基础条件时，往往从分工、资本、技术、制度等不同方面研究，却没有对资源环境问题引起足够的重视。比如亚当·斯密等经济学家将经济增长看作一个资本、技术、储蓄率、就业以及制度等因素构成的函数，资源环境则被视为能够被技术或者其他要素替代。

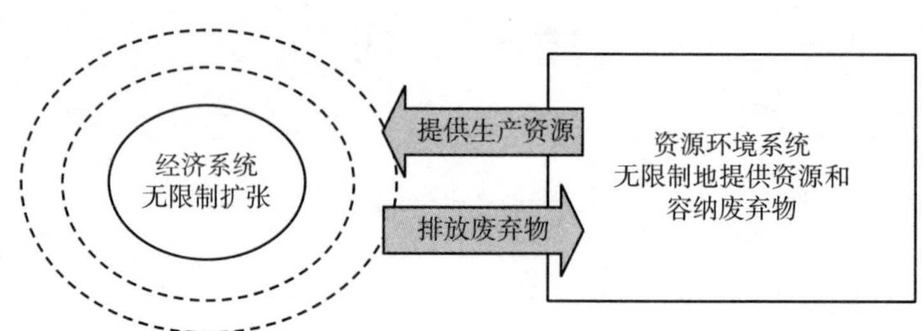

图1-1　无限增长模式下的经济系统与资源环境系统关系

在古典经济学的理论框架下，有部分经济学家已经注意到了资源环境对经济增长的影响。托马斯·马尔萨斯（Thomas Malthus）的《人口论》[2]认为，随着社会人口增加，土地会越来越稀缺，人与资源环境的矛盾会越来越突出，进而导致社会经济状况恶化，直至劳动者处于仅能维持生存的最低生活水平。如果想要保持人类与自然界的平衡，则需要采取某种强有力的措施对人口进行抑制。李嘉图（David Ricardo）在《政治经济学及其赋税原理》[3]中提出了资源边际成本递增模型。他以土地资源利用为例，认为土地资源会按照质量的高低排序逐步得到利用，质量较低的土地在数量上不存在绝对稀缺的情况，但是劣质资源的开发会导致生产成本的上升。边际土地的开发，说明土地的品质会随着人类使用量的增加而下降，这是一种无法避免的内生经济现象。同理，其他自然资源的品质也会随着人类使用量的增加而日益下降，进而导致边际成本上升，最终使得人口和资本处于增长停滞的社会静止状态。约翰·斯图亚特·穆勒（John S. Mill）的《政治经济学原理》[4]在“人类能否实现可持续增长”的问题上基本上取得了与马尔萨斯、李嘉图类似的结论。穆勒认为，土地报酬递减规律是土地生产的基本规律，这是“土地生产的一般法则”。当农业发展到一定阶段之后，按照土地生产的一般法则，如果农业技术和农业知识没有提升，那么投入更多的劳动力也不会使得生产物有相等程度的增加。因此，只有保持技术的持续进步，才能抵消土地的报酬递减作用。否则，当资本积累把经济增长推向一个高水平阶段时，经济将进入停滞状态。不过，穆勒所说的静止状态并非李嘉图和马尔萨斯所说的完全停滞，而是一种零增长的平衡状态，这种资本和人口的静止状态并不意味着人类进步的停滞，精神文明以及社会的发展依旧存在空间。

1.1.1.2 新古典经济学时期的资源、环境与经济思想

和古典经济学一样，新古典经济学主要将关注点聚焦于资源稀缺与经济增长的关系，这个阶段学者主要关注的是在资源稀缺或环境条件有限的情况下，如何配置资源以达到效用最大化。新古典经济学在人类能否实现可持续发展的问题上，总体上持乐观态度。新古典经济学理论认为，市场机制的自发运行完全可以避免马尔萨斯陷阱。这是因为土地和其他自然资源的生产率会随着科学技术的发展而提高，这能够克服报酬递减趋势。另外，市场机制下价格会对资源的稀缺程度做出灵敏反应，完成资源的最优配置。这些因素会缓解人口增长与资源消耗的矛盾。新古典经济学的集大成者马歇尔（Alfred Marshell）在《经济学原理》[5]中也提出了反对静止状态的说法。他认为，虽然自然在生产中具有报酬递减的倾向，而人类所起的作用（比如知识的进步、科学技术的发展、管理水平的提高、市场范围的扩大、先进设备的采用等）则表现出报酬递增的倾向，并且报酬递增倾向会压倒报酬递减倾向。因此，人类未来的发展趋势是良好的。

上述学者在论述经济系统与资源环境系统的互动关系时，依旧将经济系统和资源环境系统作为并行的两个子系统，但两个系统存在交叉与重合的部分，即经济环境系统（见图 1 – 2）。经济增长会受到资源环境系统的影响和约束，但没有完全受制于资源环境系统。

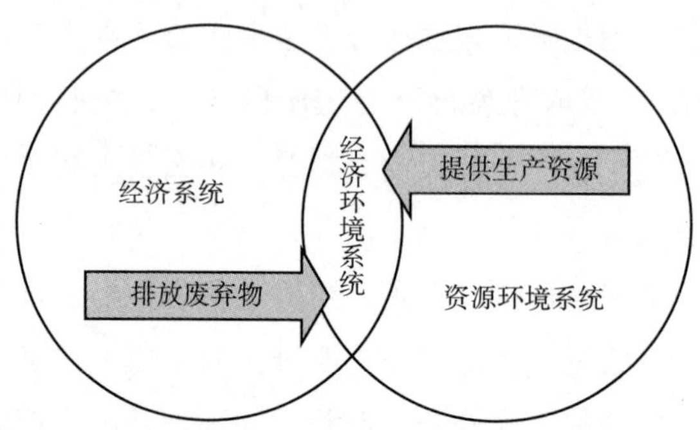

图 1－2　并行的经济系统与资源环境系统关系

1.1.1.3　环境保护主义的资源、环境与经济思想

工业革命后，高增长、高消耗、高污染成为典型的经济发展模式。自然资源的稀缺性、环境污染承载力的有限性和人类需求的无限性，必然会引发经济、资源、环境三者之间的紧张状态。经济学由此开始了迄今约半个世纪的可持续转向，经济学者们开始以可持续发展为宗旨尝试构筑新的经济学理论体系（见图 1－3）。

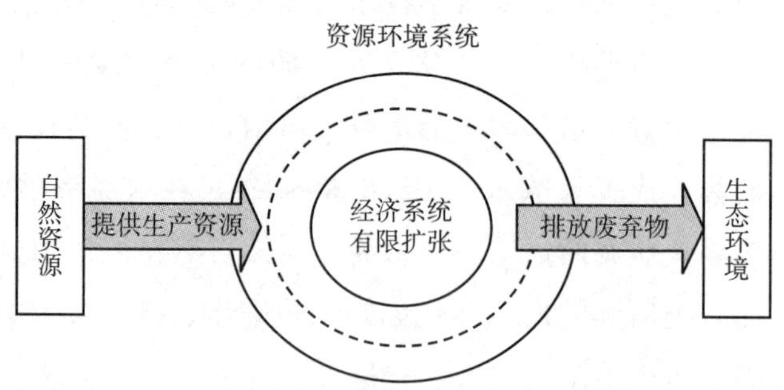

图 1－3　有限增长模式下的经济系统与资源环境系统关系

1972 年，以丹尼斯·梅多思（Dennis Meadows）等为代表的罗马俱乐部提出了增长的极限理论[6]，对人类发展困境问题做出了回答。该理论认为，人类社会的增长由 5 种互相影响、互相制约的发展趋势所组成，分别是：加速发展的工业化、剧增的人口、粮食短缺和普遍的营养

不良、不可再生资源的枯竭以及生态环境的日益恶化。这5种趋势都是呈指数型增长的，5种趋势的物质量构成了所有正反馈环。人口的增多和人均生活水平的提高，需要更多的粮食和工业产品，从而耕地的需求量和工业生产量也以指数型增长。由于工业的发展，不可再生资源的消耗量越来越大，排入环境的污染物质越来越多，而地球资源环境的有限性使得这种趋势具有一定的极限，一旦超越这个极限，后果很可能是人类社会无可挽救地突然瓦解。作者在利用计算机模型模拟经济运行的趋势后，认为如果在世界人口、工业化、污染、粮食生产和资源消耗方面的增长趋势继续下去，在今后的100年内地球上的增长就会达到极限。最可能的结果将是人口和工业生产力双方有相当突然的和不可控制的衰退。肯尼斯·博尔丁（Kenneth Boulding）在《一门科学——生态经济学》中提出传统的经济发展方式是一种牧童经济，即像牧童在草原上无限制放羊一样，人类的经济发展是建立在对地球资源无所顾忌地开发的基础上的。这种经济发展模式注定不可持续，人类应当将发展模式转为“宇宙飞船经济”。博尔丁认为地球是人类赖以生存的最大的生态系统，而人类和经济的不断发展会终将用完地球这个“小飞船”内的有限资源，而人类生产生活排放的废物最后会污染“小飞船”的一切，就像污水充满了整个污水池。基于此，他提出要改变以往“单程式经济”，建立一种不会使资源枯竭、环境污染和生态破坏的“循环经济”体系。博尔丁的思想为循环经济理论提供了原创性的观点，其论文《即将到来的宇宙飞船地球经济学》也被认为是生态经济学的奠基之作。1973年，英国经济学家舒马赫（Schumacher）提出了“小型化经济”。舒马赫认为，现代科技发展会引起大规模的生产，它会促进消费者需求的不断增长，从而造成不可再生资源的严重短缺。同时，大规模生产会导致各类人与自然之间的矛盾，比如污染赖以生存的环境、大量农业机械设备以及化学肥料污染土壤等。舒马赫认为，想要克服这些危机，则需要发展小规模的工业技术，追求人与自然间的平衡生活。

赫尔曼·戴利（Herman E. Daly）从经济学角度为生态经济学建立

了理论分析框架[7]。戴利认为经济是环境的子系统，经济依赖于环境，一方面将它作为原材料的输入源，另一方面作为废弃物输出的垃圾桶。既然经济系统是生态系统的子系统，则不能超越它所在的母系统的规模而发展。如果有些服务是经济系统自身无法提供的，则需要依靠环境系统来提供，那么经济就必须避免扩张到与环境系统发生冲突的地步，否则环境系统提供这种服务的能力将被削弱，进而反过来抑制经济系统的发展。经济系统应该保持在资源环境系统可以持续提供如空气和水的净化、气候维持、废物再生等服务的能力之下。他形象地用“空的世界”来描述经济规模相对于自然生态系统承载力较小的状态；用“满的世界”来描述经济规模接近或超过自然生态系统承载力较大的状态。“当我们画出包含经济的环境边界时，我们就从‘空世界’走向了‘满世界’的经济学——从一个经济系统的输入输出没有限制的世界，走向一个输入输出有限制的世界。”戴利在理论分析的基础上，向世界银行提出了如下建议：一是停止把自然资本的消费当做收入；二是对资源流量应当多课税；三是短期内要使自然资本的生产率最大化，长期则要投资自然资本以增加其供给。

综上所述，从古典经济学的马尔萨斯的悲惨均衡开始，历经新古典经济学框架下的李嘉图设想的静止状态、穆勒的静止状态，到环保主义下的罗马俱乐部的均衡状态、博尔丁的“太空飞船经济”，再到戴利的稳态经济，人类实现了从“征服自然”到“利用自然”再到“尊重自然”的观念转变（见表1-1）。同时，学界对于资源消耗、环境污染和经济发展的互动关系有了更加深刻全面的理解。现有的研究表明，资源、环境与经济发展具有双向的互动作用机制：一方面，经济系统需要向自然界获取资源来进行商品的生产，并向环境排放经济活动产生的废弃物，以实现经济的不断增长，而经济增长过程中的规模、结构以及技术效应又进一步加强了经济系统对资源环境系统的依赖性；另一方面，特定的资源数量和环境质量的变化会通过改变经济结构、调整经济产出变化和改变消费偏好等方面来影响经济发展。

表 1-1 资源、环境与经济关系研究的三个阶段

时间	经济理论	主要人物	主要著作	主要观点
1700~1870 年	古典经济学	亚当·斯密 托马斯·马尔萨斯 大卫·李嘉图 约翰·斯图亚特·穆勒 卡尔·马克思	国富论 人口论 政治经济学及其赋税原理 政治经济学原理 资本论	经济系统与自然环境系统相互独立，自然环境系统能够无限量地为经济发展提供生产资源以及废物容纳功能
1870 年至今	新古典经济学	艾尔弗雷德·马歇尔 威廉·杰文斯 保罗·萨缪尔森	经济学原理 政治经济学理论 经济分析基础	经济系统和资源环境系统有交叉重合，经济增长受到资源环境系统的影响，但不受制于资源环境系统
1960 年至今	生态经济学	肯尼斯·博尔丁 加勒特·哈丁 赫尔曼·戴利	一门科学——生态经济学 公地的悲剧 超越增长：可持续发展的经济学	经济系统是资源环境的子系统，经济发展受到资源环境系统的约束，不能超越资源环境系统的规模而发展

突破经济发展与环境保护困境，是实现经济可持续发展必须解决的问题。要解决这个问题的前提是必须对经济发展过程中的资源消耗效应和环境污染效应，以及经济系统对这两种效应的响应进行深入分析，进而全面掌握资源—环境—经济系统的演变机制。

1.1.2 现实背景

1.1.2.1 我国纺织产业经济发展的水资源环境问题严重

在我国面临的诸多资源环境问题中，水资源危机是其中最为严重、也最为迫切的问题之一。纺织产业（textile industry，TI）是我国工业水资源消耗和水环境污染问题突出的行业之一，水资源消耗量大、水资源

利用效率低、废水排放量大、污染物毒性大等问题严重制约着我国纺织产业的可持续发展。

纺织产业作为新中国第一批专门成立管理部门（纺织工业部）的产业，依然是我国的传统支柱产业、重要民生产业和创造国际化新优势的产业。纺织产业为我国国民经济发展做出了巨大贡献。2001 年，中国纺织产业总产值为 4276.50 亿元；到 2014 年，纺织产业总产值达到 16841.80 亿元[8,9]。纺织产业不仅繁荣市场，同时也是我国吸引就业人口最多的传统制造业之一。2014 年，纺织产业吸纳就业人数超过 1000 万人，占全国工业就业人数的 8.74%[10]，其生产原料由农业提供，关系到 1 亿农民生计[11]。中国是世界上最大的纺织品服装生产和出口国，为世界人民提供了物美价廉的纺织产品。2001 年中国纺织品（Textiles）出口总额为 168.25 亿美元，占全球纺织品服装出口总额的 11.41%；到 2014 年，中国纺织品出口总额达到 1116.62 亿美元，占全球纺织品出口市场份额上升至 35.56%[12]。在出口创汇方面，2014 年中国纺织品服装累计贸易额 3343.33 亿美元，累计顺差 2795.83 亿美元，对保证外汇储备和维持国际收支平衡起到了重要作用[13]。

纺织产业是中国典型的高耗水行业，水资源消耗量大、利用效率低的问题十分突出。2014 年中国纺织产业用水总量达 864.7 百万吨，在调查统计的 41 个工业行业中排名第 7 位，用水总量占 6.3%；其重复用水率和水生产率分别为 63.66% 和 51.34 万元/万吨，远低于重点调查行业的平均值 89.46%（见图 1－4）和 94.12 万元/万吨（见图 1－5）。

纺织产业也是中国工业行业中最大的水污染源之一，其废水排放量大、排放强度高、污染物种类繁杂。2014 年中国纺织产业的废水排放量为 1960 百万吨，在调查统计的 41 个工业行业中排名第 3，占中国工业废水排放总量的 10.5%[8]。在中国纺织产业集聚的东部沿海地区，已经出现了水质型缺水、癌症村等现象，不仅给资源环境造成了很大压力，还对社会公众的健康造成威胁。

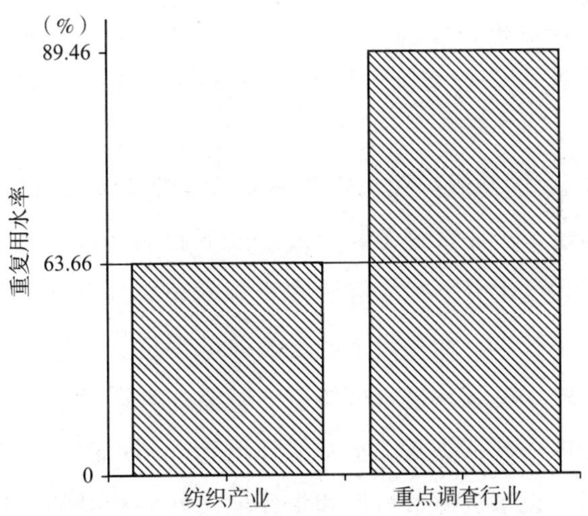

图 1－4　2014 年中国纺织产业用水重复率

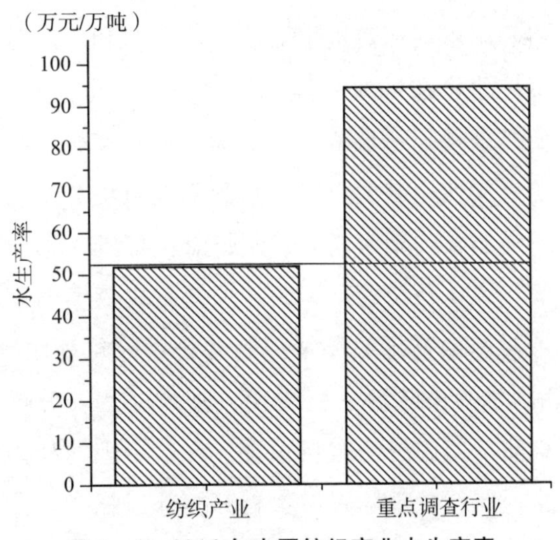

图 1－5　2014 年中国纺织产业水生产率

纺织产业关系国计民生，其用水问题关系到中国的水资源利用格局。为了配合国家在提高水资源利用效率、减少污水排放和加大污水处理力度等方面的宏观政策，纺织产业面临着艰巨的节水减排任务。2016 年 9 月发布的《纺织工业发展规划（2016～2020 年）》指出，纺织产业在“十三五”期间的目标为：到 2020 年，纺织单位工业增加值能耗累计下降 18%，单位工业增加值取水下降 23%，主要污染物排放总量下降 10%[14]。

1.1.2.2 我国纺织产业水资源环境综合管理体系尚未形成

导致我国纺织产业水资源利用效率低下和水环境污染危机产生的根本原因，很大程度上并不完全在于水资源的短缺或者缺少节水技术和污水处理循环利用技术，而是由于缺乏有效的促进水资源高效配置和提升污水治理效率的水资源环境管理体制。建立一种科学可行和高效合理的水资源环境管理体制，是我国水资源环境管理制度改革与创新的关键所在，也是我国建设水资源节约型和水环境友好型社会的一项重要任务和战略目标。

我国水资源、水环境管理体制主要是部门分割管理。在水资源管理上，中华人民共和国水利部负责生活、生产经营和生态环境用水的统筹兼顾和保障，实施水资源的统一监督管理，拟订全国和跨省、自治区、直辖市水中长期供求规划、水量分配方案并监督实施，组织实施取水许可制度和水资源有偿使用制度。同时水利部也负责节约用水工作、拟订节约用水政策、编制节约用水规划、制订有关标准、指导和推动节水型社会建设工作等。在水环境管理上，环保部承担落实国家减排目标的责任，组织制定主要污染物排放总量控制和排污许可证制度并监督实施。《中华人民共和国水污染防治法》规定，县级以上人民政府环境保护主管部门对水污染防治实施统一监督管理。在水治理的某些领域，以国务院其他部门为主，履行管理职责，水利部等部门配合。针对水污染防治工作，环保部实施统一监督管理，水利部、住建部等相关部门配合。

这种管理模式存在管理权限和职能不清，还存在着交叉、重叠甚至是错位的管理问题，会使监管效率低下，从而影响整个纺织产业水治理的效果①。如环保部门与水利部门关于水环境监测与水质监测、排污总

① 纺织产业国家级节水及水污染治理的政策分析，详见附录 1。

量控制目标和水域限制排污总量存在着互相推诿的问题；水利部门与工业信息化部门之间关于节水总量、用水分配意见方面存在职责不清晰、衔接不通畅的问题；水利与住建部门在工业供水、节水、排水、污水处理回用等方面存在职能交叉的问题。在中国纺织产业第一大省——浙江省就存在政府部门的政策矛盾导致水管理效率低下的问题①。比如：浙江省环保厅在2009年发布的《浙江省印染产业环境准入指导意见》规定原则上浙江省不再审批新建印染项目（高科技和特种产品印染项目以及生产规模不变的技改项目除外）。为支持印染行业可持续发展，2011年浙江省经信委印发了《关于印发印染项目投资管理规定的通知》，允许符合规定的印染项目进行投资。同时，环保部门尚未实行垂直管理，难以落实对地方政府及其相关部门的监督责任，难以解决地方保护主义对环境监测监察执法的干预，难以适应统筹解决跨区域、跨流域环境问题的新要求，难以规范和加强地方环保机构队伍建设。

1.2 研究意义

纺织产业经济发展面临着水资源消耗大和水环境污染重的双重困境，脱钩既是打破经济增长与水资源环境耦合关系的必然选择，也是促进水资源消耗下降、水环境污染减排和纺织产业绿色发展的内在要求。深入、系统地探讨水脱钩问题，实现资源环境与经济增长从“两难”到“双赢”的跨越，对于纺织产业在有限增长模式下的生态经济系统协调优化具有重要的理论意义，对于促进纺织产业水管理制度优化具有重大的现实意义。

① 纺织产业浙江省节水及水污染治理的政策分析，详见附录2。

1.2.1 理论意义

1.2.1.1 丰富脱钩理论的内涵

脱钩理论研究是经济与资源环境研究领域最为常用方法之一，它来源于物理学概念，指具有相互关系的两个或多个物理量之间的相互关系减小或不存在的情况[15,16]。经济与资源环境的脱钩即打破经济财富增长和资源环境危害之间的联动关系。实现经济与环境之间的脱钩被认为是实现经济绿色发展的前提，也是经济合作与发展组织（OECD）提出的人类发展基本目标之一[17]。实现这一目标迫使人们对资源利用、环境质量和经济增长之间的联系进行重新思考[18]。脱钩在经济社会发展与资源消耗、与环境破坏的相互关系评估中应用广泛。在工业水资源、水环境领域，脱钩是指经济增长与水资源消耗利用之间的依赖程度，从强相关逐渐减弱至不相关或反相关的过程。因此，研究围绕“为什么”“是什么”“怎么办”做了系统性的思考，根据纺织产业生产中的用水量、水质特征，从水脱钩的分类、目标、路径和手段等方面丰富了脱钩理论的内涵。

1.2.1.2 拓展脱钩理论的外延

以往的研究只关注工业水资源消耗与经济增长两者之间的脱钩关系或者废水排放与经济增长之间的脱钩关系，利用水资源或水环境中的某一个因素来研究其与经济增长之间的关系。然而，仅从水资源或水环境的某一角度着手的研究，缺乏水资源和环境综合视角下的定量定性研究和有效性判定，忽视了资源、环境、经济作为生态经济系统的整体性，研究结果往往片面化、局部化。破解经济增长所面临的水难题，既有水资源消耗带来的资源利用问题，又有废水排放带来的环境污染问题，需要统筹考虑“资源和环境”的问题。本研究基于水资源、水环境与工业增长系统整合的思路，以经济增长与水资源环境保护双赢为主线，结合生态经济学等经典理论，利用水足迹方法将水资源消耗和水环境污染综合为一个因素，建立了水资源环境双重脱钩模型，从而开展水资源环境与经济增长的脱钩分析，判断纺织产业水资源环境及经济增长的脱钩状态与演变趋势，从资源/环境的单一视角拓展到资源环境综合视角（见图1－6），构建了系统的水资源消耗脱钩、水环境污染脱钩和水资源环境双重脱钩理论分析框架。

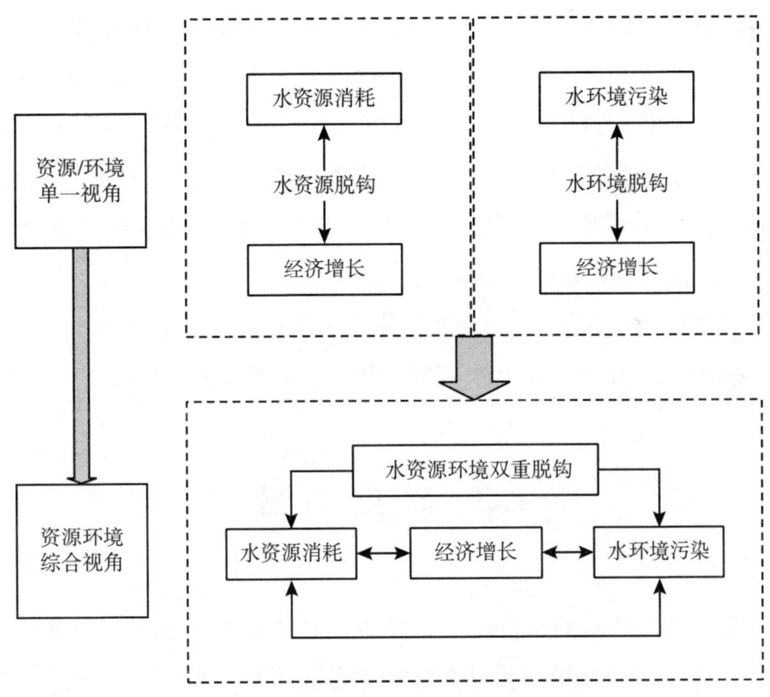

图1－6 水资源环境与经济增长脱钩的分析框架

1.2.2 现实意义

1.2.2.1 为纺织产业综合水治理制度改革提供决策依据

在水资源短缺、水环境污染不断恶化的形势下，政府通过制定相关的法律法规、技术规范等一系列政策，加强纺织产业的水问题整治提升工作，对纺织产业节水以及水污染治理进行着不断的探索，并取得了积极成效。但是，大部分政策的落脚点在于节水或者治污的某一个方面，资源部门、经济部门、环境部门各自为政现象严重。这种水资源环境管理中“多龙治水”的局面，导致部门之间相互推诿，部门之间的协调成本大大增加，从而使政府的统筹功能大大弱化[19]。本研究实证检验了水资源环境双重脱钩比水资源消耗或者水环境污染的单一脱钩更有效，这为推进系统化的工业节水治污制度改革提供了决策依据。

1.2.2.2 提出纺织产业向低水耗、高增长、低排放转型的政策建议

党的十九大勾画了绿色发展路线图，研究探索纺织产业环境库兹涅茨曲线与资源依赖性曲线尽快平稳向右移动直至出现稳定下降的方法和路径，使管理理念由纯粹重视节水管理或纯粹治污管理向系统化节水治污的转变；研究提出了纺织产业水资源环境与经济增长从“两难”到“双赢”跨越的对策建议，从而大力推动纺织产业绿色发展，提升纺织产业水资源综合利用水平和区域纺织产业可持续发展的总体水平，把纺织行业建设成为我国工业节水减排的领跑与示范行业。

1.3 研究内容

研究把纺织产业的水资源消耗脱钩、水环境污染脱钩以及水资源环境双重脱钩（水足迹脱钩）作为研究对象，系统化研究纺织产业经济增长与水资源消耗、经济增长与水环境污染以及经济增长与水资源环境的关系，在国内外文献资料的基础上提出理论假说；利用脱钩弹性模型分析经济增长与水资源消耗和水环境污染之间的强度效应，同时结合水足迹的方法将水资源消耗与水环境污染综合成一个指标，探究经济增长中的水资源环境的脱钩问题；然后分别利用因素分解模型，深度剖析影响各自脱钩状态的内在机理，并确定实现脱钩的驱动因子、减量化效应和反弹效应；最后结合中国纺织产业的水资源消耗和水环境污染现状，为纺织产业的节水、治水战略的制定提供合理化建议，并为其他高水耗、

高排放传统工业的用水管理提供参考。研究整体思路和研究框架见图1－7，共分为七章：

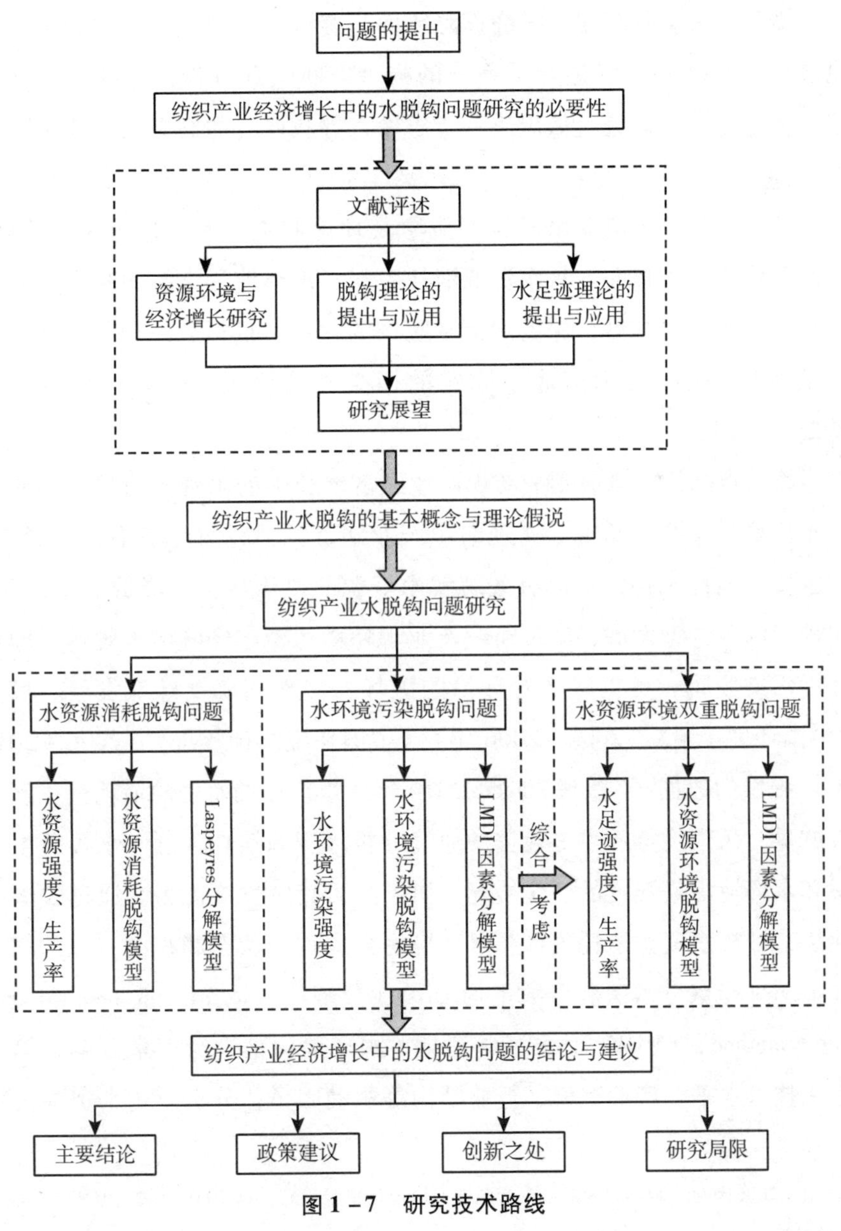

图1－7　研究技术路线

第 1 章为绪论。围绕为什么研究中国纺织产业经济增长中的水脱钩问题，论述本研究的背景和意义，并指出研究的整体思路和主要内容，最后交代了研究所使用的主要方法。

第 2 章为文献综述。围绕资源环境与经济增长研究、脱钩理论和水足迹理论的研究现状进行了系统的梳理、回顾和分析，并进行总结评述。借鉴已有的研究，做出进一步思考，寻找研究的突破点，提出研究展望。

第 3 章为纺织产业水脱钩的概念及理论假说。围绕是什么的原则，以水脱钩概念为核心，从水资源消耗脱钩、水环境污染脱钩和水资源环境双重脱钩三个维度，深度剖析水脱钩的内涵、目标、路径和手段。在此基础上，提出纺织产业水脱钩的四条理论假说，作为后续研究的基础。

第 4 章和第 5 章分别为纺织产业经济增长中的水资源消耗脱钩研究和水环境污染脱钩研究。实现纺织产业水资源消耗与经济增长的脱钩，即水资源消耗脱钩，可以有效缓解水资源的供给压力、降低取水总量，实现资源节约型发展；实现纺织产业水环境污染与经济增长脱钩，即水环境污染脱钩，可以降低对环境的破坏、实现环境友好型发展。根据《中国环境年鉴》（2002 ~ 2006 年）《中国环境统计年报》（2006 ~ 2014 年）提供的数据[①]，整理 2001 ~ 2014 年纺织产业的水资源消耗量、废水排放量、污染物排放量等数据。通过分析水资源消耗强度、水资源生产率和水环境污染强度的变化情况，研判其可持续发展能力。通过脱钩弹性法，分析水资源消耗脱钩和水环境污染脱钩的状态和程度。分别利用 Laspeyres 指数分解法和对数平均 Divisia 分解法（logarithmic mean divisia index method，LMDI）对水资源消耗、水环境污染进行因素分解，综合考虑技术水平、产业规模、行业结构等驱动因子，分析影响水资源消耗

① 2006 年之后数据收录杂志有所调整，但统计口径一致。自 2001 年起，为最大可使用连续数据。

脱钩、水环境污染脱钩发展变化的原因以及经济发展中的水资源消耗、水环境污染的反弹效应和减量效应。

第 6 章为纺织产业水资源环境双重脱钩（水足迹脱钩）研究。实现纺织产业经济增长与水资源环境双重脱钩，实质上是经济增长与水资源消耗和水环境污染综合效应的脱钩。本章利用水足迹表征水资源环境，对我国纺织产业 2001 ~ 2014 年的水足迹强度与水足迹生产率进行核算和比较分析。利用水资源环境双重脱钩模型，研究了水资源环境与经济增长之间的联动关系，并借助赋值划分法对水资源消耗脱钩、水环境污染脱钩、水资源环境双重脱钩进行有效性对比分析。最后，利用对数平均 Divisia 分解法对水足迹进行分解，分别计算不同因素对行业水足迹变化量的贡献量，进而分析经济发展中的水资源环境反弹效应和减量效应。

第 7 章为研究结论和政策启示。此章对全书重要的结论进行回顾和提炼，提出了促进纺织产业水脱钩的政策建议，并分析了研究的不足。

1.4 研究方法

研究通过查阅相关文献资料，梳理国内外关于资源环境与经济增长、脱钩理论，以及水足迹理论等方面的研究，明确水资源环境强度、水资源环境效率、水资源环境双重脱钩和水资源环境反弹效应等相关概念，并进一步提出理论模型，进行实证分析。在研究方法中，主要有以下四种：

（1）脱钩弹性法。一是利用脱钩理论的思想架构、研究的总体框架，提出理论假说；二是建立纺织产业水资源消耗脱钩模型、水环境污染脱钩模型以及水资源环境双重脱钩模型，研究水资源消耗与经济增长、水环境污染与经济增长、水资源环境（水足迹）与经济增长之间的互动关系和演变规律。

（2）水足迹核算方法。工业水资源消耗以新鲜用水计量，而废水排放含有污染物，两者的性质不同，应用水足迹的方法可以使两者折算成统一量纲，把水资源消耗、水环境污染两个因素综合成水资源环境一个因素，实现与工业经济增长的资源环境脱钩分析。

（3）Laspeyres 因素分解法。运用 Laspeyres 完全分解模型对影响纺织产业水资源消耗的驱动因子进行分解，探究各因子对脱钩变化趋势的影响和贡献率。测算纺织产业及其子行业在经济增长中的水资源减量效应和反弹效应。

（4）LMDI 因素分解法。运用 LMDI 加法模型对影响纺织产业水环境污染、水资源环境（水足迹）脱钩演变的各驱动因子进行分解，探究各因子对脱钩变化趋势的贡献量。分析纺织产业水资源环境的减量效应和反弹效应，并在子行业层面研究了水环境污染的减量效应和反弹效应。

具体研究方法，在第 3、第 4、第 5、第 6 章分别论述。

1.5 创新之处

研究在以下几个方面存在一定的创新性：

第一，根据水的水量、水质特征，构建了包含水资源消耗脱钩、水环境污染脱钩和水资源环境双重脱钩的水脱钩综合分析框架，提出了“穿越环境高山运动”是实现水脱钩的路径，实证分析了减物质化是实现脱钩的手段。研究基于脱钩理论，根据纺织产业生产中的用水量、水质特征，把水资源、水环境和经济纳入有限增长模式下的资源环境系统，定义了水资源消耗脱钩、水环境污染脱钩和水资源环境双重脱钩共三个脱钩的内涵，即经济增长中水资源消耗下降、水环境污染减排和水资源环境双重优化，形成了综合考虑水量、水质的系统化水脱钩分析框架；研究还提出并实证分析了水资源环境与经济系统的协调优化、“穿越环境高山运动"、绝对减水化和相对水效率提升分别是实现我国纺织产业经济增长中水脱钩问题的目标、路径和手段。

第二，建立了水资源环境双重脱钩模型，验证了水资源环境双重脱钩比单一脱钩更有效，这为推进我国水管理制度改革由条块化向系统化转变提供了理论依据。研究基于水足迹理论建立了水资源环境双重脱钩模型，在水资源、水环境与经济增长系统整合的思路下，综合分析纺织产业经济增长中的"水资源消耗和水环境污染"双重脱钩问题，从脱钩年份和脱钩指数来看，水资源环境双重脱钩比单一的水资源消耗脱钩或者单一的水环境污染脱钩均更有效，这就需要全面衡量水资源环境与经济增长间的脱钩态势，统筹思考工业用水的资源管理和环境治理问题，促使纯粹重视节水管理或纯粹治污管理向系统化节水治污转变，这为打破我国"九龙治水"格局、开展部门改革提供了决策依据。

第三，纺织产业经济增长中的水资源消耗、水环境污染、水足迹存在反弹效应，水不存在替代品决定了纺织产业减水化需从提高效率型相对减物质化模式转向无水生产、无水工艺和无水产品型绝对减物质化模式。研究基于能源的反弹效应，类比地提出了水资源、水环境、水资源环境的反弹效应理论假说，通过研究发现，技术进步促进了纺织产业水资源、水环境、水资源环境的减物质化，但是由此引致了经济规模增大、产业结构变化、社会发展中的用水需求提升等一系列连锁反应，反而会导致水资源环境消费不减反增。水在自然界不存在可替代物品，这对工业经济增长中的水资源消耗和水环境污染问题发出了警示、提出了新挑战，开展数码印花、有机合成化纤工艺等无水工业生产模式、无水工艺研发、无水产品设计是解决这一问题的主要方向。

文献综述

自然资源与经济发展脱钩是经济发展与资源环境压力之间耦合关系发生破裂的现象，是人类经济活动与自然生态系统之间的一种理想关系。本章以资源环境与经济之间的关系为对象，以脱钩概念为核心，对资源环境与经济增长的关系研究进行梳理。在此基础上，对脱钩理论、反弹效应以及水足迹理论进行综述，总结相关的研究方法，揭示脱钩概念的发展过程，并提出进一步研究的几点思考。

2.1 资源环境与经济增长研究

资源环境与人类的生产生活紧密相关，资源、环境和经济之间相互影响、相互发展。在资源环境与经济增长之间矛盾日益严峻的情况下，世界各国政府、学术界都在关注如何维持资源、环境与经济之间平衡发展的问题。

2.1.1 资源消耗与经济增长

2.1.1.1 资源消耗与经济增长关系的机理及模型研究

在讨论经济发展的问题时，分工、资本、技术和制度往往被认为是影响经济发展的基础条件，自然资源短缺问题未得到足够的重视。亚当·斯密、索洛等诸多经济学家在研究经济发展相关因素时，均着重于资本、技术等要素投入对经济增长的研究。

随着经济发展与资源短缺之间的矛盾日益严峻，自然资源与经济发展的矛盾关系研究逐渐得到学界的关注。1789 年，英国经济学家马尔萨斯在著作《人口原理》中论述了人口生产与资源供给的关系。他认为，地球的土地资源是有限的，终有一天，资源的有限性会遏制人口扩张的规模。1931 年，霍特林（Hotelling）提出了矿产资源耗竭理论[20]。西里阿西·旺特鲁普（Ciracy Wamtrup，1952）认为生态环境破坏的后果不确定和不可逆转，他建议在开采和研究利用资源之前设立一个最低安全标准。1968 年 4 月，“罗马俱乐部”提出人类经济增长的极限问题，并且第一次提出地球和人类社会发展都存在极限的观点。

20 世纪 70 年代，世界经济的发展遇到了瓶颈期，这个时期世界出现了粮食短缺、气候变暖、臭氧层破环等令人担忧的危险征兆。斯蒂格利茨（Stigliz，1974）和索洛（Solow，1974）较早对资源约束条件下的经济增长进行研究，并探究了资源最优开采条件。他们的研究认为，在自然资源存量有限并且人口保持正向增长的情况下，经济产出是有可能保持长期增长的，前提是具备较快速度的技术进步[21]。1974 年，达斯古普塔（Dasgupta）和西尔（Heal）基于新古典模型，将人造资本和可耗竭性自然资源引入生产函数，并将替代弹性设为某一常数。在假定技术进步率外生后，对不可再生资源约束下的经济增长问题进行探讨，结果表明在经济增长最优路径上减少资源最终消费是可以实现的[22]。拉斯特和塔特姆（Rashe & Tatom，1977）在柯布—道格拉斯生产函数中加入可耗竭性资源，并对可耗竭性资源开采利用与长期经济增长之间的规律进行探讨。

20 世纪 80 年代末，卢卡斯（Lucas）和罗默（Romer）等学者基于新古典增长模型，提出了技术进步内生化新增长理论。学者们尝试在内生增长模型中加入资源变量，对资源要素在经济发展中的影响机制进行研究。罗布森（Robson，1980）在乌萨瓦（Uzawa，1965）的理论模型中引入了不可再生资源，通过动态最优化算法得出经济最优解，结果表明经济增长的动力来自非竞争性的技术进步。在巴比尔（Barbier）和马卡德雅（Markandya）在1990年的研究中指出，资本与自然资源之间是不能互相自由替代的。他们探讨了自然资源的最优开采利用路径，以达到贴现效用最大化。格里莫（Grimaud）和鲁热（Rouge）在2003年基于新熊彼特模型，将不可再生资源约束条件引入研究，结果显示，如果研究与开发（R&D）的产出效率充分有效，则存在人均产出正向增长的可能性[23]。

国内学者对资源约束下的经济增长进行了大量有价值的研究。郭晔（2007）在内生经济增长模型中加入能源因子，以技术因子与能源、劳动力相融合为特征，对中国和印度两个国家的能源、技术与经济增长的长期关系和短期动态影响进行了比较分析[24]。陈诗一、陈登科（2017）从能源要素的视角对我国资源配置效率动态演化机制及分解做了研究，研究发现，我国全要素生产率持续增长，但是资源配置效率相对低下。

2.1.1.2 资源消耗与经济增长关系的实证研究

在资源消耗与经济发展的互动关系研究中，学者们的研究焦点在资源的可持续利用，资源产出效率的提高途径等方面。

克利夫兰（Cleveland et al.，1984）的研究发现，美国近一百年来的能源消费与国民经济产出呈现高度正相关，提升能源消费结构能够打破这种联动关系[25]。李（Lee，2005）以1975～2001年为样本区间，对18个发展中国家的能源消费与实际产出水平进行关系研究。他们认为，无论从长期还是短期来看，能源消费到实际产出之间均存在单向因果关系[26]。

由于中国进入工业化的时间相比发达国家较晚，因此有关资源消耗和经济增长之间的关系研究起步也较晚。改革开放以来，特别是21世纪初期，中国经济发展中资源利用效率低下以及资源供需矛盾等问题日益严峻，大量有关资源消费与经济增长关系的研究涌现。王青、刘敬智等（2005）借助物质流账户方法，计算了中国 1990～2002 年经济发展中的国内物质消费 DMC（Domestic Material Consumption），并将之与国民经济发展指标联系，结果表明中国经济的物质消耗并没有随经济总量的增长而成比例增长，并且已经实现了一定程度的相对减量，但是资源利用水平与发达国家相比依旧存在非常大的差距[27]。傅素英（2010）综合运用生态足迹、协整理论及误差修正模型，通过计算 1990～2004 年中国安徽省的生态足迹，对资源消耗与经济增长之间的关系进行实证分析。其研究结果表明，安徽省经济发展属于能源、资源消耗型，亟须转变经济发展方式[28]。王亚菲（2011）在研究中利用面板协整与误差修正模型，结果发现中国各省在 1990～2008 年的资源消耗与经济增长之间具有双向因果关系[29]。诸大建、朱远等（2013）基于资源依赖性倒"U"型曲线①，将循环经济发展的三个模式概括为褐色增长的 A 模式、减少增长的 B 模式和聪明增长的 C 模式，建立经济社会福利与自然资源消耗间的倒"U"型曲线（见图 2－1），并结合 IPAT 脱钩程度测度法

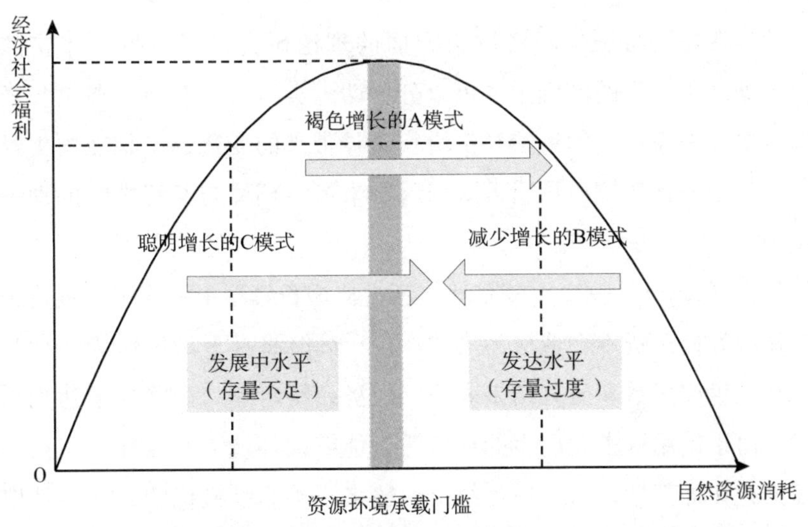

图 2－1　经济社会福利与自然资源消耗间的倒"U"型曲线

① 文中倒"U"型曲线又称库兹涅茨曲线，为了表述和理解方便，两者均有使用。

对资源环境消耗与经济增长间的脱钩状态进行了分析，根据结果指出适合中国发展循环经济道路的选择是相对脱钩的C模式，研究还提出了生态文明背景下深化循环经济理论的设想[30]。

2.1.2 环境污染与经济增长

2.1.2.1 环境污染与经济增长关系的机理及模型研究

早期经济增长理论模型未将环境污染因素考虑在内。比如新古典理论的索洛经济增长模型仅考虑了劳动供给和技术知识状态的影响，但随着经济生产规模迅速扩张，人口急剧膨胀，产出的废弃物大大超过环境自身净化能力，出现了严重的环境污染与破坏问题，使得人们不得不重新思考经济发展模式。1962年莱切尔·卡逊（Rachel Carson）发表《寂静的春天》一书，首次在世界范围内掀起了一场拯救生态环境的绿色运动，越来越多的学者开始考虑传统经济的局限性和经济与环境的兼容性。

学界在环境污染与经济增长方面的理论研究已经取得了丰富的成果，根据理论框架的区别主要可以分为两大类：一是在新古典增长模型的框架中，考虑环境约束给经济增长路径带来的变化；二是在内生经济增长模型中，把环境质量引入效用函数来考察环境与经济之间的动态交互过程。

莱文（Levin，1972）较早地在新古典增长模型中引入了环境污染因素。他假设使用资本会造成污染的产生，同时将存量污染作为一种生产要素纳入生产函数。研究结果表明，经济在特定的均衡路径下达到均衡点时，由于使用资本而产生的环境污染能够被环境自身净化。然而，由于污染存在外部性，这一均衡结果一般来说并非是最优的，如果消费者能够采取一定的污染治理措施，则可能实现自身福利函数的最大化[31]。在此理论框架下，福斯特（1973）进一步研究了环境污染治理对经济增长的影响作用。由于污染治理将占用部分原本用于生产的经济要素，因此消费水平和资本存量水平在稳态下都低于新古典模型[32]。塞尔登和桑（Selden & Song，1994）认为环境污染会通过改变产出和消费偏好对经济增长产生影响[33]。科普兰和泰勒（Copeland & Taylor，1994）的南北贸易理论模型侧重于讨论贸易、经济与环境之间的关系。研究发现，在封闭的经济体中，环境规制能够促使生产向清洁化发展，从而减少污染物的排放[34]。安得列奥尼和莱文森（Andreoni & Levinson，2001）通过构建微观静态模型，发现环境污染处理技术是影响经济增长与环境污染关系的因素之一[35]。洛佩兹（Lopez，2004）的研究发现，“污染增进型”的技术进步会影响经济增长水平[36]。布鲁克和泰勒（Brock & Taylor，2004）通过在索洛模型中加入污染物排放、污染治理以及污染存量，建立了绿色索洛模型。其研究假设环境污染治理以外生的增长率增长，同时环境污染状况在经济不断发展的情况下最终会得到改善[37]。奥达斯和瓦伦特（Ordás & Valente，2011）将环保技术投资纳入新经济增长模型中，其研究认为如果经济实现最优的可持续发展，则污染增长率会与产出增长呈正相关关系，而与排放水平呈负相关关系[38]。

以上在新古典增长框架下的研究中，均将技术进步作为外生给定的变量。这些研究无法说明资源与技术进步之间的互动机制。为弥补这个缺陷，很多学者尝试把环境质量作为生产要素引入效用函数中，由此对内生增长模型进行了拓展。斯托基（Stokey，1998）认为经济增长对环境质量的影响存在门槛效应。当经济体收入水平较低时，消费带来的边际正效用超过环境污染带来的边际负效用，经济生产倾向于使用污染最严重的技术，进而使得环境恶化。收入水平较高时，消费的正边际效用逐渐被污染的负边际效用抵消，经济体将采用更加清洁的生产技术，环境污染由此得到改善[39]。周侃、樊杰（2016）采用空间自相关分析方法，研究环境污染源及污染物排放的空间集聚效应，并拓展了双变量全局和局部自相关分析，以进一步分析污染物排放强度与污染源结构之间的空间相关性，研究发现我国环渤海地区的污染源结构强化了污染物排放的空间集聚效应[40]。

2.1.2.2 环境污染与经济增长关系的实证研究

1991 年，美国经济学家格罗斯曼（Grossman）和克鲁格（Krueger）对 66 个国家的 14 种空气污染和水污染物质在 12 年间的变动情况进行了研究。结果发现环境污染程度随着人均收入增长呈现先增长后下降趋势。污染程度的峰值大致与中等收入水平相对应。大多数污染物与人均国民收入水平之间存在倒“U”型曲线关系，这种关系被称为“环境库兹涅茨曲线（EKC）”假设。环境库兹涅茨曲线认为在政府不实行环保政策的情况下，经济发展在初级阶段以牺牲环境为代价，环境质量会随着经济发展水平的提高而下降，并且经济发展对生态环境的破坏作用与经济发展速度呈现正相关关系；当经济水平提升到一定水平，经济发展会促进科技进步，为改善环境创造条件[41]，整体发展趋势见图 2－2。

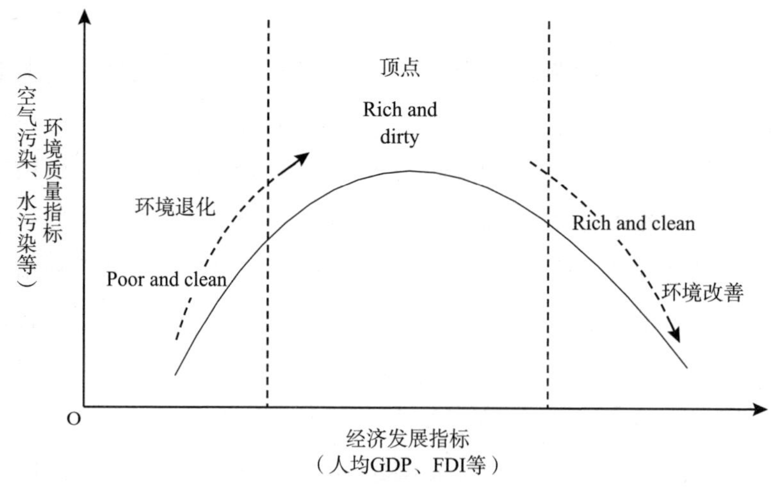

图 2－2 环境质量与经济发展间的环境库兹涅茨曲线

注：GDP 为国内生产总值；FDI 为外商直接投资。

自环境库兹涅茨曲线提出以后，学界针对环境库兹涅茨曲线的形成、拓展形式和影响因素做了大量实证研究。帕纳约托（Panayotou，

1993）在数据量更大的样本下进行分析并对环境库兹涅茨曲线的假设提供了支持[42]。斯特恩（Stern，2010）对 OECD 国家 1960～2000 年以及其他 97 个国家 1950～2000 年的经验数据进行了分析，研究认为这些国家的 CO_2 排放与人均 GDP 存在显著的环境库兹涅茨曲线关系[43]。法哈尼和姆里扎克（Farhani & Mrizak，2014）认为非洲国家在 1990～2010 年间环境质量与经济增长存在倒“U”型曲线关系[44]。国内学者在环境库兹涅茨曲线关系的实证研究方面也得出了相似的结果。杨凯和叶茂等（2003）对上海 1978～2000 年人均 GDP 与城市废弃物增长数据进行拟合计算，结果表明上海城区废弃物增长与人均 GDP 之间存在较为明显的环境库兹涅茨曲线特征[45]。杨海生、周永章等（2005）基于 1992～2002 年中国 29 个省市的经济、外商直接投资（foreign direct investment，FDI）以及环境的相关数据，分析了 FDI 对中国环境库兹涅茨曲线的影响，并最终发现 FDI 与水污染物排放之间呈现显著的正相关关系[46]。陆旸、郭路（2008）的研究对环境支出和环境污染的最优增长路径进行分析，结果表明治污技术的规模收益不变时，环境污染和经济产出将呈现倒“U”型的增长路径[47]。

由于污染物指标选取和收入的区别，现有的环境库兹涅茨曲线（EKC）实证研究结果也存在差异，并非所有研究都得出支持环境库兹涅茨曲线的结论。沙菲克（Shafik，1994）的研究结果表明，不是所有环境质量指标和经济增长指标之间都存在环境库兹涅茨曲线关系，其中某些度量环境质量的指标与经济增长呈负相关关系，另一些度量指标与经济增长则呈现出正相关关系[48]。虞义华、郑新业（2011）的研究结果表明，我国 29 个省份 1995～2007 年的碳强度与人均 GDP 之间存在“N”型关系，并且只有实现产业结构的转型升级才能引致碳排放强度的大幅下降，经济总量的增长对于降低碳强度没有显著作用[49]。袁鹏和程施（2011）认为我国工业部门的环境效率与经济增长存在倒“U”型曲线关系，即环境效率先随着经济增长而提高，但是在人均 GDP 超过转折点后开始下降，这与环境库兹涅茨曲线的含义正好相反[50]。

综上所述，很多学者在环境指标的选取、环境库兹涅茨曲线的形成机制、环境库兹涅茨曲线表现的拓展形式和影响因素等方面做了大量有益的工作，为研究环境污染与经济增长的互动关系提供了丰富的参考资料。

2.1.3 资源消耗、环境污染与经济增长

在经济高速发展的同时，各类环境公害事件以及能源危机在世界范围内频繁发生。这使得社会和学术界越发关注环境污染、资源耗竭情况下的经济可持续发展问题。

2.1.3.1 资源环境与经济增长的理论研究

在经济发展与资源环境协调关系的研究方面，学者们通常采用协调度、承载力模型、内生增长模型等方法，其研究成果对实现经济可持续发展提供了重要的理论启示。

有学者在内生增长模型中加入了环境与资源要素，以求得经济增长的最优解。张彬等（2007）认为只有提高环保投资效率及其对改善环境质量的贡献率，才能实现经济在能源和环境双重约束下的可持续增长[51]。王彦彭（2011）将能源和环境引入生产函数中，考察了能源可持续利用、环境治理与经济可持续增长的内在关系与作用机制。结果发现，能源投入的增加可以提高经济产出，而经济产出规模的扩大会导致环境污染，因此，在经济发展中加大环保投资和提高生产技术水平是十分必要的[52]。于渤（2006）认为加快资源耗竭速度可能会使得经济更快增长，但也会导致经济的可持续发展面临更大的压力，而我国环境治理的投入尚未达到稳态增长的要求[53]。石刚（2014）将环境和能源引入内生增长模型，考虑化石能源利用带来的环境污染问题。其研究将环境污染定义为能源利用量的线性函数，认为本期环境质量为上一期环境质量、本期环境自净程度以及本期环境污染的线性组合[54]。研究发现，在能源对经济的重要性大于环境质量的时代，经济的最终增长可能是不

可持续的。

2.1.3.2 资源环境与经济增长的实证研究

有学者通过研究资源、环境与经济之间的动态关系，来寻找实现三者协调发展的途径，结果发现调整经济增长模式，提高资源使用效率是关键所在[55,56]。尼克·汉利等（Nick D. Hanley et al.，2006）通过模拟CGE模型发现，提高能源利用效率会使得能源生产量和消费量上升，进而加大环境压力。因此，在实行提高能源使用效率为导向政策的同时，应适度引导能源消费[57]。刘希宋、李果（2005）从资源环境和经济的协调发展视角出发，认为哈尔滨市以传统工业为主导的工业结构是造成结构性污染的主要原因，并提出了向科技含量高、经济效益好、资源消耗低、环境污染少的新型工业结构转型[58]。徐婕、张丽珩等（2007）的研究结果表明，我国绝大多数省区经济水平与协调发展程度都比较低[59]。汪慧玲、余实（2010）对甘肃省经济发展中的资源、环境影响进行了实证分析。结果表明甘肃省经济发展长期依靠高污染、高耗能的方式驱动，资源环境的承载压力很大，经济可持续性较差。在此基础上，作者在资源、环境约束两个方面，提出了调整经济结构、发展循环经济等建议[60]。刘宇和黄继忠（2012）通过典型相关分析方法对辽宁省1985～2010年产业结构演变的环境效应进行了详尽的分析，研究认为辽宁省产业结构演变的环境效应显著。研究还通过时间序列方法，对产业结构和环境质量之间进行协整检验。结果表明，辽宁省的产业结构与环境质量之间具有长期稳定的协整关系，产业结构的演变长期影响环境质量[61]。钞小静、任保平（2012）从经济增长质量视角出发，指出中国在经济转型期间的资源环境代价与经济增长质量之间存在显著的正向关系。这说明中国经济增长数量不断扩张的同时，需要提高资源利用效率，降低生态环境代价，以追求经济发展质量的提升[62]。任保平（2012）的研究表明，中国的经济增长属于典型的资本驱动型和资源驱动型。经济增长由于受到资源环境代价高等因素的影响，增长波动性很大。未来提高中国经济增长质量的重点在于改善宏观经济的稳定性、促进自主创新、提高要素生产率以及经济结构的优化升级等方面[63]。陈向阳（2013）从经济增长环境成本的角度出发，测量了我国经济增长的质量水平并做出评价。分析发现，我国经济增长的环境成本在增大，经济增长质量在降低，高环境成本的经济发展方式亟待转变。沈满洪、程永毅（2015）采用 DEA 方法对我国 28 个地区 2003～2012 年的工业用水效率和水污染排放效率进行研究，结果表明综合考虑水资源、水环境约束指标，我国地区间工业用水技术差距仍然较大，西部相对落后地区环境有导致更差水资源形势的风险[64]。

2.1.3.3 资源环境与经济增长间的反弹效应

反弹效应（Rebound Effect，RE）是资源、环境经济学的重要议题之一。反弹效应起初用于反映能源使用效率提高对能源实际节约的效果。随着技术进步，能源使用效率提高会使得能源服务的有效价格降低，进而增加能源服务需求量，部分甚至全部抵消由能源效率提高所能带来的预期能源节约量[65]。这种现象最初由威廉·斯坦利·杰文斯（William Stanley Jevons，1865）在《碳的问题》中提出，他指出煤炭能源效率提高使得煤炭使用量增加，即“杰文斯悖论”[66]。

将反弹效应的概念延伸到整个宏观层面和资源环境系统，其含义是技术进步虽然是提高资源使用效率而节约资源的一条重要途径，但是技术进步的同时也促进经济规模的扩大，反过来又增加对资源的需求，最终使得因资源效率提高而节约的资源被经济增长所抵消或部分抵消。技术进步引起的资源使用效率提升会增加而不是减少资源消耗，这就是著名的 K－B 假说[67]。

在理论研究方面，很多学者总结归纳和深入分析了资源环境反弹效应的发生机制、计算公式和计算结果，从多个角度对资源环境反弹效应的定义、分类等进行阐述，并对现有的资源环境反弹效应的计算方法进行分类比较和对现有计算结果进行分析。桑德斯（Saunders，2000）最早对反弹效应的测算方法进行理论推导[68]。迪米特洛珀罗斯（Dimitropoulos，2007）对资源生产率提高和反弹效应之间联系的研究成果进行总结，并从新古典增长模型、混合宏观经济模型、CGE 模型等方面分别进行了优劣势的阐述[69]。米佐布奇（Mizobuchi，2008）在能源技术效率变化的前提下，认为资本成本的变化是产生能源反弹效应的原因之一[70]。

在实证研究方面，学界对于反弹效应的研究多针对工业能源，研究方法和研究对象都比较丰富。施皮尔曼等（Spielmann et al.，2008）利用生命周期（LCA）方法，在交通领域实证了科技进步带来的反弹效应[71]。白竹岚等（2011）的研究结果表明，规模效应是影响能源消费量增长的主要因素[72]。还有学者通过使用内生经济模型来对能源反弹效应进行估算，指出我国存在短期或者长期的反弹效应，消除反弹效应的根本办法是推动产业结构转型升级，转变经济增长方式；而直接的节能措施、政府对提高能源使用效率的技术补贴也可以降低地区能源消费量。

综上所述，反弹效应的研究对象涵盖了石油、煤炭、天然气等能源，但是在纺织工业水资源环境方面的研究还是空白。水资源在纺织产业生产中具有重要作用，填补相关领域的研究空白对于理论发展和提升纺织工业用水管理水平具有重要意义。

2.2 脱钩理论研究

脱钩原本是物理学上的一个概念，指的是有相互关系的两个（或多个）物理量间的相互关系减弱（或不存在）的情况。脱钩（也有译为解耦）被广泛应用于各领域，尤其经济增长与资源消耗、经济增长与环境压力的关系的脱钩研究得到了学者的重视。

2.2.1 脱钩理论的提出

脱钩问题研究的先行者是德国伍珀塔尔研究所的魏茨·泽克（Wei

Zsacker）和施密特·布莱克（Schmidt Bleek）。在20世纪末，他们分别提出全球和发达国家要达到“四倍数革命”“十倍数革命”的脱钩目标，即资源利用效率要在50年内提高4倍和10倍、以实现资源消耗和经济增长之间的脱钩关系，分析了资源消耗与经济增长两者之间的关系[73,74]。德布鲁因、奥普肖尔（Ddebruyn，Opschoor，1997）认为世界银行的脱钩概念既包括去物质化也包括去污染化，是指经济活动的环境冲击逐步减少的过程，把研究拓展到环境领域，研究污染与经济两者之间的关系[75]。之后的研究均是从两者之间的关系着手，OECD（2000）从农业政策领域着手，研究了农业政策和市场、贸易均衡间的相互关系，并且把脱钩定义为一项对于生产或贸易没有或只有较小影响的政策[17]。当经济出现倒退时，还存在着耦合（也有称为复钩）的情况（Vehmas，Kaivo-oja，Luukkanen，2003；Climent，Pardo，2007）[76,77]，脱钩和耦合的二分法由于易于理解而经常被使用。

2002年，OCED首次将脱钩理论应用于经济驱动力和环境压力之间的问题研究，把脱钩定义为经济发展过程中环境压力与经济驱动力的复钩关系发生破裂的现象[15]。脱钩理论将经济发展与资源利用、环境破坏程度之间的关系分为两种：其一是经济发展过程中资源利用和环境破坏程度随经济总量增加，即复钩关系；其二是资源利用和环境破坏程度没有随经济总量增加而提升，甚至有下降趋势，即脱钩关系。在OCED的报告中，又进一步将脱钩关系划分为绝对脱钩和相对脱钩，其中绝对脱钩是指在经济增长的同时环境压力减少；而相对脱钩指的是，虽然经济增长的同时伴随着环境压力的增加，但环境压力的增长率小于经济增长率。在经济发展的过程中，相对脱钩先发生，然后在人为因素的控制下逐步转化为绝对脱钩。其中，由相对脱钩转化为绝对脱钩的点就是资源环境的拐点，即环境库兹涅茨曲线的顶点（见图2－3）。

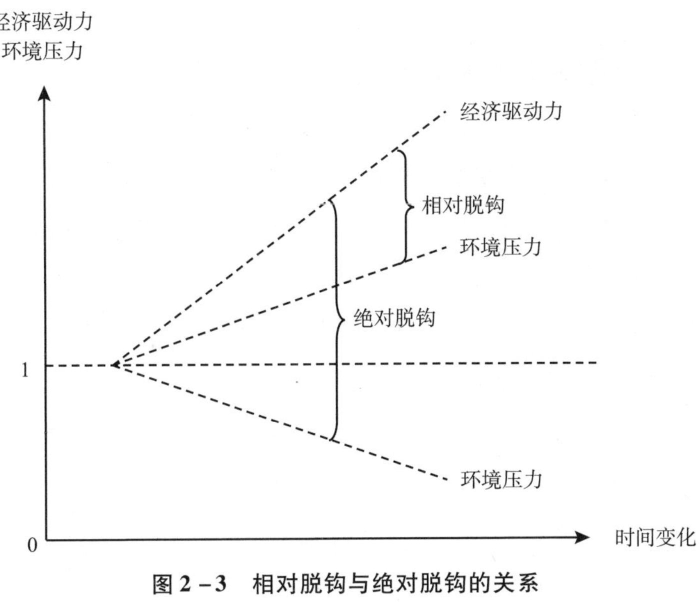

图 2-3 相对脱钩与绝对脱钩的关系

但是，在实际经济发展过程中，环境压力与经济增长的关系不只有脱钩，也常常出现与脱钩相反的关系。为此，部分研究提出复钩的概念，与脱钩相对，复钩被定义为在经济增长的同时伴随着环境压力，且环境压力的增长率大于经济驱动的增长率[78-80]。基于这样的定义，韦赫马斯等（Vehmas et al.，2003）又将脱钩状态进一步拓展为强脱钩、强复钩、弱脱钩、弱复钩，以及扩张性复钩，并考虑到会出现经济衰退，增设了衰退脱钩的概念[81]。从定义上看，强脱钩和弱脱钩分别与绝对脱钩、相对脱钩对应，仅仅是表述方法有别而已。然而，针对脱钩的状态划分都没有考虑到临界值，即环境压力的增长率和经济驱动的增长率比值为 1 的情况。针对这个问题，塔皮奥（Tapio，2005）在对芬兰道路交通的脱钩分析中对临界值赋予新的定义“连接”，根据经济发展的状态将其细分为扩张连接和衰退连接，并为了避免对细微变化的过度解释，将连接状态对应的比值区间扩大为［0.8，1.2］（0.8 和 1.2 为经验值），将脱钩状态划分为强脱钩、强负脱钩、弱脱钩、弱负脱钩、扩张负脱钩、扩张连接、衰退脱钩、衰退连接等八种程度（即八分法）[82]。

2.2.2 脱钩程度的测度

判断脱钩状态或测度脱钩程度的方法主要有脱钩指数法、脱钩弹性法、变化量综合分析法、IPAT/IGT 法、差分回归系数法、描述统计分析法[83]、IU 曲线法[84]、基于完全分解的脱钩分析法[85]，以及计量分析法等，研究选取前 5 种相对较为常用的脱钩测度方法进行了讨论。

2.2.2.1 脱钩指数法

脱钩指数法是基于期初值和期末值的一种脱钩评价方法。2002 年，OECD 提出脱钩因子的具体计算过程[15]，见式（2-1）与式（2-2）：

$$\text{Ratio}=\frac{\left(\frac{\text{EP}}{\text{DF}}\right)_{\text{末端年}}}{\left(\frac{\text{EP}}{\text{DF}}\right)_{\text{初始年}}} \tag{2-1}$$

$$\text{Decoupling Factor}=1-\text{Ratio} \tag{2-2}$$

式（2-1）和式（2-2）中，Decoupling Factor 为脱钩因子，Ratio 为脱钩率，EP 为环境压力（Environment Pressure），常用资源消耗量或污染排放量来表示，DF 为经济驱动力（Driving Force），常用国内生产总值来表示。其中，Factor 的取值范围为 $(-\infty, 1]$。当 Factor $\in (-\infty, 0]$ 时，表示环境压力与经济驱动力之间处于非脱钩状态；当 Factor $\in (0, 1)$ 时，表示环境压力与经济驱动力之间为脱钩状态。

该方法对数据的要求较少，它被广泛用于经济增长与资源环境之间的脱钩关系判断和评价。但因其期初值和期末值选定的极端性与高度敏感性，且对未脱钩程度无法进行测度，易造成计算结果的偏差。

2.2.2.2 脱钩弹性法

脱钩弹性法（又称弹性系数法）是测度脱钩程度和方向的常用方法之一，最早由塔皮奥（2005）针对交通量与经济增长间的脱钩问题提出[82]。该方法主要利用弹性系数来测算其脱钩程度，具体公式如下：

$$交通容量的 GDP 弹性 = \frac{\% \Delta VOL}{\% \Delta GDP} \tag{2-3}$$

$$CO_2 排放量的交通容量弹性 = \frac{\% \Delta CO_2}{\% \Delta VOL} \tag{2-4}$$

式（2-3）和式（2-4）中，$\% \Delta VOL$ 为交通容量的变化率，$\% \Delta GDP$为经济驱动力的变化率，$\% \Delta CO_2$ 为二氧化碳排放量的变化率。再根据式（2-3）和式（2-4），可以得到：

$$CO_2 排放量的 GDP 弹性 = \frac{\% \Delta CO_2}{\% \Delta GDP} \tag{2-5}$$

塔皮奥通过对弹性系数的计算，将脱钩状态划分为 8 种类型，具体划分办法见图 2-4。其中，强脱钩是可持续发展的最理想状态，弱脱钩是较为理想的状态，其他状态都为不理想状态，强负脱钩是最不理想状态。

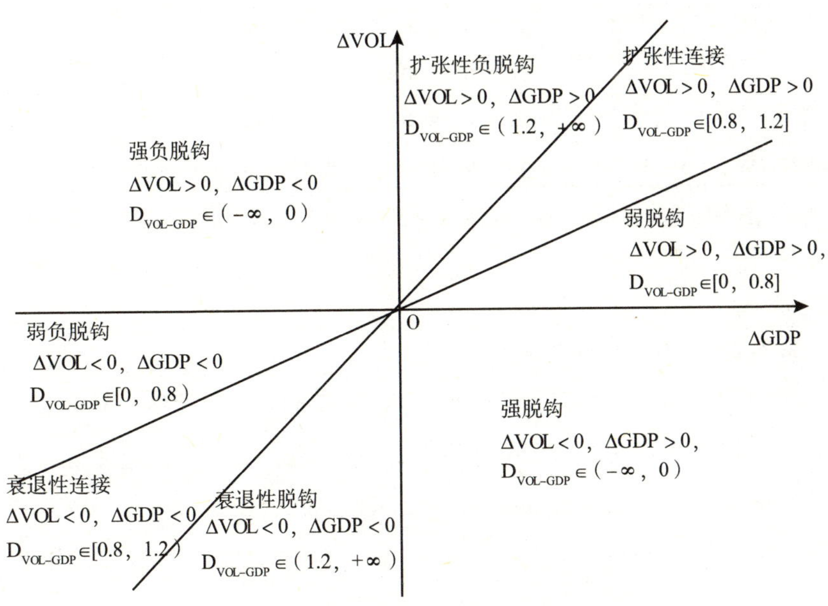

图 2-4　塔皮奥脱钩弹性法的脱钩程度标准

脱钩弹性法利用环境压力与经济驱动力的变化率来衡量脱钩状态，

克服了以往计算中数据量纲的约束问题，是学者进行相关研究最常使用的方法之一，但该方法存在造成类型划分和概念混乱的缺陷。

2.2.2.3 变化量综合分析法

变化量综合分析法综合了环境压力（Environmental Stress，ES）、经济驱动力（GDP）以及单位 GDP 的环境压力等变量的变化量，以此对脱钩类型和脱钩程度进行判定[81]，具体判定方法如表 2－1 所示。该测度方法简单易行，但是无法区分脱钩和复钩的边界，测算过程中容易造成误差。

表 2－1　环境压力与经济增长之间的脱钩程度判定

脱钩程度	环境压力与经济驱动力的关系
强复钩	$\Delta ES>0$，$\Delta GDP<0$，$\Delta(ES/GDP)>0$
弱复钩	$\Delta ES<0$，$\Delta GDP<0$，$\Delta(ES/GDP)>0$
扩张性复钩	$\Delta ES>0$，$\Delta GDP>0$，$\Delta(ES/GDP)>0$
强脱钩	$\Delta ES<0$，$\Delta GDP>0$，$\Delta(ES/GDP)<0$
弱脱钩	$\Delta ES>0$，$\Delta GDP>0$，$\Delta(ES/GDP)<0$
衰退性脱钩	$\Delta ES<0$，$\Delta GDP<0$，$\Delta(ES/GDP)<0$

注：ΔES 为环境压力的变化量；ΔGDP 为经济增长量；$\Delta(ES/GDP)$ 为单位经济变量的环境压力变化量。

2.2.2.4 IPAT/IGT 法

IPAT 法是美国生态学家埃里奇（Ehrlich）和康默纳（Comnoner）针对 20 世纪 70 年代社会面临的资源环境问题提出的[86]，通过该方法可以评价环境负荷（Environment Impact，I）、人口（Population，P）、经济（Affluence，A）与技术（Technology，T）之间的关系，计算公式如下：

$$I=P\times\frac{GDP}{P}\times\frac{I}{GDP}=P\times A\times T \tag{2-6}$$

在式（2－6）中，$A=\frac{GDP}{P}$，为人均 GDP，代表经济；$T=\frac{I}{GDP}$，是

单位 GDP 的环境负荷，代表技术。

陆钟武等（2011）在 IPAT 方程的基础上建立 IGT 方程，并提出资源脱钩指数（Decoupling indicator for resource use，D_r）[87]。

因为 G = P × A，所以

$$I = G \times T \tag{2-7}$$

式（2-7）中，G 为 GDP，T 为单位 GDP 的环境负荷。

为了解 GDP 在增长或降低的过程中环境负荷的变化，对式（2-7）进行推导，并最终得到资源脱钩指数：

$$D_r = \frac{t}{g} \times (1 + g) \tag{2-8}$$

式（2-8）中，g 为一定时期内 GDP 的增长率。当经济增长时，$g > 0$；当经济衰退时，$g < 0$。t 为同期内单位 GDP 的环境压力的年均下降率（下降时，$t > 0$；升高时，$t < 0$）。

陆钟武等（2011）按 D_r 值的大小将 GDP 与资源消耗的脱钩状态分为相对脱钩、绝对脱钩和未脱钩[88]三个等级（见表 2-2）。

表 2-2　　不同脱钩状态下的资源脱钩指数值

脱钩状态	经济增长	经济衰退
绝对脱钩	Dr≥1	Dr≤0
相对脱钩	0 < Dr < 1	0 < Dr < 1
未脱钩	Dr≤0	Dr≥1

IPAT/IGT 法中用到的 GDP 年增长率和单位 GDP 的资源消耗是国家以及地方规划里的常见指标[89]，可进一步为规划指标提供评价服务，但该方法无法区分相对脱钩和绝对脱钩，其脱钩状态也未对“未脱钩”进行进一步划分，且易造成类型划分和概念混乱，存在一定的局限性。

2.2.2.5　差分回归系数法

差分回归系数法是利用差分方法和回归分析法对脱钩弹性法进行改

进，使得脱钩状态分析结果更精准[90]。计算公式如下：

$$p_t = \alpha + \beta d_t + \varepsilon_t \tag{2-9}$$

式（2－9）中，p_t 表示环境压力的自然对数，d_t 表示相关驱动因素的自然对数，α 和 β 为参数，ε_t 为残差。

对上式进行一阶差分求导，可以得到：

$$p_t - p_{t-1} = \beta(d_t - d_{t-1}) + \eta_t \tag{2-10}$$

或者可以表示为：

$$\dot{p}_t = \beta \dot{d}_t + \eta_t \tag{2-11}$$

通过计量回归分析得到：

$$\beta = \frac{\dot{p}_t}{\dot{d}_t} \tag{2-12}$$

因此将脱钩指数定义为：

$$D'_{t_0,t_1} = 1 - \beta_0 \tag{2-13}$$

在式（2－13）中，当 $D'_{t_0,t_1} < 0$ 时，环境压力与驱动因素之间为未脱钩状态；当 $D'_{t_0,t_1} > 1$ 时，脱钩状态为绝对脱钩；当 $0 < D'_{t_0,t_1} < 1$ 时，脱钩状态为相对脱钩。钟太洋等（2010）指出，差分回归系数法的分析精度最高，但是其需要的样本数据较多，对数据的要求较高[91]。

结合上文的分析和讨论结果，对以上 5 种脱钩测度方法中涉及的脱钩指标，以及各自的可行性和局限性进行概括总结，如表 2－3 所示。

表 2－3　5 种脱钩程度测度方法的比较

方法	脱钩指标	可行性	局限性
脱钩因子法	脱钩和非脱钩	直观易懂，对数据要求少	未脱钩无法进行测度，易造成计算偏差
脱钩弹性法	扩张负脱钩、强负脱钩、弱负脱钩、弱脱钩、强脱钩、衰退脱钩、扩张连接和衰退连接	克服了数据量纲的约束问题	易造成类型划分和概念的混乱

续表

方法	脱钩指标	可行性	局限性
变化量综合分析法	强复钩、弱复钩、扩张性复钩、强脱钩、弱脱钩和衰退性脱钩	简单易行，采取样本较少	无法区分脱钩和复钩的边界，影响测算精度
IPAT/IGT 法	绝对脱钩、相对脱钩和未脱钩	可用于计算和评价相关规划指标	无法区分绝对脱钩和相对脱钩，未脱钩无法进行测度
差分回归系数法	绝对脱钩、相对脱钩和未脱钩	分析精度最高	采取样本较多，数据要求高

2.2.3 脱钩理论的应用

2.2.3.1 脱钩理论在资源环境上的应用

脱钩理论在经济与资源环境关系研究的应用主要有两个方面：一方面是对区域（或国家）经济驱动力和环境压力进行脱钩分析。韦赫马斯和卢卡南（Vehmas & Luukkanen，2007）分析了 1980 ~ 2000 年欧盟经济体下 15 个欧洲国家原料消耗和经济增长之间的脱钩关系，并选取当中的个别典型例子，对欧盟国家原料消耗和经济增长间的关系研究提供参考[92]。于亚东等（Yadong Yu & Dingjiang Chen et al. ，2013）对 1978 ~ 2010 年中国的经济增长和资源利用、能源消耗、污染物排放进行脱钩分析，并结合生态效率的变化趋势，对其脱钩状态的变化原因进行探讨[93]。罗妮奥提和科罗诺斯（Roinioti & Koroneos，2017）通过脱钩指数法研究了 2003 ~ 2013 年希腊 CO_2 排放与经济增长之间的脱钩关系，结果显示大部分年份（2003 ~ 2004 年、2004 ~ 2005 年、2006 ~ 2007 年和 2009 ~ 2010 年）都实现了弱脱钩。强脱钩只出现在 3 个时期（2005 ~ 2006 年、2007 ~ 2008 年和 2008 ~ 2009 年），而最近几年（2010 ~ 2011 年、2011 ~ 2012 年和 2012 ~ 2013 年）由于经济萎靡没有脱钩[94]。另一方面是特定行业或部门经济产出和资源环境压力的脱钩分析。如恩里克森和雷洛德（Enevoldsen & Ryelund，2007）对20世纪90年代3个北欧国家（瑞典、挪威和丹麦）的造纸业、金属制品制造业、家具制造业和化学品制造业等十个工业部门的能源价格、能源效率和碳排放税进行脱钩分析，并发现能源税，特别是二氧化碳税将成为经济增长和二氧化碳排放脱钩的重要工具[95]。任胜刚和尹红元等（Ren S & Yin H et al.，2014）利用1996～2010年中国制造业的相关数据研究了其脱钩效应，并将中国制造业分为几个阶段：1996～1999年为强负脱钩阶段，2000～2001年为弱脱钩阶段，2002～2004年为扩张性负脱钩阶段，2005～2010年为弱脱钩阶段，研究还对不同脱钩阶段的原因进行了分析[96]。吴常岩和黄先进等（Wu C. & Huang X. et al.，2015）运用脱钩模型研究了江苏省的工业经济增长和碳排放之间的关系，并结合LMDI分解方法对减少工业碳排放的影响因素进行探讨[97]。李一等（2017）利用塔皮奥的脱钩弹性模型对2001～2014年中国浙江宁波市的纺织产业碳排放与经济增长之间的脱钩关系进行了实证分析，并最终发现其脱钩状态表现为1年（2002年）扩张连接、2年（2003年和2005年）扩张性负脱钩、3年（2004年、2006年和2007年）弱脱钩、7年（2008～2014年）强脱钩，脱钩状态整体趋势向好[98]。

随着脱钩理论的不断拓展，脱钩分析研究逐步从资源消耗、环境污染等单一视角向资源环境全面视角开展。研究针对脱钩理论在资源和环境领域上的应用做了文献梳理，并对其进行分类总结，如表2－4所示。

表2－4　　脱钩理论在资源和环境领域的应用

序号	文献作者	年份	应用领域			
			资源消耗	环境污染	资源和环境	其他
1	Zhang[99]	2000		√		
2	Femia，Hinterberge[100]	2001		√		
3	Stead，Banister[101]	2002				√
4	Galeotti[102]	2003		√		

续表

序号	文献作者	年份	应用领域			
			资源消耗	环境污染	资源和环境	其他
5	Ballingall, Steel, Briggs[103]	2003				√
6	Muldera[104]	2003				√
7	OECD[105]	2005				√
8	Chen, Hong U[106]	2006	√			
9	Wei, Zhou, Tian, et al. [107]	2006		√		
10	Wang[108]	2006				√
11	McKinnon[109]	2007				√
12	Lu, Lin, Lewis[110]	2007		√		
13	Halada, Shimada, Ijima[111]	2008	√			
14	Li, Oberheitmann[112]	2008				√
15	Druckman, Jackson[113]	2009		√		
16	Steger, Bleischwitz[114]	2009				
17	UNEP[18]	2011			√	
18	Andreoni, Galmarini[115]	2012		√		
19	Alsheyab T, Kusch[116]	2013	√			
20	Wei[117]	2014	√			
21	Wang, Kuang, Huang, et al. [118]	2014		√		
22	Zhang, Song, Su, et al. [119]	2015				
23	Wang, Zhao, Mao, et al. [120]	2015			√	
24	Malmaeus[121]	2016	√			√
25	Zhang, Bai, Zhou[122]	2016	√			
26	Longhofer, Jorgenson[123]	2017		√		
27	Aokisuzuki[124]	2017	√			
28	Hu, Wen, Lee J, et al. [125]	2017	√			
30	Shuai, Jiao, Song, et al. [126]	2017			√	
31	Stamm[127]	2017			√	

2.2.3.2 脱钩理论在水资源环境上的应用

聚焦到水资源环境领域，脱钩理论的应用也十分广泛。

首先，从水资源消耗与经济增长的角度，即水资源消耗脱钩。汪奎、邵东国（2011）分析了工业用水量与第二、第三产业 GDP 的脱钩关系，结果表明，我国农业用水量同第一产业 GDP 为强脱钩关系，其他均处于不稳定的弱脱钩状态[128]。朱等（Zhu H，Li W et al.，2013）针对中国可用水资源短缺的两个省份（云南和贵州）展开了水资源利用与经济发展的脱钩关系研究，他们发现两个省水资源利用与经济发展的脱钩关系均非常差，并进一步剖析造成这种现象的原因[129]。吴丹（2014）评价了我国经济发展与水资源消耗的脱钩态势，进行了用水需求预测，发现我国经济发展和水资源消耗之间有望保持绝对脱钩态势，并且用水总量将会进入一个缓慢下降期[130]。王宝强（2015）研究了中国经济增长与水资源消耗的脱钩关系，剖析了影响水资源消耗的因素。研究结果表明：2003～2013 年，中国经济增长与水资源利用整体上呈现出弱脱钩的关系状态，工业生产与工业用水的脱钩关系要优于农业；中国六大区域经济增长与水资源利用脱钩关系在近 10 年来发生了较为明显的变化[131]。吉尔蒙特（Gilmont，2015）利用脱钩理论模型揭示了国际食品贸易虚拟水流动与食品进口吨位之间的脱钩态势，结果显示许多 MENA 地区（中东和北非）主要农作物产量的生产强度高于全球蓝水平均水平，表明贸易不仅可以降低 MENA 蓝水，也提供减少全球蓝水的网络[132]。

其次，从水环境污染与经济增长的角度，即水环境污染脱钩。雷洁和雷菁等（2014）利用 IPAT 模型构建了经济发展与废水排放的脱钩模型，并以武汉市为例进行了验证，他们发现虽然武汉市的经济发展与废水排放已经处于脱钩状态，但是没有达到理想的脱钩状态[133]。李斌和曹万林（2014）将工业废水的排放纳入一个综合污染指数，并以此来衡量中国经济发展过程中环境污染的程度[134]。康拉德和卡萨尔（Conrad & Cassar，2014）在研究经济增长与环境之间的脱钩关系时，分析了单一小规模岛屿国家—马耳他的经济和环境数据，得出在进行脱钩分析时，选取单个环境变量可能会使脱钩结果出现偏差的结论[135]。白彩全、黄芽保等（2014）选取工业废水排放量作为研究长三角地区工业经济发展与环境污染脱钩评价体系的指标之一，研究结果显示，长三角地区工业经济与环境污染整体呈现良好的脱钩态势[136]。王和赵等（Wang，Zhao et al.，2015）通过对中国天津市环境压力的脱钩分析得到了相应的脱钩态势，在2006～2013年SO_2和COD一直保持着强脱钩的状态，同时其环境指标（如CO_2、AN等）也大多显示出明显的弱脱钩态势，整体脱钩状态良好。

最后，从水资源环境与经济增长的角度，即水资源环境双重脱钩。李孝坤和韦杰（2010）采用经验法和专家咨询法把资源、环境综合起来成为一个因素，建立了综合退耦体系，对中国重庆都市区的资源环境压力与经济发展退耦状态及趋势进行了评价[137]。盖美、胡杭爱等（2013）引用了前述的综合退耦体系方法对中国长三角地区资源环境与经济增长的脱钩程度、时序演变和呈现的规律进行定量评价与综合分析[138]。但是，经验法和专家咨询法的主观性强，经验主义容易造成计算结果的偏差，不能恰当地反映真实的、客观的情况。

水足迹理论的计算方法相比专家咨询法客观，能够科学地将水资源和水环境科学进行耦合，成为一个水足迹因素，从而较为客观地进行脱钩分析。王来力（2013）引入水足迹方法，分别讨论了纺织产业的蓝水足迹、灰水足迹与经济发展之间的脱钩关系，并通过脱钩指数的分析发现在纺织产业经济发展中，虽然废水排放情况有所好转，但水资源消耗增长率有所增长，并对此给出了相应的建议[139]。邵珍珍（2015）引用王来力的方法，通过结合环境库兹涅茨曲线、水足迹理论和脱钩模型，利用2001～2012年中国纺织产业及其子行业的面板数据，分别对其蓝水足迹、灰水足迹与经济发展之间进行了脱钩分析，最后发现中国纺织产业的蓝水足迹、初始灰水足迹以及残余灰水足迹与经济发展之间基本没有实现脱钩，纺织产业的水资源环境发展态势较为严峻，并对此提出了对策建议[140]。引入水足迹方法，可统筹考虑水资源消耗和水环境污染的脱钩，但现有研究只对脱钩程度进行定量测算，没有展开有限增长模式下资源环境与经济增长双重脱钩内在机理研究，也没有对我国水资源管理、水环境管理条块化分割的制度改革做出相应的深入分析。

杨等（Yang Z H，Wei-Ci S U et al.，2016）结合水足迹理论，对城市水量（用水）和水质（污染物排放）进行足迹核算，并运用塔皮奥弹性指数法对2002～2014年贵阳水生态足迹和经济发展的脱钩状况进行了探究，最终结果表明除了2011年呈现水质型扩张性负脱钩状态外，其余年份水量型或水质型呈现强弱脱钩状态，并且由于水量生态足迹和水质生态足迹的波动幅度大，导致其脱钩指数也有明显的波动[141]。按照水的性质分，水量生态足迹和水质生态足迹研究为宏观水管理提供了新的研究思路。水足迹理论的计算方法相比专家咨询法客观，能够科学地将水资源和水环境科学进行耦合，成为一个水足迹因素，从而较为客观地进行脱钩分析。

综上所述，脱钩主要是描述两者之间的一种关系或程度，强调两者之间的关系、状态和程度，广泛应用于国家、区域、产业、资源、环境等领域，成果丰硕，研究方法各有优劣。在水资源环境领域，纯粹研究水资源消耗脱钩、或者纯粹研究水环境污染脱钩的单一视角的研究较多，鲜有研究统筹考虑水资源环境双重脱钩的内在机理与体制变革。

2.3　水足迹理论研究

水足迹（water footprint）被定义为一定时期内，一个国家（或者一个地区、一个人）在消费的所有产品和服务中所需要的水资源总量。水足迹通过水的体积来衡量淡水资源占用情况和污染情况，是一个综合评价指标，不仅可计算衡量消耗的水量，还可以体现出水源类型、水污染量以及污染类型。

2.3.1 水足迹理论的提出

水足迹的概念最早是由荷兰学者霍克斯特拉和洪（Hoekstra & Hung，2002）基于虚拟水理论提出的，当时的研究对象主要是农作物虚拟水贸易，由国内用水量与净输入虚拟水量加和得到[142]。2003 年，霍克斯特拉初步定义了水足迹，即一个国家（或一个消费者）消费的所有产品与服务的虚拟水量之和，他还指出人类的消费活动是水资源消耗的根源，水足迹能够将人类的消费模式与消费活动对水资源系统的影响联系起来[143]。2004 年，霍克斯特拉和查普（Chapagain）进一步完善了水足迹的概念，并明确了水足迹的计算方法。这标志着水足迹已经不在虚拟水的研究体系之中，而是成为了一个独立的衡量水资源使用情况的综合评价指标[144]。

结合水足迹理论，淡水资源可以被分成绿色水、蓝色水和灰色水（见图 2－5）。其中绿色水是指截留在绿色植物表面或者暂存于土壤表面以及土壤内部的，最终通过蒸发作用回到大气层的雨水，即不会成为径流的雨水；蓝色水是指地表径流水和地下径流水；灰色水是指在一定时空范围内，将污染物稀释至自然界允许的最大浓度时所需的淡水。按不同的用水类型，水足迹可以被划分为绿水足迹（green water footprint）、蓝水足迹（blue water footprint）和灰水足迹（grey water footprint）三部分。绿水足迹指的是对绿色水的消耗，蓝水足迹指的是生产和消费活动对蓝色水的消耗，灰水足迹指的是以现有的环境水质标准和自然本底浓度为基准，将一定的污染物负荷吸收同化所需的淡水的体积。另外，水足迹根据用水部门不同，可以分为直接水足迹和间接水足迹。直接水足迹指的是生产者在生产过程中或消费者在消费过程中因为使用水而造成淡水资源的消耗和污染。间接水足迹指的是生产产品或消费商品和服务而间接引起的水资源消耗和污染（见图 2－5）。

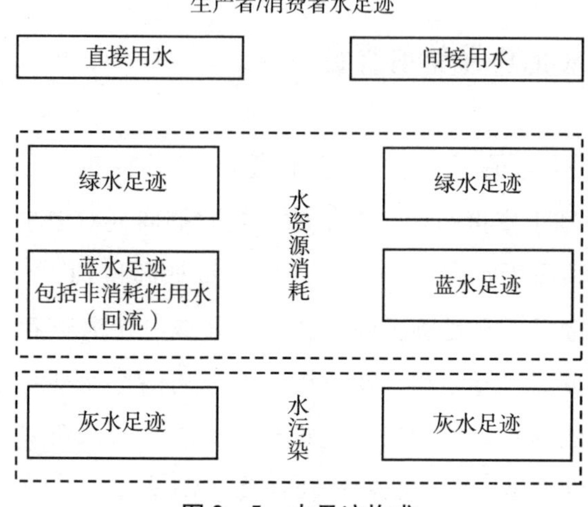

图 2－5　水足迹构成

2.3.2　水足迹的核算方法

随着水足迹理论研究的不断深入，水足迹核算的标准化成为研究热点，主流核算体系有两种：一是水足迹网络（Water Footprint Network，WFN）在《水足迹手册》（Water Footprint Manual，2009）[145]中提出的核算方法，二是国际标准化组织环境技术管理委员会（International Standard Organization，ISO）发布的 ISO14046：2014《环境管理——水足迹原则、要求和准则》[146]水足迹核算方法，具体如下：

2.3.2.1　WFN 水足迹核算方法

《水足迹手册》（2009）和《水足迹评价手册：制定全球标准》（2011）[147]对水足迹评价的 4 个步骤进行了详细阐述：设定目标和范围、核算水足迹、评价水足迹可持续性和制订水足迹响应方案（见图 2－6）。

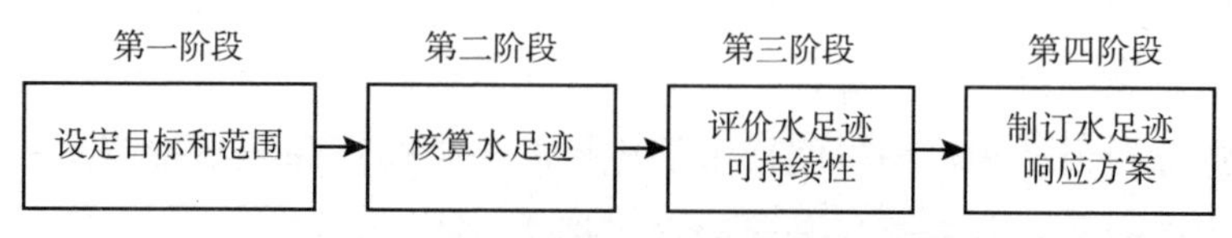

图 2－6　WFN 标准下的水足迹评价步骤

2009 年，WFN 推出的《水足迹手册》针对国家、区域、流域、过程、企业、产品、消费分别提出了系统的核算方法，具体如下：

（1）国家水足迹。

$$WF_{cons,nat} = WF_{cons,nat,int} + WF_{cons,nat,ext} \tag{2-14}$$

$$WF_{cons,nat,int} = WF_{area,nat} - V_{e,d} \tag{2-15}$$

$$WF_{cons,nat,ext} = V_i - V_{e,r} \tag{2-16}$$

$$V_e = V_{e,d} + V_{e,r} \tag{2-17}$$

$$V_b = V_i + V_{aera,nat} = V_e + V_{cons,nat} \tag{2-18}$$

$$WD = \frac{WF_{cons,nat,ext}}{WF_{cons,nat}} \times 100\% \tag{2-19}$$

$$WSS = \frac{WF_{cons,nat,int}}{WF_{cons,nat}} \times 100\% \tag{2-20}$$

在式（2-14）~式（2-20）中，$WF_{cons,nat}$为国家居民的消费水足迹，$WF_{cons,nat,int}$为国家消费的内部水足迹，即生产国消费的商品和服务的本国水资源使用量，$WF_{cons,nat,ext}$为国家消费的外部水足迹，即使用其他国家水资源生产但用于本国居民消费的产品和服务的水资源量，$WF_{area,nat}$为国家的水足迹总量，$V_{e,d}$为虚拟水出口量，即出口产品中含有的国内水资源量，V_i 为国家虚拟水的进口量，$V_{e,r}$为虚拟水的再出口量，即进口产品再出口给其他国家的水资源量，V_e 为国家虚拟水的出口量，V_b 为国家水预算，WD 为国家虚拟水的进口依赖度，WSS 为国家虚拟水的自给率。

（2）企业水足迹。

$$WF_{bus} = WF_{bus,oper} + WF_{bus,sup} \tag{2-21}$$

$$WF_{bus,oper} = WF_{bus,oper,inputs} + WF_{bus,oper,overhead} \tag{2-22}$$

$$WF_{bus,sup} = WF_{bus,sup,inputs} + WF_{bus,sup,overhead} \tag{2-23}$$

在式（2-21）至式（2-23）中，WF_{bus}为营业单位的水足迹，$WF_{bus,oper}$为企业运营水足迹，$WF_{bus,sup}$为企业供应链水足迹，$WF_{bus,oper,inputs}$为企业运营的直接水足迹，$WF_{bus,oper,overhead}$为企业运营的间接水足迹，

$WF_{bus,sup,inputs}$为企业供应链的直接水足迹，$WF_{bus,sup,inputs,overhead}$为企业供应链的间接水足迹。

（3）产品水足迹。

$$WF_{prod}[p] = \frac{\sum_{s=1}^{k} WF_{proc}[s]}{P[p]} = \frac{\sum_{s=1}^{k}[WF_{proc,blue} + WF_{proc,green} + WF_{proc,grey}][s]}{P[p]} \tag{2-24}$$

$$WF_{proc,blue} = Q_{bwe} + Q_{bwi} + Q_{lrf} \tag{2-25}$$

$$WF_{proc,green} = Q_{gwe} + Q_{gwi} \tag{2-26}$$

$$WF_{proc,grey} = \frac{L}{c_{max} - c_{nat}} \tag{2-27}$$

在式（2-24）至式（2-27）中，$WF_{prod}[p]$ 为产品 p 的水足迹，$WF_{proc}[s]$ 为工序 s 的水足迹，$WF_{proc,blue}[s]$ 为工序 s 的蓝水足迹，$WF_{proc,green}[s]$ 为工序 s 的绿水足迹，$WF_{proc,grey}[s]$ 为工序 s 的灰水足迹，Q_{bwe}为蓝水蒸发量，Q_{bwi}为蓝水纳入量，Q_{lrf}为损失的回流量，Q_{qwe}为灰水蒸发量，Q_{gwi}为灰水纳入量，L 为污染物负荷，c_{max}为污染物环境水质最大可接受浓度，c_{nat}为接收水体的自然浓度。

（4）消费水足迹。

$$WF_{cons} = WF_{cons,dir} + WF_{cons,indir} \tag{2-28}$$

$$WF_{cons,indir} = \sum_{p}(C[p] \times WF^{*}_{prod}[p]) \tag{2-29}$$

$$WF^{*}_{prod}[p] = \frac{\sum_{x}(C[x,p] \times WF_{prod}[x,p])}{\sum_{x} C[x,p]} \tag{2-30}$$

在式（2-28）~式（2-30）中，WF_{cons}为消费者水足迹，$WF_{cons,dir}$为消费者直接水足迹，即家庭或花园的水资源消耗量以及污染量，$WF_{cons,indir}$为消费者间接水足迹，即生产消费者消费的产品和服务过程中的水资源消耗量以及污染量，C[p] 为产品 p 的消耗量，$WF^{*}_{prod}[p]$ 为消耗产品 p 的平均水足迹，C[x，p] 为来自产地 x 的产品 p 的消耗量，$WF_{prod}[x,p]$ 为来自产地 x 的产品 p 的水足迹。

2.3.2.2 ISO14046 水足迹核算方法

ISO14046：2014 基于生命周期评价（Life Cycle Assessment，LCA）的核心标准“环境管理—生命周期评估—原则和框架（ISO 14040：2006）”以及“环境管理—生命周期评估—要求和指南（ISO 14044：2006）”提出了水足迹核算方法，并指出水足迹评价包括目的和范围的确定、清单分析、影响评价和结果解释四个步骤（见图 2－7）。该方法主要利用产品、过程和组织中各生命周期的水足迹量化结果来识别和获得与水资源相关的潜在环境影响大小和重要性[148]。

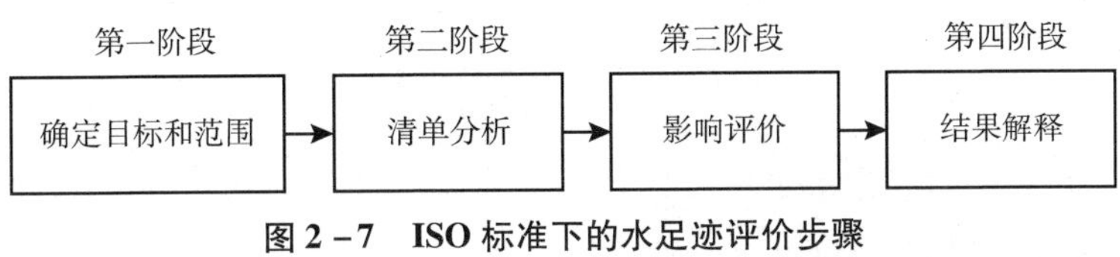

图 2－7 ISO 标准下的水足迹评价步骤

对产品水足迹进行核算和评价，首先要确定研究的目的和范围，包括确定用水清单和系统边界。用水清单包括了产品生命周期各个阶段所涉及的水资源消耗量和污染量，主要有原材料阶段、生产阶段、分销和储存阶段、使用阶段以及处置回收阶段（见图 2－8）。

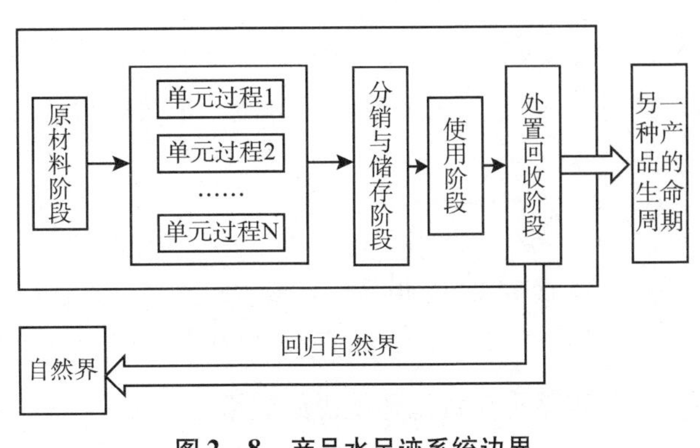

图 2－8 产品水足迹系统边界

根据水足迹清单的结果，产品水足迹评价可以应用于水资源短缺评价和水环境毒性评价。

（1）水短缺足迹。

水短缺足迹可以对产品生命周期中对水资源短缺的影响进行评价分析[149]，计算公式如下：

$$WF_{sc,p} = \sum_{i=1}^{4} \sum_{j} \frac{WSI_j}{WSI_{gl}} \cdot C_j \tag{2-31}$$

式（2-31）中，$WF_{sc,p}$为水短缺足迹（m^3H_2O 当量）；WSI_j 为位置 j 的水压力指数（特征因子，基于取水量和水资源可利用性之比）；WSI_{gl}为全球（或全国）平均水压力指数，0.6；C_j 为位置 j 的用水量；i 为产品生命周期阶段。i=1~4，其中，1~4 分别表示原材料阶段、生产阶段、分销和储存阶段、使用阶段。

（2）水生态毒性足迹。

水生态毒性足迹用来评价生产过程中排入各种水体的金属、有机污染物等所造成的潜在毒性影响[150]，计算公式如下：

$$WF_{eco,p} = \sum_{i=1}^{4} \sum_{j=1}^{n} \alpha_{eco,j} \times M_{eco,j} \tag{2-32}$$

式（2-32）中，$WF_{eco,p}$代表水生态毒性足迹（m^3H_2O 当量）；$\alpha_{eco,j}$代表排入水环境介质的污染物 i 的特征化因子（m^3H_2O 当量/污染物）。$M_{eco,j}$代表排入水环境介质的污染物 i 的质量（kg）。i 代表产品生命周期阶段，i=1~4，其中 1~4 分别表示原材料阶段、生产阶段、分销和储存阶段、使用阶段。

2.3.3 水足迹理论的应用

2.3.3.1 水足迹理论在资源环境上的应用

随着经济发展中水资源瓶颈的日益显现，了解掌握水资源实际使用情况显得越来越重要，水足迹研究由此得到世界各国学者的广泛关注和应用。水足迹的研究集中于某一特定产品的水足迹含量分析、水足迹结构分析、水足迹影响因素分析以及区域或国家层面的水足迹分析等，研究旨在缓解水资源短缺、水环境危机以及继发的粮食危机等问题。

众多学者在全球视角下对水足迹或某特定产品水足迹进行了核算，并基于水足迹理论给出了水资源安全评价。霍克斯特拉多年来一直致力于水足迹的相关研究，他与他的团队对棉花、咖啡和茶、小麦、水力发电、家禽、猪肉和牛肉，以及人类各方面活动等进行了水足迹的核算。他们在人类水足迹核算中发现，在 1996 ~ 2005 年期间，全球年平均水足迹达 9087 亿立方米/年其中 74% 是绿水足迹，11% 为蓝水足迹，15% 是灰水足迹，并且全球 20% 左右的水足迹与生产相关，其中农业生产占 92% 之多。在水资源利用方面，不同国家相互间影响也十分重大，一些国家的水资源供应严重依赖于其他国家，并且许多国家的水资源消耗和污染问题会蔓延到其他地区[151,152]。奥戴亚（Aldaya，2010）的研究结果表明，2000 ~ 2004 年在美国、加拿大、澳大利亚及阿根廷四国的玉米、小麦和大豆出口贸易中，绿水在虚拟水含量中的比重很高[153]。范·利登（Van Lienden，2010）对用于道路交通运输的生物燃料的蓝水足迹和绿水足迹进行计算，并进一步分析评估其对水资源和生态环境的影响。研究生物燃料的水足迹到 2030 年将增加到 970 立方千米，生物质燃料的应用势必增大对水资源的消耗，这是发展生物质能源必须要考虑的问题之一[154]。孙世坤等（2016）对小麦、玉米、水稻、马铃薯和大豆这 5 种作物的重量、能量和蛋白质水足迹分别进行测算与评价，并最终发现小麦和玉米的能量水足迹较低，而大豆的蛋白质水足迹较低[155]。法代等（Fader et al.，2011）通过 LPJmL 计算模型计算了 1998 ~ 2002 年全球 11 种主要农作物的蓝水和绿水足迹。研究结果表明，绿水足迹在全球农作物生产水足迹中的比重为 84%，在全球农作物虚拟水流量中的比重为 94%；1998 ~ 2002 年全球各国之间的农作物虚拟水贸易量较小，分别占全世界总绿水足迹和蓝水足迹的 16% 和 6%[156]。加兰·德尔·卡斯蒂略（Galan-del-Castillo，2010）研究了西班牙生物燃料生产和消费中的虚拟水和水足迹，结果表明用生物燃料替代6%的汽油和柴油就会引起国家水足迹的明显增加[157]。国内学者白雪等（2016）基于ISO 14046标准，对不同产地的铜电缆和铝合金电缆进行水足迹测算，分别对两类电缆在整个生命周期中的环境影响进行评价。结果显示，铜电缆与铝合金电缆相比，生命周期全过程中耗水量要少24.8%，水短缺足迹少97.9%[158]。

水足迹理论在区域水资源利用和水环境污染问题研究中应用广泛，研究主要集中在国家或省市一级的水足迹核算与分析，厘清水消耗的现状，为国家的节水政策提供依据。孙义鹏（2007）对大连市26种农、牧、渔业产品及工业产品的虚拟水贸易量及大连市的水足迹进行计算，发现大连市为虚拟水净出口地区，进口依赖度为0。因此，增加出口虚拟水含量低、附加值及科技含量高的产品，控制和减少耗水量大、资源型农业产品的出口等措施，可保障大连市水资源可持续利用[159]。谭秀娟（2010）对重庆市1997～2008年三大产业的水足迹进行了测算，发现在三大产业中，服务业的用水效率最高，工业用水效率位居第二位，而农业的用水效率最低，并且其耗水量最大[160]。王艳阳（2011）采用基于投入产出表的水足迹计算方法，对北京市2002年的水足迹状况进行估算，分析了其水足迹的构成。结果证明，虚拟水在北京市的消费结构中占主要地位，而实体水的占比很低；虚拟水的流入能够降低对本区域水资源的占有[161]。蔡振华等（2012）利用单区域投入产出方法计算并分析了甘肃省1997年、2002年以及2007年第一产业、第二产业和第三产业部门的虚拟水强度、水足迹以及虚拟水贸易情况。结果表明，甘肃省第一产业的虚拟水强度最高，并且第一产业每年虚拟水净出口量约占全省总水资源量的10%[162]。孙才志等（2013）对中国1995～2010年水足迹进行测算，分析了中国水足迹的空间格局和演变。结果表明，中国水足迹强度整体呈现明显的下降趋势，这说明中国水资源的利用效率明显提高，但是区域发展不平衡的问题依旧存在[163]。

2.3.3.2 水足迹理论在纺织产业上的应用

结合我国纺织工业的发展实际，相关学者相继使用水足迹评价方法对纺织产业的工业水足迹、企业水足迹、产品水足迹、消费水足迹等进行探讨与分析，并不断完善纺织产业水足迹核算与评价体系，对基于工业链、产业链、产品、工业园区开展水足迹核算的关键问题做了探讨，并逐渐形成了中国纺织工业联合会团体标准。

在工业水足迹的研究中，刘秀巍等（2011）从纺织品生态工业链的角度，将纺织品水足迹定义为从纤维原料到整个生产阶段结束过程中所消耗的直接水量和间接水量，包括农业用水和工业用水两大部分，并讨论了纺织品水足迹的核算方法及其应用中仍存在的一些问题[164]。王来力等（2012）基于生命周期理论，将纺织工业水足迹定义为纺织品在工业化生产过程中消耗的水资源总量，包括直接工业水足迹和间接工业水足迹，并对7种棉针织印染布从纤维到成品的全工业链条进行了工业水足迹的实例分析[165]。此外，通过结合纺织品和服装生产的加工工艺、耗水以及产污排污特点，对纺织品与服装工业水足迹核算和评价中的核算边界、核算方法、数据拆分原则以及结果评价基准等关键问题进行探究。研究提出，纺织品与服装工业水足迹的核算需要明确时间边界和空间边界，并强调直接工业水足迹核算的重要性，认为工业水足迹的内部评价对于减少单类产品的水耗和产污量有着重要的指导意义[166]。邵珍珍（2015）从工业层面给出了纺织工业水足迹的明确定义，并测算了2001～2012年中国纺织工业及其子行业的水足迹，发现中国纺织工业的蓝水足迹和初始灰水足迹整体呈现上升趋势，残余灰水足迹呈先下降后上升、最后波动的趋势[140]。

在产品水足迹的研究中，张音等（2013，2014）针对纺织服装产品工业水足迹核算中关于灰水足迹计算、地域性与季节性影响，以及产品分类原则与质量基准等若干问题进行讨论，并针对纺织服装产品水足迹核算过程中的系数展开分析和计算[167]。严岩等（2014）对花灰布、漂白布、染色布以及色织布等四种典型棉纺织产品进行了工业水足迹的测算与评价，通过比较得到色织布的水足迹最大，漂白布的水足迹最小，并且发现棉纺织品的工业水足迹主要来自直接工业水足迹，其中，蓝水足迹的贡献较大[168]。许璐璐等（2015）通过建立产品链式灰水足迹核算模型分阶段核算灰水足迹，并以涤纶针织珊瑚绒布染色工序中排放的COD为例进行实证研究，将灰水足迹分为染色生产灰水足迹、染色排放灰水足迹和染色环境灰水足迹，研究结果显示，三者中染色环境灰水足迹的值最大[169]。苏爱珍等（2017）基于水足迹理论，进一步提出构建产品水足迹标签体系的构想，并初步建立了水足迹标签指标体系的产品水足迹数据库，对纯棉漂白布的绿水足迹、蓝水足迹、灰水足迹以及间接水足迹进行了测算[170]。

除了纺织产业的工业水足迹和产品水足迹，还有学者对企业水足迹和消费水足迹分别进行研究分析。在企业水足迹的研究中，孙清清等（2014）基于WFN方法构建了企业水足迹的核算方法，并以纺织印染企业为例，对其蓝水足迹、绿水足迹、灰水足迹以及节水和水回用措施对于削减水足迹的贡献率分别进行了核算[171]。钟玲等（2016）基于工业园区纺织企业的调研数据，对调研企业中的丝绸产品和涤纶染色布产品的水足迹进行了核算与评价，并根据核算结果给出工业园区纺织企业水资源管理和水污染防治的建议[172]。在消费水足迹的研究中，王来力（2013）通过构建纺织品服装的消费水足迹核算模型，对中国居民纺织品服装的消费水足迹进行了研究与评价，发现隐含消费水足迹在居民年度人均纺织品服装消费水足迹中占据较大比重，并通过分析得到理性消费和选用合理的护理方式是实现纺织品服装节水消费的有效手段[139]。

综上所述，通过水足迹理论可将水资源消耗和水环境污染综合起来开展分析。从水足迹核算方法来看，WFN提出的水足迹评价方法侧重于从量的视角反映研究对象对水环境的影响程度，广泛应用于国家、组织、产业、消费等，也可用于开展产品水足迹的核算；ISO发布的水足迹评价方法基于生命周期评价理论，侧重于体现供应链或生产链水资源、废水排放和污染物排放的情况，应用于产品、过程和组织各生命周期阶段的水足迹结果的量化。结合脱钩理论及其研究方法，本书选用WFN的评价体系，从产业层面掌握水资源消耗、废水排放及水污染物排放。

2.4 研究评述与展望

2.4.1 文献述评

通过文献综述可以发现，现有的文献对资源、环境与经济增长问题的研究主要从几个方面展开：

（1）在产业绿色发展目标推动下，越来越多的文献开始关注将资源、环境与经济的发展纳入同一分析框架，并对经济增长过程中的资源消耗、废弃物排放所带来的生态环境压力进行全面评估与考量，研究的整体性不断加强。

（2）脱钩主要是描述两者之间的一种关系或程度，强调两者之间关系、状态和程度，广泛应用于国家、区域、产业、资源、环境等领域，成果丰硕，研究方法各有优劣。在水资源环境领域，纯粹研究水资源消耗脱钩或者纯粹研究水环境污染脱钩的单一视角研究成果丰富。有研究借助水足迹评价方法，开展了局部性或者描述性的水资源环境双重脱钩定量化研究。

（3）水足迹评价方法对纺织产业的工业水足迹、企业水足迹、产品水足迹、消费水足迹等进行探讨与分析，对基于工业链、产业链、产品、工业园区开展水足迹核算的关键问题做了探讨，不断完善纺织产业水足迹核算与评价体系。WFN 评价标准和研究方法适合从产业层面识别和理解水资源相关的潜在环境、影响大小和重要性。

但现有的文献仍然存在几个方面的不足：

（1）在有限增长模式下，经济系统是资源环境的子系统，经济发展受到资源环境系统的约束，不能超越资源环境系统的规模而发展。水足迹在纺织产业的应用中，主要侧重于对资源消耗的评价、环境负荷的评价、或者是资源环境负荷的评价方法研究，鲜有对水资源环境负荷与经济增长之间的关系作出定性评价和机理分析的研究。

（2）水资源消耗与经济增长的脱钩、水环境污染与经济增长的脱钩的研究已分别取得一些进展，但现有的研究多从水资源消耗或水环境污染的某一角度着手，缺乏水资源和环境综合视角下（即双重脱钩）的有效性对比与判定，忽视了资源、环境、经济作为生态经济系统的整体性，研究结果往往片面化、局部化。另外，现有研究对水污染物毒性脱钩问题研究尚为空白。

（3）按照能源消耗的杰文斯悖论，技术进步促进能源效率提高反而会增加能源服务需求量，也就是说能源作为一种资源存在着反弹效应，产业规模是拉动资源消耗（或废物排放）的主要因素，规模因素在一定程度上会抑制资源消耗（或废物排放），技术因素是抑制因素。纺织工业生产中的水问题是否同样存在反弹效应，尚未有科学解答。

2.4.2 研究展望

基于文献述评，以我国三大生态文明试点行业之一的纺织产业为研究对象，今后的研究可以从以下五个方面推进，本书主要从前三个方面开展：

（1）构建系统科学的水脱钩分析框架。

以往的研究利用水资源或水环境中的某一个因素来研究与经济增长之间的关系，缺乏水资源和环境综合视角下的定量定性研究。研究需基于水资源、水环境与工业增长系统整合的思路，以经济增长与水资源环境保护双赢为主线，结合生态经济学、水足迹等理论，把资源、环境与经济纳入统一系统，构建工业水资源环境双重脱钩分析框架。

（2）构建水资源环境双重脱钩模型。

水足迹理论把水资源消耗和水环境污染联系起来。LCA 方法的评价结果侧重于从相对微观角度体现供应链水资源使用的情况，颠覆了传统研究中只注重直接水资源使用而忽略间接供应链水资源消耗的观念。从水足迹的评价标准来看，选用 WFN 的评价体系，可从产业层面掌握水资源的利用和水环境污染情况，为构建水资源环境双重脱钩模型提供思路与方法。

（3）剖析纺织产业水资源环境减量化驱动因素。

拓展现有的研究视野，通过分析探究纺织产业水脱钩状态以及影响因素，明确导致纺织产业水资源环境现状的主要原因。统筹思考工业用水的资源和环境治理问题，促使纯粹重视节水管理或纯粹治污管理向系统化节水治污转变，解决“九龙治水”难题，为实现纺织工业经济发展由传统模式向资源节约型、环境友好型转变和资源—环境—经济系统可持续发展提供理论依据和决策参考。

（4）考虑废水排放污染物毒性的脱钩分析与实现路径研究。

纺织产业中的印染和化纤工业，均是化学品消耗的集中链段，其产品种类多（如棉、麻、丝、毛、涤纶等），工艺链条长（如退浆、精炼、漂白、丝光、染色等），存在着化学品使用种类多、排污量大、污染物复杂和监管难度大的特点，单纯对废水、废气、废渣等主要污染物或其大类的末端排放计量管控，缺乏对化学品使用在企业工序链内传输过程和生产工序间毒性影响的差异研究，不能全面地、真实地反映纺织印染企业化学品使用的环境负荷。实现纺织印染企业工业生产过程化学品管控的可报告、可比较和可评价，全面反映化学品使用及其污染物排放造成的环境负荷是未来亟待解决的重要问题。

（5）基于 LCA 的纺织产业水资源环境生态效率评价与改进策略。

生命周期评价是产品“从摇篮到坟墓”的全过程产生的物质、能量的消耗和对环境产生的影响进行分析、评价的方法。LCA 方法对于评价纺织产业的产业链水资源环境生态效率具有独特的优势。基于产业链，可以构建纺织品生命周期评价模型，将纺织品从生产、运输、使用到废弃的各个阶段水资源消耗和废水排放对环境的影响进行定量定性评估。

还可以构建基于工业生产过程的全生命周期评价模型，主要的工业生产环节是纤维生产、纺纱、织造、印染和成品加工，从而为纺织服装产品工业生产水资源负荷纵向（沿工艺链）和横向（产品之间、同工艺链段之间）比较提供度量依据，有助于纺织服装生产企业加强节水减排管理，为行业和政府部门制定节水减排管控政策提供参考。

3

纺织产业水脱钩的概念及理论假说

纺织工业生产中的水问题既有水消耗问题也有水污染问题，本章从水资源角度、水环境角度和水资源环境双重角度对水脱钩的内涵做出界定，并定义了水脱钩目标以及实现水脱钩的路径和手段；结合脱钩二分法、八分法和环境高山理论，对相关概念进行了比对与统一；最后在厘清水脱钩概念的基础上，结合资源依赖性曲线、环境库兹涅茨曲线、反弹效应等理论提出研究的理论假说。

3.1 基本概念

3.1.1 水脱钩的内涵界定

随着经济的发展，理论上会伴随着资源环境压力的同步增加，但通过人类合理的约束行为可以减轻资源环境压力，实现建立在资源环境压力减轻下的经济增长，促进经济发展和资源环境的脱钩。在经济合作与发展组织（OECD）的诠释下，脱钩是打破环境危害和经济财富之间的关系[173]，使本来环境与经济间存在的相互制约、相互依托的关系逐渐减弱甚至脱离。在资源环境领域，脱钩指的是一定时期内某种资源（如碳石资源、耕地资源等）消耗量变化的速度，或者某种污染物（如 CO_2、SO_2 等）排放量变化的速度与经济产出变化的速度不同步的过程。由此可见，人类的经济活动对资源环境具有双向作用，一方面，不断增强的经济活动会增加资源环境压力，不利于资源环境的可持续；另一方面，人类通过制定环境政策法规、增加科技投入和财政补贴可以减轻资源环境压力。因此，探究人类经济活动与资源环境之间的互动关系需将工业生产视为人类、经济和资源环境的复合系统。压力—状态—响应（pressure-state-response，PSR）模型框架（Rapport ans Friend，1979）是用来探究同一时期人类经济活动与资源环境之间变化关系的框架，可以充分体现资源环境与自然和人类活动之间的因果关系[174]。基于压力—状态—响应框架，构建经济发展与资源环境压力脱钩分析的 PSR 框架见图 3－1。

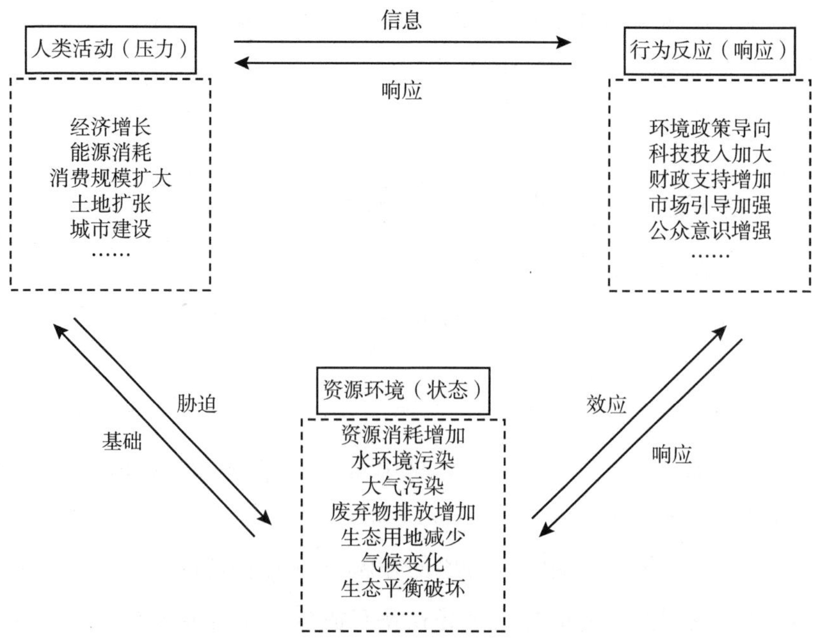

图 3－1　经济发展与资源环境压力持续性评价的 PSR 框架

在水脱钩的研究中，水本身的属性使其同时存在水量和水质的问题。具体地，包括了水资源领域的用水消耗情况，水环境领域的废水排放情况和水体污染物排放情况。其中，污染物排放情况又包括废水排放量和污染物排放量两方面。因此，在水脱钩问题研究中，需要充分考虑水资源、水环境两大问题。因此，水脱钩就指在一定时期内达到经济效益不断提升目标的同时实现水资源负荷下降、水环境污染减小。

3.1.1.1 水资源消耗脱钩

水资源作为一种基础自然资源，不仅具有资源性，还具有经济属性[175]。水资源是国民经济和社会发展的重要物质基础。工业生产像生命系统一样离不开对水资源的消耗和利用，随着生产力水平不断提高，对水资源的需求量也会有所增加。

在工业水资源消耗问题上，需要考虑用水系统中各行业部门对水资源的需求情况和水资源的实际耗用情况。水资源需求通过一些工业需水指标来体现，如水资源消耗强度、水资源生产率、水资源利用效率等。其中，水资源消耗强度和水资源生产率与行业结构、技术水平有关，用来反映某个地区工业的发展水平和工业需水状况。水资源消耗量则由新鲜取水量、中水回用量、工业用水总量等指标来体现。

水资源消耗脱钩是指将水资源消耗与经济增长之间的耦合关系打破，即随着经济的发展，工业用水总量呈现不断减少的趋势，水资源负荷随之下降。在对工业水资源消耗脱钩的问题进行探究时，研究选取水资源消耗强度、水资源生产率、工业用水总量以及工业生产总值等相关指标进行阐述。在工业发展初期，经济发展伴随着大量的水资源消耗量，即工业用水总量与工业生产总值呈同步增长趋势。随着经济的不断发展，科学技术水平不断提高，人们和企业的资源节约意识也逐渐增强，工业用水总量与工业生产总值的依赖关系逐渐减弱，并且在达到一个最大值后两者呈现逆向变化趋势，换句话说，就是国家的经济发展从黑色发展模式转变为绿色发展模式，同时水资源消耗总量由快速增长逐渐趋向缓慢增长、并不断向零增长转变[130]。

3.1.1.2 水环境污染脱钩

工业发展促进了经济的发展，但也造成了严重的水环境污染。水环境污染不仅有废水排放量增加带来的水量问题，更涉及废水中污染物排放带来的水质问题。2014 年，在全国主要河流湖泊国控地表水监测断面中，Ⅰ～Ⅲ类、Ⅳ～Ⅴ类和劣Ⅴ类水质断面比例分别为 63.1%、27.7%和 9.2%[176]。同年，全国废水排放总量 716.2 亿吨，其中工业废水排放量 205.3 亿吨，占废水排放总量的 28.7%；城镇生活污水排放量 510.3 亿吨，占废水排放总量的 71.3%[8]。虽然从废水排放量上看，工业废水的排放量要少于城镇生活污水，但从废水成分，即废水水质上看，工业废水的成分极其复杂，处理难度大，对水环境的污染也更大。因此，在衡量由工业经济发展带来的环境负荷变化时，对水环境污染强度的测算需包含工业废水排放总量强度和其主要污染物的排放总量强度。

水环境污染脱钩研究的是水环境污染与经济增长之间的关系。水环境污染脱钩就是将水环境污染与经济增长之间的关系打破，即随着经济的发展，水环境污染不会增加反而减少。工业革命初期，经济增长以严重的环境污染为代价，即工业经济的增长伴随着水环境污染的加剧。在一些工业发达地区及国家，水环境污染不仅制约经济发展，也严重威胁人们的健康。随着经济进一步发展，人们对水环境危害认识的提升以及工业生产技术的进步，废水排放量和废水中所含污染物的浓度逐渐减少，水环境污染逐渐减小，而经济继续呈增长趋势，水环境污染脱钩得以实现。

3.1.1.3 水资源环境双重脱钩（水足迹脱钩）①

水既是资源又是自然环境的重要组成部分，在经济发展中兼有资源和环境的双重作用。水资源环境双重脱钩研究的是“水资源消耗和水环

① 文中水资源环境脱钩和水足迹脱钩的意义相同，为了表述和理解方便，两者均有使用。

境污染”的综合效应与经济增长之间的联动关系。脱钩理论二分法认为，经济增长与资源环境之间存在两种关系：第一种是资源消耗和环境污染的增长速度相比经济增速略低甚至呈现下降趋势，称为脱钩；第二种包括资源消耗和环境污染增长速度大于经济增长速度、资源环境有所优化和经济倒退，以及资源环境恶化和经济倒退三种情况，称为耦合。水资源环境双重脱钩包括了水减量化和去污染化两层内涵，即经济增长过程中逐渐脱离了对水资源的依赖，同时对水环境的冲击逐渐减少。可见，水资源环境双重脱钩是“水资源—水环境—经济系统”协调发展的理想阶段，即在一定的经济规模、经济结构、技术水平条件下，以最小的水资源环境代价实现最优的经济增长。

水资源环境双重脱钩的定量研究，需要将直接进入经济系统并参与运行的水资源消耗量和经济系统运行过程中产生并排放到生态环境中的废水同时纳入核算体系。研究利用水足迹衡量水资源环境变量，其中蓝水足迹表征水资源消耗，灰水足迹表征水环境污染，水足迹总量即代表水资源和水环境的综合效应（我国纺织产业生产中对绿水消耗量少且无法统计，因此绿水足迹忽略不计）。水资源环境双重脱钩情况可以利用水足迹总量与经济发展之间的数量关系来表示，具体表现为在经济发展正向增长过程中，水足迹总量增长速度略低或负增长。

综上所述，水资源消耗脱钩、水环境污染脱钩和水资源环境双重脱钩三者的相同点是都运用了塔皮奥脱钩弹性法对其脱钩状态进行了分析，而对于三者的定义、研究范围、研究对象、研究效率和其他研究内容上，均存在不同（见表 3 - 1）。另根据中国纺织产业的特点，参照《中国国民经济行业分类标准》（GB/T 4754 - 2011）[177]，研究对统计年鉴中关于纺织产业的子行业分类及名称进行了整理（见表 3 - 2）。研究所指的纺织产业为纺织业、服装业和化纤业的总称，纺织产业的数据由三个子行业的数据汇总计算。

表 3-1　　水脱钩的分类和属性

<table>
<tr><th colspan="2" rowspan="2">比较内容</th><th colspan="3">水脱钩分类</th></tr>
<tr><th>水资源消耗脱钩</th><th>水环境污染脱钩</th><th>水资源环境双重脱钩（水足迹脱钩）</th></tr>
<tr><td colspan="2">定义</td><td>随着经济的发展，工业用水总量呈现不断减少的趋势</td><td>随着经济的发展，水环境污染呈现不断下降趋势</td><td>在经济发展正向增长过程中，水足迹总量增长速度略低或负增长</td></tr>
<tr><td colspan="2">研究范围</td><td>纺织产业及其三个子行业</td><td>纺织产业及其三个子行业</td><td>纺织产业</td></tr>
<tr><td colspan="2">研究对象</td><td>水资源消耗</td><td>水环境污染（包括废水和污染物排放量）</td><td>水资源消耗和水环境污染</td></tr>
<tr><td rowspan="2">研究内容</td><td>相同</td><td colspan="3">塔皮奥脱钩弹性分析</td></tr>
<tr><td>不同</td><td>1. 水资源消耗强度及生产率核算
2. Laspeyres 因素分解分析</td><td>1. 水环境污染强度核算
2. LMDI 因素分解分析</td><td>1. 水足迹强度及生产率核算
2. LMDI 因素分解分析</td></tr>
</table>

表 3-2　　中国纺织产业行业分类及名称

<table>
<tr><th rowspan="2">产业</th><th colspan="3">分类及名称</th></tr>
<tr><th>子行业</th><th>统计年鉴的名称</th><th>英文缩写</th></tr>
<tr><td rowspan="3">纺织产业</td><td>纺织业</td><td>纺织业</td><td>MT</td></tr>
<tr><td>服装业</td><td>服装及其他纤维制品制造业；纺织服装、鞋、帽制造业；纺织服装、服饰业</td><td>MTWA</td></tr>
<tr><td>化纤业</td><td>化学纤维制造业</td><td>MCF</td></tr>
</table>

3.1.2　水脱钩的目标

经济发展与水资源、水环境是高度关联的。一方面，经济增长增加了对水资源的开发利用，加重了水资源负担，使得水资源持续性供给功能下降；另一方面经济增长能够增加资源开发投资，能够提升水资源利用效率，达到节约用水的目的。类似地，经济增长会导致对水环境的排污增加，加重了水环境压力，导致水环境质量和水环境承载力下降；另一方面，经济发展会使得环保投入加大，有利于改善水环境。因此，经济增长需求和自然供给之间、经济系统与资源环境系统之间既有对立矛盾的一面，又有统一协调的一面，各系统之间的关系如何，主要取决于人和经济活动的调控作用。

水脱钩客观上要求人类经济活动达到这样一种程度：既能使得水资源得到最大限度的开发利用，开展生产力以满足人类的全面需求，又不致破坏生态系统的稳定状态，以维持系统的正常功能。达到这种状态就意味着实现了水资源环境系统和经济系统的协调发展，达到了经济系统的社会再生产和水资源环境系统的生态自然再生产之间的相互平衡与协调发展。

实现水脱钩，既要保证经济的稳定增长，又要保证水资源、水环境状况良好，不能以消耗大量水资源和牺牲水环境为代价来追求经济增长，这要求“水资源—水环境—经济系统”之间实现协调发展，即在经济系统、水资源系统、水环境系统之间达到协调，以及每个子系统内部实现良性发展。

各个系统之间的协调发展，要求经济活动不能从纯经济利益出发，还必须顾及生态后果。在传统的发展模式中，人类对经济增长的偏好更强，通过索取大量的水资源来扩大经济产出，继而产生大量废水。这种模式不具备可持续性，造成了经济、水资源、水环境互不适应、互不协调的严重局面。为了摆脱经济发展的水资源环境困境，实现经济与水资源环境的脱钩，各种发展模式应运而生，主要可以分为两种：消长互损型和协调互促型。消长互损型的模式有三种具体形态：放弃经济发展来保护生态环境；牺牲资源环境来实现经济增长；通过限制资源消费和放慢经济来维持生态平衡。这三种模式都不能实现经济发展和水资源环境保护的双赢效果，无法实现水资源环境双重脱钩。协调互促型模式强调在减少资源消耗量的同时，依靠技术进步实现资源的循环利用，提高资源的使用率。这样能够利用较少的水资源生产较多的产品，在满足经济发展需要的同时维持资源环境系统的稳定状态。

各个系统内部的优化要求系统要素之间的和谐一致、配合得当。具体来看，要实现水资源系统的良性发展，节水技术进步和替代资源开发促进水资源可利用量增加的速度应不小于因为使用水资源导致水资源可利用量减少的速度；要实现环境系统的良性发展，环境治理促进水环境承载能力上升的速度应该不小于由于经济系统排污造成环境承载力下降的速度；要实现经济系统的良性发展，经济与水环境、水资源互相协调而促进经济增长的速度应当不小于与水资源、水环境相冲突而限制经济增长的速度。

3.1.3 水脱钩的路径

“环境高山”曲线表明：资源消耗量、环境排放量先是不可避免地随着经济发展而增加，但是当后者达到某一水平（产业总产值高过某一个高度），就会出现转折——资源消耗量环境排放量与经济发展进入正相关阶段。以产业经济增长为横轴，以资源环境消耗为纵轴，二者的关系一般会呈现出一条倒“U”型的曲线（BAC 段，见图 3 -2），这条曲线被称为“环境高山曲线”[178]。从曲线峰值 A 点向横轴画一条垂线，就将“环境高山”划分为了两个区间。在垂线的左侧（BA 段），资源环境状况的改善和经济的增长呈现此消彼长的趋势，两者难以兼顾，这个区间被称为“两难区间”。在“两难区间”中存在三种困境：第一种是资源环境在恶化，同时经济并没有得到发展，也可以称作双亏区；第二种是经济实现了增长，但是资源环境恶化；第三种是环境得到改善，但经济衰退。面对这三种困境，人们只能在经济增长与资源环境之间权衡取舍，而最终的结果往往是两者都无法实现效益的最大化。在垂线的右侧（AC 段），人们的经济活动既可以获得利益，同时又可以改善资源环境质量，这个区间被称为“双赢区间”。在这个区间里，人们可以在保护资源环境的同时实现经济收益。表 3 -3 是资源环境与经济增长的四类选择空间。

表 3－3　　　　　　资源环境与经济增长的四类选择空间

经济效益	资源环境	
	资源环境改善	资源环境恶化
经济效益增加	双赢区	两难区 1
经济效益减少	两难区 2	双亏区

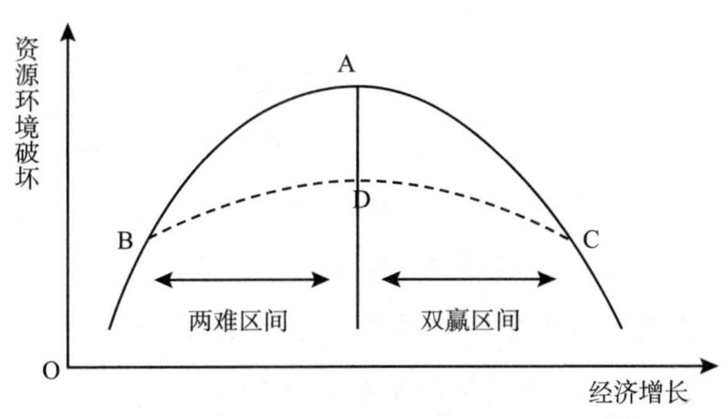

图 3－2　“两难区间”到“双赢区间”实现路径

水脱钩意味着水资源环境的消耗与经济增长开始发生背离，在水资源环境消耗减少甚至不消耗的情况下，经济能够实现正向增长。因此，实现水脱钩可以被视为跨越“两难区间”向“双赢区间”转变的拐点，即图 3－2 中的 A 点。脱钩的实现过程，就是从“两难区间”向“双赢区间”转变的过程。如果水脱钩发生了，说明经济发展已经进入“双赢区间”；如果水脱钩尚未发生，这说明经济发展依旧在“两难区间”，水资源环境与经济增长之间的矛盾依旧存在。“双亏区”是经济学效益和资源环境都恶化的情况。

发达国家近百年来的实践经验表明，翻越“环境高山”不是一蹴而就的，而是前进性和曲折性的统一。在这个过程中，经济系统与资源环境系统的关系必然经历“两难区间”与“双赢区间”的反复交替，但是总趋势是向好的。这意味着实现水脱钩的可能性是存在的，但是人类必然经历在环境质量和经济效益间做权衡取舍的痛苦过程。我国的工业发展程度与发达国家相比较低，在跨越“环境高山”的过程中应当汲取发达国家的教训，通过技术创新、产业结构优化、环境规制等手段，将“跨山运动”（B－A－C）转变为“穿山运动”（B－D－C），这样实现相同程度的经济发展，付出的资源环境代价将降至较低水平。

3.1.4 水脱钩的手段

人类社会的发展与资源、环境是高度关联的。传统的经济模式通过大量索取资源来维持人类的物质需求，生产出大量产品，从而获得经济效益，也因此导致大量废物、垃圾以及各种污染物的产生。在此模式下，主要通过末端处理来缓解环境破坏，但不符合可持续发展的原则。未来的经济模式将通过少量索取资源来生产出大量产品，且在生产过程中只产生少量废物、垃圾以及污染物。这种模式下，通过源头管控—过程监管—末端治理来解决资源环境问题，实现了经济的可持续发展（见图3－3）[179]。要实现经济发展从传统的经济模式向未来的经济模式的转变，其关键核心在于减物质化。减物质化是实现经济增长与资源环境压力脱钩的有效手段，是资源环境可持续发展的重要组成部分，是为解决资源短缺和环境污染日益严重矛盾而提出的一种重要研究思路。资源环境压力是由于人类的各种活动而对周围环境施加的影响力，表现为介入、干扰或改变生态自然环境原有的稳定性，从而引起环境功能的退化（如资源短缺、环境污染等）。资源环境压力是影响可持续发展的关键因素[180]。

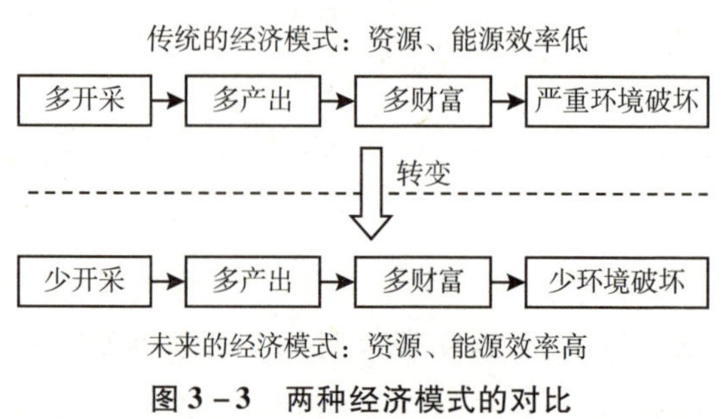

图3－3　两种经济模式的对比

人类活动产生的资源环境压力通常由进入经济系统的资源质量和数量，以及从经济系统输出到环境的污染物质量和数量所决定。也就是说在一般情况下，输入经济系统的自然资源数量越少，从经济系统输出的污染物数量就越少，资源环境压力越小，经济系统的可持续性越强；相反，输入经济系统的自然资源数量越多，从经济系统输出的污染物数量越多，资源环境压力就越大，经济系统的可持续性越弱。减物质化的重点就在于，在人口迅速增长的前提下，达到经济效应增长目标的同时，最大限度地减少对资源环境的压力，实现系统两端的减量，即减少资源的输入量和污染的输出量。因此，减物质化就是指在某一时间序列内，通过改进生产技术水平、提高资源利用效率等手段，在减少自然资源消耗量的同时减少污染物的排放量，实现规模限制下经济的良性发展，从而实现经济增长与资源消耗、环境污染间的脱钩关系。

综上所述，结合研究选取脱钩二分法、八分法和“环境高山曲线”对应的指标解释如表 3 –4 所示：

表 3 –4　　脱钩与“环境高山曲线”指标解释对应

脱钩二分法	脱钩八分法	“环境高山”划分法
脱钩	强脱钩	双赢区间
	弱脱钩	
耦合	衰退脱钩	两难区间
	扩张连接	
	衰退连接	
	扩张负脱钩	
	弱负脱钩	双亏区
	强负脱钩	

通过本章对纺织产业经济增长中的水脱钩问题涉及的核心概念界定，明确水资源消耗脱钩、水环境污染脱钩和水资源环境双重脱钩（水

足迹脱钩）的内涵，明确水脱钩的目标、水脱钩的路径以及水脱钩的手段（见图3－4）。

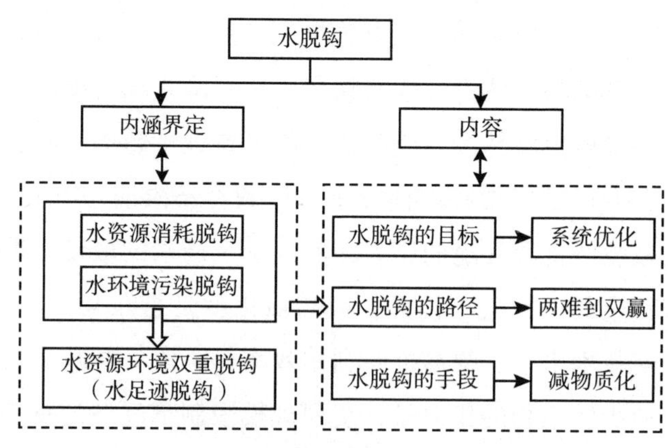

图3－4　水脱钩问题中的核心概念界定

3.2　理论假说

3.2.1　理论假说一

资源依赖性曲线认为，在工业化进程中，水资源消耗随着一个区域社会对自然资源的依赖性呈现出倒“U”型的曲线轨迹。在工业化初期，区域社会对自然资源的依赖性不断增强；到了工业化中期，区域社会对自然资源的依赖性达到峰值；而进入工业化后期，区域社会对自然资源的依赖性会呈现出减弱的趋势。水作为一种自然资源，同样也是一种生产要素，与资本、劳动、技术等其他生产要素一起投入生产，是纺织产业工业生产中不可或缺的要素之一。因此资源依赖性曲线中经济和自然资源的关系同样适用于纺织产业经济增长与水资源消耗的关系，即纺织产业经济增长与水资源消耗之间存在倒“U”型曲线关系。在发展初期，纺织产业对水资源的依赖性不断增强，经济与水资源之间的耦合关系较为密切；随着产业结构的优化、节水技术的进步，产业经济发展对水资源的依赖程度呈现出下降趋势，逐步实现经济与水资源的脱钩关系。

对于纺织业、服装业、化纤业三个子行业来讲，三者存在产业规模和发展水平上的差异，因此三个子行业在经济指标上的增长水平会有高低。加上三个子行业具有不同的产品结构、生产工艺以及生产加工设备，导致三个子行业的用水结构也会有所不同。在纺织服装产品生产加工过程中，所投入的新鲜取水量、过程消耗的水资源量、中水回用的水资源量，以及最后排放的废水总量均有很大差异，最终表现为三个子行业之间、子行业与纺织产业之间水资源消耗脱钩情况的差异性。

资源依赖性曲线是一种长时间尺度现象，受多种因素的影响。在不考虑人口、市场、贸易等因素的情况下，其影响主要体现在产业规模效应、行业结构效应以及技术水平效应三个方面（Grossman & Krueger，1992；Stokey，1998）[41,6]。研究表明，一些发达国家的工业用水趋势已呈现倒“U”型曲线特点，即在工业化初期，由于经济总量的飞速增长导致工业用水总量增速加快，至中后期由于行业结构升级优化、技术和管理水平逐步提高，促使用水量增速放缓，达到经济零增长甚至负增长的水平，最终实现了水资源消耗减量化的目标（Thompson，1999）[181]。

基于以上分析，提出理论假说一：纺织产业经济增长与水资源消耗之间存在密切的耦合关系，但纺织、服装、化纤三个子行业之间由于工艺特征、产品属性、发展阶段等差异会造成水资源消耗脱钩程度存在不一致性。破解耦合关系，可通过优化产业结构、技术水平提升等因素的共同作用实现水资源消耗减量化。

3.2.2 理论假说二

环境库兹涅茨曲线假说认为，随着经济的发展，工业化程度不断推进，人类为了追求更高的利润，增加了对资源的需求，产生的废弃物也大量增加，并超过了生态环境的自净能力，环境问题日益加剧；当经济发展到更高水平，经济结构改变，技术水平提高，人类的环保意识也逐渐增强，大量污染产业被淘汰，环境状况开始改善，即环境污染与经济增长存在着一种倒“U”型曲线关系。水环境是人类社会发展经济的重要场所，也是构成环境的基本要素之一。因此环境库兹涅茨曲线假说中经济和环境的关系也同样适用于纺织产业经济增长与水环境污染的关系，即纺织产业经济增长与水环境之间存在倒“U”型曲线关系。随着工业的不断发展，人类环保意识加强、技术水平提高和产业结构调整促使水环境污染速度放缓，达到在保证经济产出的情况下，水环境污染减少状态，实现经济增长与水环境污染的脱钩。最终实现了水环境污染减量化的目标。

纺织产业三个子行业在原料投入、生产类型等方面存在一定差异，因此受水资源消耗影响的子行业废水排放量也存在差异。同时，许多不同的化学配方和有机染料不断被开发并应用于子行业的加工工艺过程，致使子行业之间的废水成分形成差异，即废水水质不同，对水环境也产生不同程度的污染。因此受到不同行业生产特征约束的子行业经济增长和水环境污染之间的耦合关系也各有不同。

在经济发展过程中，污染的排放主要受到生产规模、行业结构、技术水平等因素的影响（Grossman，1995）[182]。当生产规模扩大，加大生产要素投入会影响工业产出，包括经济产出和污染产出，且无限制的规模扩张不利于工业总产值的高效增加。因此，规模因素对纺织产业经济增长和水环境污染产生影响。技术进步带来生产工艺及设备的优化，减少生产源头对水资源的需求，从而减少生产末端的废水及污染物排放，对纺织产业的废水及污染物减量具有促进作用。此外，行业结构衡量了子行业工业总产值占产业工业总产值的比重，子行业的行业特征决定不同行业结构下的污染产出存在差异，也会影响水环境污染减排效果。

基于此，提出理论假说二：纺织产业经济增长与水环境污染之间的耦合关系密切，但纺织、服装、化纤三个子行业之间由于技术水平、生产特征、管制强度等不同会导致水环境污染脱钩状态存在差异。通过行业结构和技术水平的抑制作用等影响能有效破解经济增长与水环境污染的耦合关系，实现纺织产业水环境污染减量化。

3.2.3 理论假说三

生态经济学认为经济系统从属于生态系统。人类社会起源于自然界，人类社会的进步是在自然界内艰难地获得提升的过程，但无论怎样的提升，人类社会都不能够脱离自然界而独立存在，更不能走到自然界的对立面。因为生态系统为经济系统提供最基本的生态系统服务，包括“源”和“汇”的服务、支持性服务以及精神性服务，每一种服务都是人类社会生存和发展不可或缺的。在这种情况下，资源环境与经济形成了双向的互动机制：经济系统通过自然界获取资源来进行商品的生产和向环境排放废弃物，以实现经济的持续增长；资源环境的数量和质量影响经济的结构、产出和消费偏好。既然经济是生态系统的子系统，则不能超越它所在的母系统的规模而发展。如果有些服务是经济系统无法自身提供的，则需要依靠环境系统来提供，那么经济就必须避免扩张到与环境系统发生冲突的地步，否则环境系统提供这种服务的能力将被削弱，进而反过来抑制经济系统的发展。从效益的角度来讲，资源环境效益是经济效益的基础，经济效益的增长最终要受到资源和环境双方面的制约和约束。随着人类经济的不断发展，生态经济系统中自然生态过程与社会经济过程之间的矛盾会开始显现。

纺织产业一方面需要大量的水资源作为生产必需品，另一方面其生产过程中不可避免地会产生一定量的废水排放到自然环境中。无论是水资源消耗带来的资源利用问题，还是废水排放带来的环境困境都是纺织产业经济持续发展必须解决的重要水难题。因此，纺织产业的可持续发展指的是综合性发展，也就是资源、经济、生态环境三者的协调发展，而不是特指其中某个或某两个方面的发展，必须从全局出发，不可顾此失彼。

基于以上分析，研究提出理论假说三：水资源环境与经济增长之间存在着密切的耦合或脱钩关系，实现水资源环境双重脱钩的条件比实现单一的水资源消耗脱钩或单一的水环境污染脱钩更严格。因此，实现双重水脱钩对推进纺织产业绿色发展更有效。

3.2.4 理论假说四

19 世纪英国经济学家杰文斯（Jevons，1865）在《煤炭问题》一书中提到，使用技术升级后的高效率蒸汽机虽然在初期会降低对煤炭的消耗量，但同时也降低了煤炭的成本，刺激了人们的消费需求，进一步增加了煤炭、钢铁和其他资源的消耗总量，并最终使得因效率提高而节约的煤炭资源被经济增长抵消或部分抵消，也就是说，技术效率的提高事实上并没有起到节约资源的作用，这就是著名的杰文斯悖论假说。杰文斯悖论假说成立的条件取决于能源和资源消费需求的增量是否超出技术进步带来的能源和资源节约量。

卡佐姆（Khazoom，1980）[183]和布鲁克斯（Brookes，1979）[184]在他们的研究中也得到了相同论断，进一步提出“Khazzoom-Brookes 假说（K－B 假说）”。在微观层面，虽然说技术进步能够提高能源的使用效率，从而在一定程度上节约了能源的消费，但技术进步又促进了社会经济的发展，使得社会能源需求量得到进一步增加，导致实际消费的能源减少量与单位能源服务所消耗的能源减少量并不是同比例变化。技术进步引起的能源效率提升实则会增加能源消费而不是减少。

1992 年，经济学家哈利·桑德斯（Harry Saunders）[185]在卡佐姆的基础上，结合新古典经济增长理论中的柯布—道格拉斯生产函数（C－D 生产函数）和固定替代弹性效应函数（CES 生产函数），研究了多种能源消费的反弹效应情况，发现当能源与资本、劳动等其他生产要素之间存在替代效应时，反弹效应会提高，并且能源效率的提高对加快经济增长速度的作用比降低能源有效成本要显著。另外，提高其他生产要素的效率也会相应增加能源的消费。

由此可见，技术水平的提高，并不一定意味着能源需求与资源消耗的下降，也极有可能存在着反弹效应，即能源与资源（包括水资源）的消费量不减反增的情况。

基于以上认知，研究提出理论假说四：纺织产业技术水平提升会引起水资源消耗、水环境污染或水足迹的节约，但技术进步还会刺激纺织产业规模的扩大，导致水资源消耗、水环境污染或水足迹的增加，这个增加量超过因技术进步带来的节约量，故而存在水的反弹效应，加剧了纺织产业水资源短缺、水环境恶化和水足迹增长倾向。

纺织产业经济增长中的水资源消耗脱钩研究

本章测度了纺织产业及其三个子行业的水资源消耗强度和水资源生产率，利用塔皮奥脱钩弹性分析法对纺织产业及其三个子行业的水资源消耗与经济增长之间的脱钩关系进行了分析。另外，为了进一步探究纺织产业水资源消耗与经济增长间脱钩关系变化的驱动力因素及其对脱钩关系的内在影响机理，研究采用 Laspeyres 指数分解法对影响纺织产业和三个子行业水资源消耗的因素及其贡献值进行了分解求导，测度了各影响因素对水资源消耗变化的贡献值和贡献率，并进一步分析了纺织产业水资源消耗的反弹效应和减量效应。①

4.1 纺织产业水资源消耗与经济增长

4.1.1 指标选取与数据处理

以 2001～2014 年为研究区间，将统计年鉴中的工业总产值作为分

① 本章主要内容已发表 Li Y, Luo Y, Wang Y, et al. Decomposing the Decoupling of Water Consumption and Economic Growth in China's Textile Industry [J]. Sustainability, 2017, 9 (3): 412.

析模型中用到的经济产出值，将工业用水总量作为工业水资源消耗量。中国纺织产业工业生产总值以及工业用水总量2001～2005年的数据来自《中国环境年鉴》（2002～2006年）[9,186-189]，2006～2014年数据收录在《中国环境统计年报》（2006～2014年）[8,190-197]，两者统计口径一致。为消除通货膨胀影响，研究将各年纺织产业工业生产总值的数值折算成基准年2014年的不变价格。由于《中国环境统计年报2012》中化纤业的工业用水总量数据存在印刷错误，故研究将其纠正为2011年和2013年化纤业工业用水总量的平均值，取值为4035.43百万吨。

4.1.2 纺织产业水资源消耗与经济增长特征

4.1.2.1 纺织产业水资源消耗量

2001～2014年中国纺织产业及其三大子行业的工业用水总量见图4－1。从中可以看出，中国纺织产业工业用水总量在2001～2010年呈波动上涨趋势，由2001年的6271.74百万吨，增加到2010年的9463.01百万吨，年均增长率为4.68%；2011～2014年绝对取水量呈波浪变化并有下降趋势，2013年最小，为7854.22百万吨，2014年最大，为8647.30百万吨。

在三个子行业中，化纤业的工业用水总量最大，其次是纺织业，服装业不仅最小，而且远小于化纤业和纺织业。2001～2014年，纺织业的工业用水总量呈上升趋势，2002年纺织产业工业用水总量占比最小，为33.81%，2014年最大，占比为47.42%。服装业的工业用水总量占比最小，变化幅度也小，在2%～3%之间波动。化纤业的工业用水总量占比在三个子行业中最大，纺织产业工业用水总量的变化与化纤业有很大关联，其整体呈下降趋势，2001～2009年总体变化不大，从2011年开始有下降趋势，2002年占比最高为63.54%，2014年最低为49.26%。

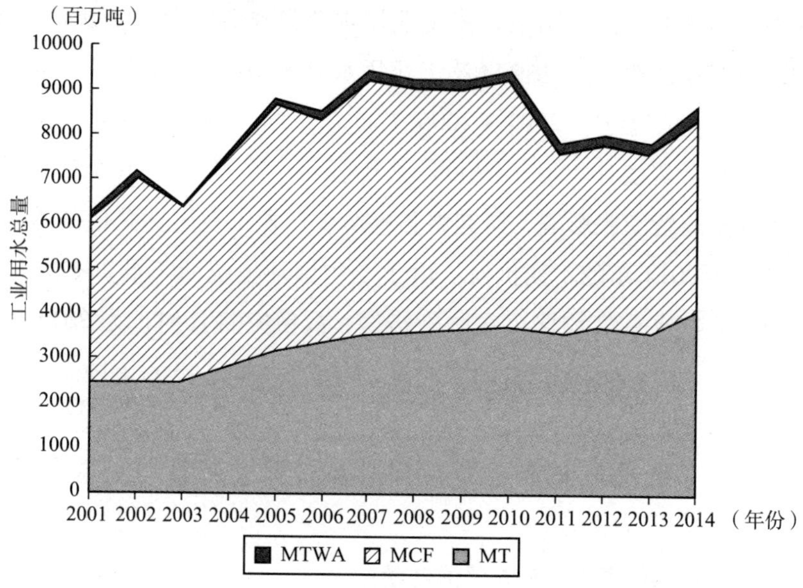

图 4－1　2001～2014 年中国纺织产业及三个子行业的水资源消耗

资料来源：中国环境年鉴编辑委员会．中国环境年鉴 2002～2006［M］．北京：中国环境年鉴社，2002～2006.

中华人民共和国环境保护部．中国环境统计年报 2006～2014［M］．北京：中国环境科学出版社，2007～2015.

注：图中 MTWA 表示服装业，MCF 表示化纤业，MT 表示纺织业。

4.1.2.2　纺织产业水资源消耗强度

水资源消耗强度（water consumption intensity，WCI），是指一定时期内某个工业行业消耗的水资源总量与同期该工业行业的经济产值的比值，即单位经济产出所消耗的水资源量。其中，水资源消耗量用工业用水总量表示，经济产出用工业总产值表示。水资源消耗强度在一定程度上反映了工业行业经济发展过程中对水资源的依赖程度，水资源消耗强度越大，说明生产单位经济产值所使用的水资源量越大，对水资源的依赖程度也越高。

根据水资源消耗强度的定义，建立纺织产业水资源消耗强度的核算方法：

$$WCI = \frac{WC}{G} = \frac{\sum_i WC_i}{\sum_i G_i} \tag{4-1}$$

式（4-1）中，WCI 为纺织产业的水资源消耗强度，单位吨/万元；WC 为纺织产业的工业用水总量，代表纺织产业的水资源消耗量，单位吨；G 为纺织产业的工业总产值，代表纺织产业的经济产出，单位万元；WC_i 为子行业 i 的水资源工业用水总量，单位吨；G_i 为子行业 i 的工业总产值，单位万元。

因此，子行业 i 水资源消耗强度（WCI_i，单位吨/万元）的计算公式为：

$$WCI_i = \frac{WC_i}{G_i} \tag{4-2}$$

根据式（4-1）、式（4-2）和 2001~2014 年纺织产业的工业用水总量、工业总产值数据，对水资源消耗强度进行测算，结果如表 4-1 和图 4-2 所示。样本期内，纺织产业及其三个子行业的经济产出从整体上均呈现增长的趋势，水资源消耗强度则呈现明显的下降趋势。纺织产业的工业总产值从 2001 年的 3080.32 亿元增长至 2014 年的 16841.80 亿元，年均增长率为 13.96%。其中，“十五”（2001~2005 年）和“十一五”（2006~2010 年）期间纺织产业的经济产出呈现快速增长的趋势，“十二五”（2011~2015 年）期间，经济增长的速度明显下降，尤其是 2012 年，经济出现衰退情况，2013 年有所好转，但增长幅度并不大。纺织产业的水资源消耗强度由 2001 年的 203.61 吨/万元下降至 2014 年的 51.34 吨/万元，年均下降率为 10.06%。其中，2002 年的水资源消耗量最大，为 217.06 吨/万元，2013 年最小，为 46.99 吨/万元。与经济产出的变化趋势相反的是，2001~2011 年纺织产业的水资源消耗强度呈现急速下降趋势。“十二五”期间，纺织产业的水资源消耗强度也逐步趋向稳定，维持在 50 吨/万元上下。

表 4-1　2001～2014 年中国纺织产业及三个子行业水资源消耗强度

单位：吨/万元

年份	MT	MTWA	MCF	纺织产业
2001	113.73	90.85	502.11	203.61
2002	111.19	73.72	526.27	217.06
2003	102.60	32.05	471.29	181.25
2004	94.01	80.46	490.32	181.44
2005	87.05	35.69	475.85	169.83
2006	72.29	30.93	370.58	130.37
2007	70.91	33.24	266.74	120.97
2008	45.27	35.23	239.51	84.48
2009	42.24	30.01	253.08	79.14
2010	39.53	28.12	189.90	72.12
2011	30.08	29.32	111.02	47.98
2012	33.00	21.78	117.64	50.44
2013	29.92	20.77	113.27	46.99
2014	35.17	22.07	109.80	51.34

注：表中 MTWA 表示服装业，MCF 表示化纤业，MT 表示纺织业。
资料来源：作者计算所得。

在三个子行业中，化纤业的工业总产值和水资源消耗强度最大，其次是纺织业，服装业最小。对于经济产出，在样本期内，纺织业、服装业和化纤业的年均增长率分别为 13.92%、14.93% 和 13.77%。纺织业经济产出的变化趋势与纺织产业相一致，在 2001～2011 年呈快速上升趋势，在 2012～2014 年呈波动上升趋势。服装业的经济产出除 2010 年有较明显的下降外，在样本期内基本维持平稳的上升趋势。化纤业的经济产出除 2008 年、2012 年有明显下降外，在 2001～2008 年、2009～2011 年，以及 2012 年之后均呈现快速的增长趋势。

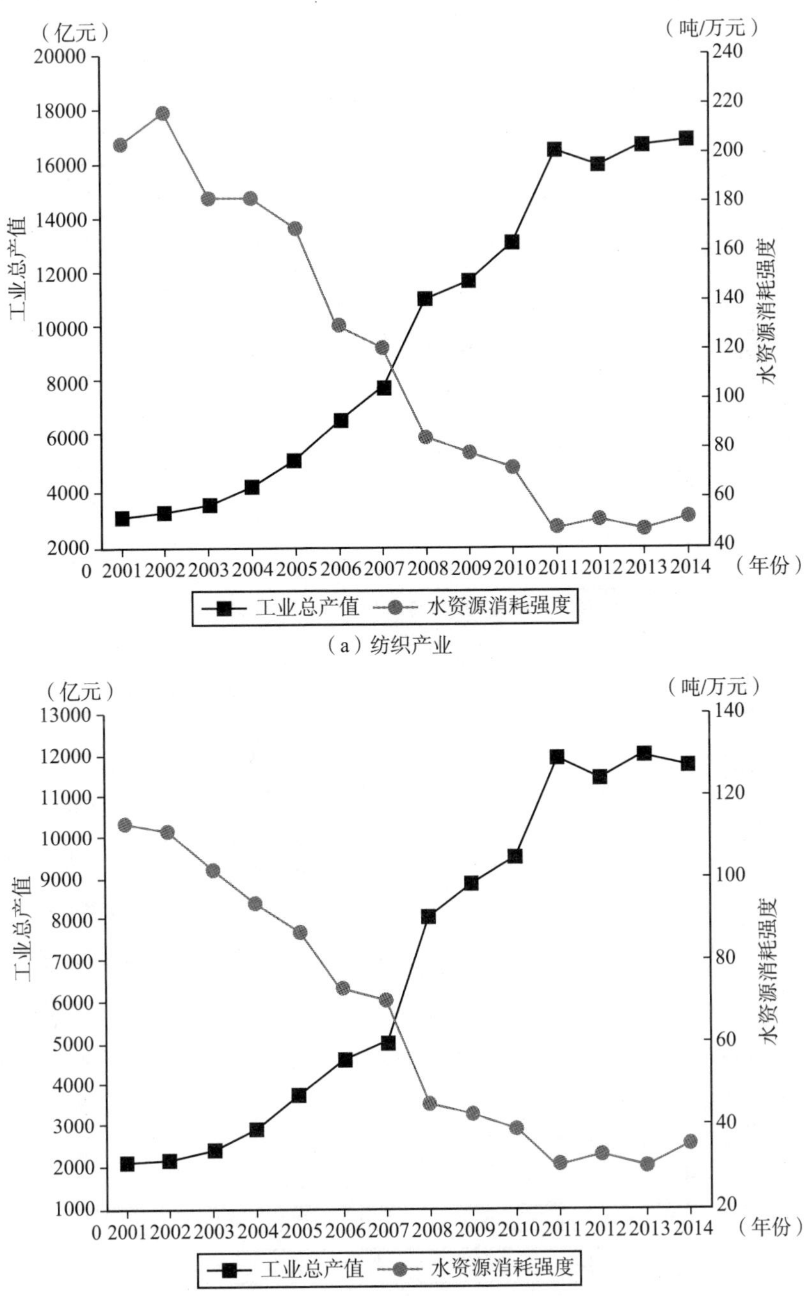

（亿元）
（吨/万元）
20000
18000
16000
14000
12000
10000
8000
6000
4000
2000
0
240
220
200
180
160
140
120
100
80
60
40
工业总产值
水资源消耗强度
2001 2002 2003 2004 2005 2006 2007 2008 2009 2010 2011 2012 2013 2014
（年份）
工业总产值 水资源消耗强度

（a）纺织产业

（亿元）
（吨/万元）
13000
12000
11000
10000
9000
8000
7000
6000
5000
4000
3000
2000
1000
0
140
120
100
80
60
40
20
工业总产值
水资源消耗强度
2001 2002 2003 2004 2005 2006 2007 2008 2009 2010 2011 2012 2013 2014
（年份）
工业总产值 水资源消耗强度

（b）纺织业

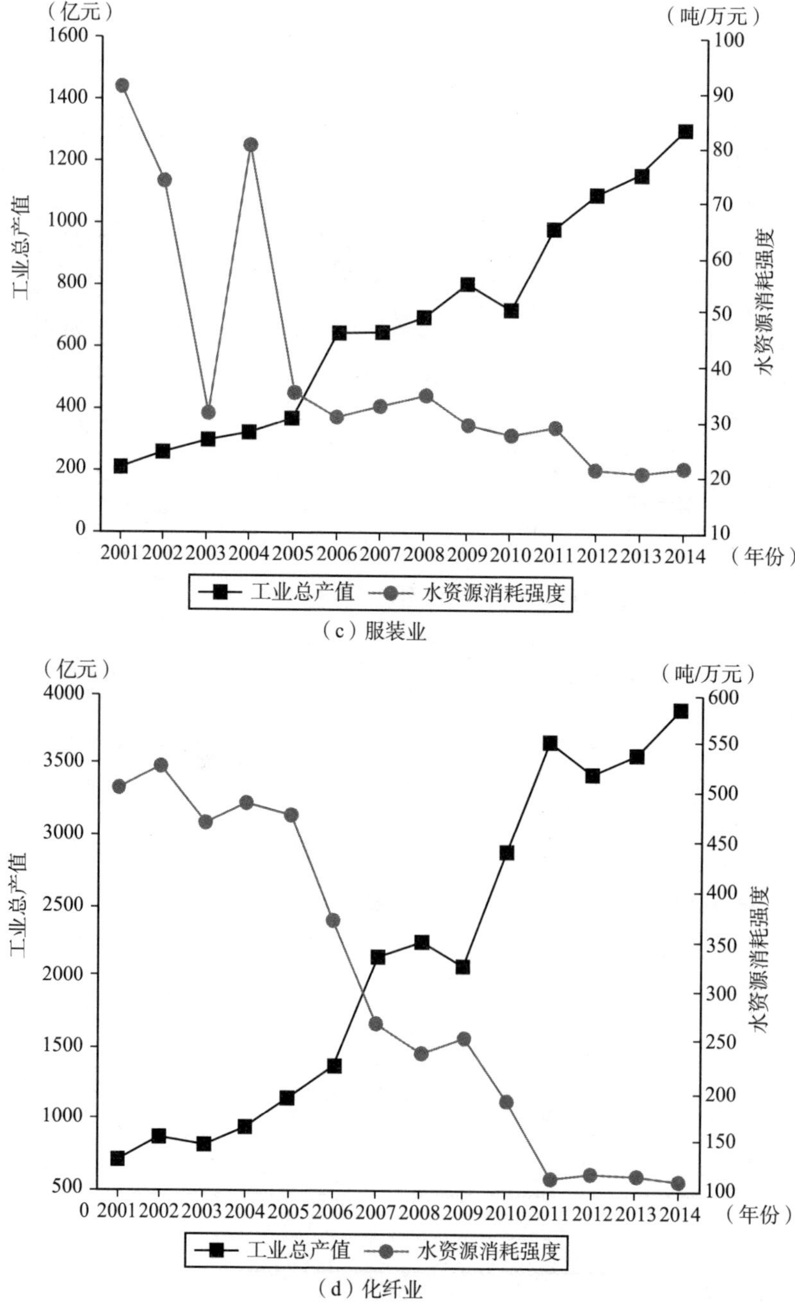

图4-2　2001~2014年中国纺织产业及三个子行业水资源消耗强度

资料来源：作者计算所得。

对于水资源消耗强度，纺织业呈现平稳的下降趋势，其中，2001 年的水资源消耗强度最大，为 113.73 吨/万元；2013 年最小，为 29.92 吨/万元；2014 年略有上升，有 35.17 吨/万元，年均下降率为 8.63%。服装业的水资源消耗强度年均下降率为 10.31%，下降趋势较不稳定，其中 2004 年大幅上升，水资源消耗强度达到 80.46 吨/万元，甚至超过了 2002 年的水资源消耗强度（73.72 吨/万元）。化纤业不仅水资源消耗强度最大，而且降幅最为显著，由 2001 年的 502.11 吨/万元下降至 2014 年的 109.80 吨/万元，年均下降率为 11.04%。其中，2002 年、2004 年和 2009 年的水资源消耗量有小幅度的上升，从 2011 年开始基本稳定在 110 吨/万元左右。

4.1.2.3 纺织产业水资源生产率

水资源生产率常用于衡量农业部门的作物灌溉用水生产率，表示的是每单位用水量的作物产量或每单位用水量的作物产值[198]。研究将水资源生产率（Water Resource Productivity，WRP）运用到工业部门，并将其定义为一定时期内某个工业行业的经济产值与同期该工业行业消耗的水资源总量的比值，即单位水资源消耗量的经济产出，这里的水资源消耗量用工业用水总量表示，经济产出用工业总产值表示。水资源生产率可以在一定程度上反映出水资源在工业经济活动中的使用效率，水资源生产率越大，说明消耗每单位水资源量的工业总产值所产出的经济效益越高，水资源的使用效率也越高。

纺织产业水资源生产率的核算方法如下：

$$WRP = \frac{G}{WC} = \frac{\sum_i G_i}{\sum_i WC_i} \tag{4-3}$$

式（4－3）中，WRP 为纺织产业的水资源生产率，单位万元/吨。其中，子行业 i 的水资源生产率（WRP_i，单位万元/吨）的计算公式为：

$$WRP_i = \frac{G_i}{WC_i} \tag{4-4}$$

根据公式（4－3）、式（4－4）和2001～2014年纺织产业的工业用水总量、工业总产值数据，对水资源生产率进行测算，结果如表4－2和图4－3所示。结果表明，纺织产业及其三个子行业的工业总产值与水资源生产率均呈现明显的上升趋势，并且水资源生产率的变化趋势与工业总产值的变化趋势趋同。具体来看，在“十五”“十一五”期间，纺织产业的水资源生产率保持稳定上升的趋势，其累积增长率分别为20.29%和97.71%，但到了“十二五”时期，水资源生产率出现了明显的波动，累积增长率为44.31%。

表4－2　2001～2014年中国纺织产业及三个子行业水资源生产率

单位：万元/吨

年份	MT	MTWA	MCF	纺织产业
2001	0.0088	0.0110	0.0020	0.0049
2002	0.0090	0.0136	0.0019	0.0046
2003	0.0097	0.0312	0.0021	0.0055
2004	0.0106	0.0124	0.0020	0.0055
2005	0.0115	0.0280	0.0021	0.0059
2006	0.0138	0.0323	0.0027	0.0077
2007	0.0141	0.0301	0.0037	0.0083
2008	0.0221	0.0284	0.0042	0.0118
2009	0.0237	0.0333	0.0040	0.0126
2010	0.0253	0.0356	0.0053	0.0139
2011	0.0332	0.0341	0.0090	0.0208
2012	0.0303	0.0459	0.0085	0.0198
2013	0.0334	0.0481	0.0088	0.0213
2014	0.0284	0.0453	0.0091	0.0195

注：表中MT表示纺织业，MTWA表示服装业，MCF表示化纤业。
资料来源：作者计算所得。

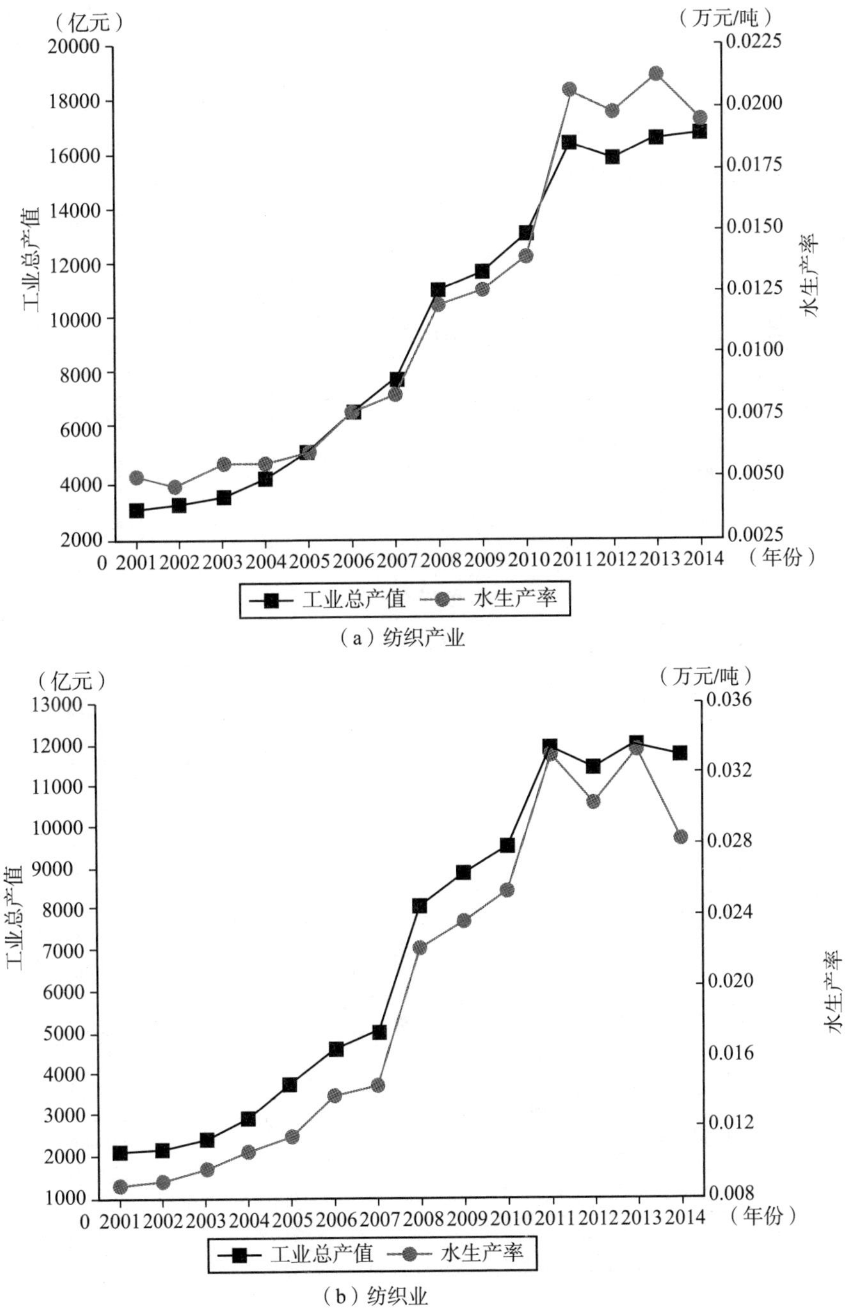
（亿元）
（万元/吨）
工业总产值
水生产率
20000
18000
16000
14000
12000
10000
8000
6000
4000
2000
0
0.0225
0.0200
0.0175
0.0150
0.0125
0.0100
0.0075
0.0050
0.0025
2001 2002 2003 2004 2005 2006 2007 2008 2009 2010 2011 2012 2013 2014
（年份）
工业总产值
水生产率

（a）纺织产业

（亿元）
（万元/吨）
工业总产值
水生产率
13000
12000
11000
10000
9000
8000
7000
6000
5000
4000
3000
2000
1000
0
0.036
0.032
0.028
0.024
0.020
0.016
0.012
0.008
2001 2002 2003 2004 2005 2006 2007 2008 2009 2010 2011 2012 2013 2014
（年份）
工业总产值
水生产率

（b）纺织业

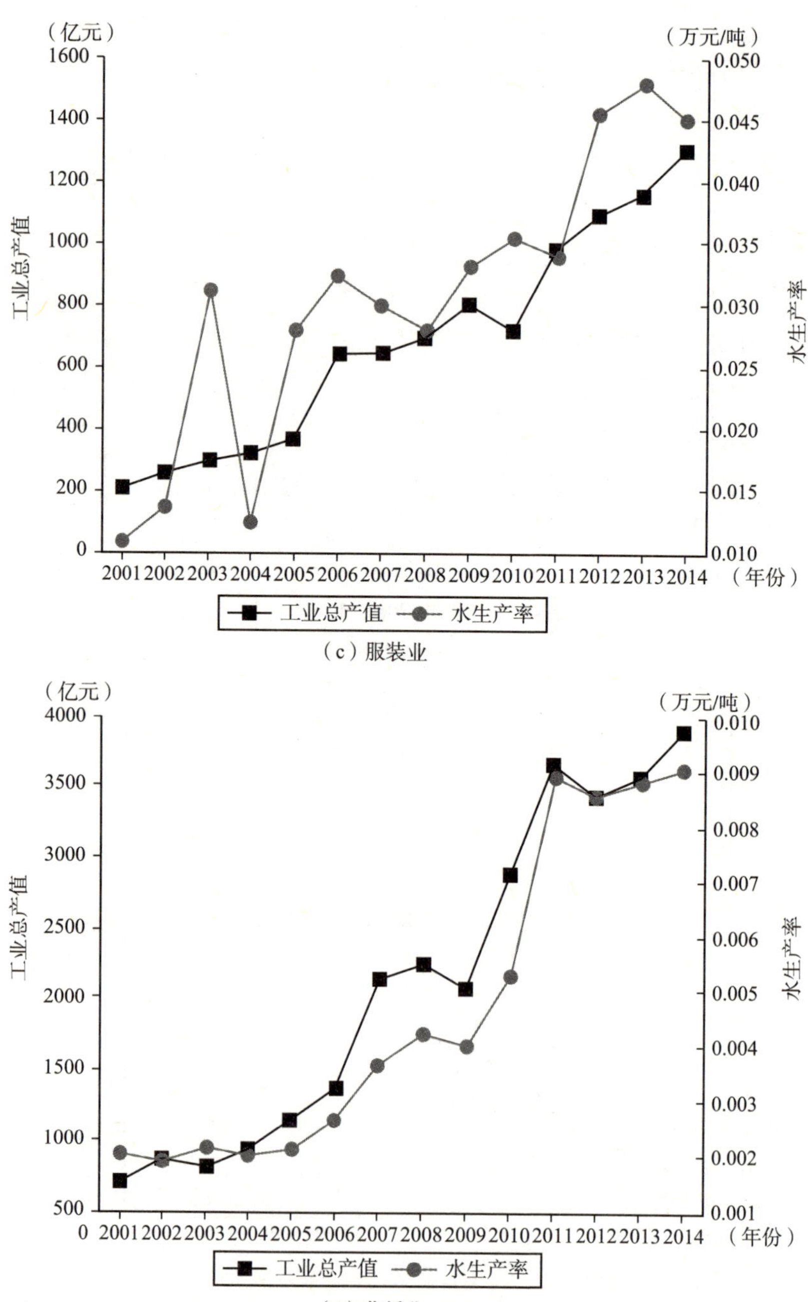

（c）服装业

（d）化纤业

图 4－3　2001～2014 年中国纺织产业及三个子行业水资源生产率

资料来源：作者计算所得。

纺织业水资源生产率的变化趋势与纺织产业一致，先上升后波动，除了2012年和2014年，其余年份纺织业的水资源生产率相对于上一年来说都是正增长，年均增长率为9.45%。服装业的水资源生产率在三个子行业中是最高的，但是波动性也最大，较不稳定，尤其是2004年水资源生产率由2003年的0.0312万元/吨，直接减少至0.0124万元/吨，下降了60.16%，2005年又急速上升至0.028万元/吨，增长率达到125.43%。化纤业的水资源生产率在三个子行业中最小，但其年均增长率最大，有12.40%，在“十五”“十一五”期间的累积增长率分别为6.24%和106.61%，“十二五”期间为72.45%。

综上可以看出，2001~2014年，纺织产业的工业用水总量和工业总产值都呈现出增长的趋势。另外，纺织产业的水资源生产率在逐年上升，水资源消耗强度则在逐年下降，并且都在2012年出现很大的转折。在子行业中，化纤业的工业用水总量、工业总产值，以及水资源消耗强度都为最大，而服装业都为最小，纺织业处于中间位置。对于水资源生产率来讲，情况正好相反，服装业最大，纺织业次之，化纤业最小。

4.2 水资源消耗与经济增长的脱钩关系分析

4.2.1 水资源消耗脱钩的模型构建

以纺织产业工业用水总量表示纺织产业水资源消耗情况，纺织产业水资源消耗脱钩即对纺织产业工业用水总量（WC）和纺织产业工业总产值（G）进行脱钩分析。运用塔皮奥创建的脱钩弹性法，将D_{G-WC}定义为纺织产业水资源消耗和纺织产业经济产出间的脱钩弹性指数，通过对弹性指数的计算，判断两者的脱钩状态。具体计算公式如下：

$$D_{G-WC}=\frac{\%\Delta WC}{\%\Delta G}=\frac{\dfrac{(WC^{t}-WC^{t-1})}{WC^{t-1}}}{\dfrac{(G^{t}-G^{t-1})}{G^{t-1}}}=\frac{\dfrac{WC^{t}}{WC^{t-1}}-1}{\dfrac{G^{t}}{G^{t-1}}-1} \tag{4-5}$$

式（4－5）中，$\%\Delta WC$ 为纺织产业水资源消耗的增长率；$\%\Delta G$ 为纺织产业的经济增长率；WC^{t} 和 WC^{t-1} 分别为 t 年和 t－1 年纺织产业的水资源消耗量，单位吨；G^{t} 和 G^{t-1} 分别代表 t 年和 t－1 年纺织产业的工业总产值，单位万元。

借鉴塔皮奥对弹性指数的划分，研究将纺织产业水资源消耗与经济增长的脱钩状态划分为扩张负脱钩、强负脱钩、弱负脱钩、弱脱钩、强脱钩、衰退脱钩、扩张连接和衰退连接 8 种类型，具体划分办法见表 4－3。

表 4－3　　纺织产业水资源消耗脱钩程度的标准

脱钩程度	水资源消耗与经济增长的关系
强脱钩	$\Delta WC<0$，$\Delta G>0$，$D_{G-WC}\in(-\infty, 0)$
弱脱钩	$\Delta WC>0$，$\Delta G>0$，$D_{G-WC}\in[0, 0.8)$
衰退脱钩	$\Delta WC<0$，$\Delta G<0$，$D_{G-WC}\in(1.2, +\infty)$
扩张连接	$\Delta WC>0$，$\Delta G>0$，$D_{G-WC}\in[0.8, 1.2]$
衰退连接	$\Delta WC<0$，$\Delta G<0$，$D_{G-WC}\in[0.8, 1.2]$
扩张负脱钩	$\Delta WC>0$，$\Delta G>0$，$D_{G-WC}\in(1.2, +\infty)$
弱负脱钩	$\Delta WC<0$，$\Delta G<0$，$D_{G-WC}\in[0, 0.8)$
强负脱钩	$\Delta WC>0$，$\Delta G<0$，$D_{G-WC}\in(-\infty, 0)$

4.2.2　纺织产业的水资源消耗脱钩结果与分析

根据式（4－5），得到 2002～2014 年中国纺织产业脱钩弹性的计算结果，如表 4－4 所示。从表 4－4 可以看出，在样本期内，除 2002～2004 年以及 2014 年外，纺织产业水资源消耗的增长率均小于其经济增长率。纺织产业的经济产出除 2012 年外，其他年份均呈现为正增长；

水资源消耗的增长率在样本期内有 6 年呈现负增长的状态，并且 2014 年又有正增长的趋势。

表 4－4　2002～2014 年中国纺织产业水资源消耗脱钩弹性指数

年份	%ΔWC	%ΔG	D_{G-WC}	脱钩状态
2002	14.23	7.15	1.99	扩张负脱钩
2003	－10.11	7.66	－1.32	强脱钩
2004	18.79	18.67	1.01	扩张连接
2005	15.01	22.86	0.66	弱脱钩
2006	－2.79	26.64	－0.10	强脱钩
2007	10.28	18.85	0.55	弱脱钩
2008	－1.72	40.73	－0.04	强脱钩
2009	－0.34	6.38	－0.05	强脱钩
2010	2.43	12.40	0.20	弱脱钩
2011	－16.59	25.39	－0.65	强脱钩
2012	1.88	－3.09	－0.61	强负脱钩
2013	－2.33	4.84	－0.48	强脱钩
2014	10.10	0.75	13.45	扩张负脱钩

注：表中%ΔWC 表示水资源消耗增长率，%ΔG 表示经济增长率，D_{G-WC}表示水资源消耗与经济增长的脱钩弹性。

资料来源：作者计算所得。

2002 年和 2014 年纺织产业水资源消耗与经济增长之间表现为扩张负脱钩，2004 年为扩张连接，2005 年、2007 年和 2010 年为弱脱钩，2012 年为强负脱钩，其余 6 年（2003 年、2006 年、2008 年、2009 年、2011 年和 2013 年）表现为强脱钩。具体来看，“十五”期间（2001～2005 年），脱钩状态不稳定。这是由于在中国国内投资增长、内需拉动、加入世贸组织，以及对纺织品配额取消后出口增长的预期等多种因素作用下，纺织产业产能在短期内得到快速发展，投资处于高速增长期。部分地区和企业片面追求生产规模和产值的高增长，从而盲目铺摊子，导致发展过程中“同构性”严重。同时部分地区和企业人才、技术和管理水平的提升滞后，使产业技术结构、产品结构失衡，高投入、高消耗、高排放、低效率的状况没有从根本上得到改善，企业持续发展能力不足。

“十一五”期间（2006～2010年），脱钩情况较好。原因在于：一是纺织行业自主创新能力不断提高，一批节能减排和资源循环利用新技术在全行业得到广泛应用。例如，在此期间中国百米印染布新鲜水取水量由4.0吨下降到2.5吨，印染行业水回用率由7%提高到15%[199]。二是中国政府颁布了一系列有关其行业准入、技术创新、整治提升等政策文件，开始逐步组织开展绿色企业评价活动，推进清洁生产审核，在环境保护的前提下追求社会经济效益最大化。2008年开始实施的《中华人民共和国水污染防治法》（修订版）[200]对促进落后产能在市场机制作用下逐步退出，提高全行业工艺技术装备水平和保证生产效率稳步提升，减少水资源消耗量起到积极作用。另外，工业共生方法的运用和生态工业园区项目的实施，有效地促进了企业在经济和环境效益方面的合作，很大程度上减少了中国纺织产业的用水总量[201]。

“十二五”期间（2011～2014年），脱钩情况向好，但不稳定。原因在于2010年中国先后颁布《工业和信息化部关于进一步加强工业节水工作的意见》和《中共中央　国务院关于加快水利改革发展的决定》[202,203]，使得2010～2011年纺织产业的工业用水总量下降率达到最大，为16.59%，从制度上保障了经济社会发展与水资源承载能力相协调。但自2011年开始，脱钩状态有所波动，呈现出强脱钩与强负脱钩状态的交替循环，主要原因是中国“东桑西进”过程中出现了落后产能在中西部同质化重复建设和转移现象，区域布局调整和优化的工作落实不到位，规模经济效益带动的水资源需求量有所改变。

需要警惕的是，从强脱钩的数值上看，除了2003年脱钩弹性的绝对值为1.32外，其他值都小于1，脱钩程度并不强，需要进一步提高。特别地，2012年脱钩状态最不理想，表现为强负脱钩，这与当年水资源消耗量的增加以及经济衰退有很大关系；2014 年脱钩弹性值在样本期内达到最大，为 13.45，是因为当年的工业用水总量增幅较大，使得纺织产业经济发展与资源消耗之间出现反弹效果。

4.2.3 子行业的水资源消耗脱钩结果与分析

2002～2014 年，中国纺织产业的三个子行业的脱钩弹性计算结果如表 4－5、表 4－6 和表 4－7 所示。样本期内，三个子行业水资源消耗与经济增长之间均未达到稳定的脱钩状态。比较而言，纺织业的脱钩状态更平稳，服装业次之，化纤业变化较大。

表 4－5　　2002～2014 年中国纺织业水资源消耗脱钩弹性

年份	% ΔWC	% ΔG	D_{G-WC}	脱钩状态
2002	-0.54	1.73	-0.31	强脱钩
2003	3.45	12.12	0.28	弱脱钩
2004	10.57	20.67	0.51	弱脱钩
2005	14.96	24.15	0.62	弱脱钩
2006	3.01	24.03	0.13	弱脱钩
2007	8.65	10.77	0.80	扩张连接
2008	1.85	59.56	0.03	弱脱钩
2009	2.13	9.45	0.23	弱脱钩
2010	1.27	8.22	0.15	弱脱钩
2011	-5.40	24.32	-0.22	强脱钩
2012	6.04	-3.33	-1.81	强负脱钩
2013	-4.69	5.10	-0.92	强脱钩
2014	14.19	-2.84	-5.00	强负脱钩

注：表中% ΔWC 表示水资源消耗增长率，% ΔG 表示经济增长率，D_{G-WC}表示水资源消耗与经济增长的脱钩弹性。

资料来源：作者计算所得。

表 4-6　　2002～2014 年中国服装业水资源消耗脱钩弹性

年份	%ΔWC	%ΔG	D_{G-WC}	脱钩状态
2002	-2.34	20.36	-0.11	强脱钩
2003	-49.91	15.22	-3.28	强脱钩
2004	178.01	10.75	16.56	扩张负脱钩
2005	-49.99	12.74	-3.92	强脱钩
2006	53.44	77.05	0.69	弱脱钩
2007	7.08	-0.37	-18.90	强负脱钩
2008	13.95	7.51	1.86	扩张负脱钩
2009	-2.22	14.81	-0.15	强脱钩
2010	-16.09	-10.44	1.54	衰退脱钩
2011	43.75	37.83	1.16	扩张连接
2012	-17.99	10.40	-1.73	强脱钩
2013	1.47	6.41	0.23	弱脱钩
2014	18.70	11.72	1.60	扩张负脱钩

注：表中%ΔWC 表示水资源消耗增长率，%ΔG 表示经济增长率，D_{G-WC}表示水资源消耗与经济增长的脱钩弹性。

资料来源：作者计算所得。

表 4-7　　2002～2014 年中国化纤业水资源消耗脱钩弹性

年份	%ΔWC	%ΔG	D_{G-WC}	脱钩状态
2002	24.98	19.24	1.30	扩张负脱钩
2003	-15.66	-5.82	2.69	衰退脱钩
2004	20.23	15.56	1.30	扩张负脱钩
2005	18.75	22.36	0.84	扩张连接
2006	-7.51	18.76	-0.40	强脱钩
2007	11.46	54.85	0.21	弱脱钩
2008	-4.57	6.28	-0.73	强脱钩
2009	-1.92	-7.18	0.27	弱负脱钩
2010	4.09	38.72	0.11	弱脱钩

续表

年份	% ΔWC	% ΔG	D_{G-WC}	脱钩状态
2011	-26.44	25.83	-1.02	强脱钩
2012	-0.35	-5.96	0.06	弱负脱钩
2013	-0.35	3.50	-0.10	强脱钩
2014	5.92	9.27	0.64	弱脱钩

注：表中% ΔWC 表示水资源消耗增长率，% ΔG 表示经济增长率，D_{G-WC}表示水资源消耗与经济增长的脱钩弹性。

资料来源：作者计算所得。

如表4-5所示，除2012年以及2014年外，纺织业的水资源消耗增长率均小于其经济增长率。纺织业在2002年、2011年以及2013年表现为强脱钩，2007年为扩张连接，2012年和2014年为强负脱钩，其余7年为弱脱钩。2003~2010年的8年中有7年为弱脱钩，这和中国纺织业规模经济效应不高的情况相吻合。长期以来，中国纺织业体量大，但企业规模以中小企业为主，企业生产技术水平不高，纺织业粗放型的经济增长方式使得产业的发展未摆脱对水资源的依赖。2011~2014年，脱钩情况有向好倾向，但是不稳定。这个阶段，企业节水技术水平以及设备更新进程未进入成熟阶段，特别是印染行业的节水减排政策大幅度调整。2012年10月19日，中国环保部出台《纺织染整工业水污染物排放标准》（GB 4287-2012），新标准要求印染企业废水直接排放的COD浓度降到100毫克/升以下，间接排放降到200毫克/升以下。大多数企业的预处理设施一时间难以达到新标准的要求，企业大规模搬迁进入工业园区，二次建厂投资资金多，导致部分纺织印染企业倒闭、工人下岗、园区内居民与企业矛盾频发，削减了企业研发节水技术、购置节水设备的资金[204]。

如表4-6所示，服装业除了2002年、2006年、2009年和2013年，其余年份水资源消耗的增长率都要大于其经济增长率。服装业在2004年、2008年以及2014年呈现的是扩张负脱钩，2006年和2013年为弱脱钩，2007 年为强负脱钩，2010 年为衰退脱钩，2011 年为扩张连接，其余 5 年（2002 年、2003 年、2005 年、2007 年和 2012 年）为强脱钩。相比其他两个子行业，服装业达到理想型强脱钩的年份最多，占了整个样本期的 38%，原因在于服装业生产中单位产品产量的水资源消耗均值本身就较少，节水减排的压力本身就较轻。但是服装业脱钩情况的波动较大，尤其是 2004 年和 2007 年，脱钩弹性分别达到了 16.56（扩张负脱钩）和 –18.90（强负脱钩），它们的绝对值远大于其他时期。原因是服装业转型升级速度快，产业规模快速扩张，大规模工厂基础设施建设、劳动力消耗等加剧了对水资源的消耗。需要警惕的是，2012 ~ 2014 年，水资源消耗的增长率在日益增长，由 2012 年的 –17.99% 增加到 2014 年的 18.70%，而且脱钩状态也表现得越来越差，由 2012 年的强脱钩变为了 2014 年的扩张负脱钩，从得到的数据结果可以看出，在面对全球纺织产业与贸易新格局态势下，中国服装业的产业规模不断发展、出口交易不断增加，但也引起了水资源消耗量的增加，但是节水能力的边际递减性也决定了节约空间越来越小。

如表 4 – 7 所示，化纤业在 2002 ~ 2004 年以及 2011 年这四年中水资源消耗增长率要大于其经济增长率，其余年份相反。化纤业在 2002 年和 2004 年呈现的是扩张负脱钩，2003 年为衰退脱钩，2005 年为扩张连接，2006 年、2008 年、2011 年以及 2013 年为强脱钩，2007 年、2010 年和 2014 年为弱脱钩，2009 年为弱负脱钩，2012 年为强负脱钩。2001 ~ 2005 年，脱钩情况差。这是由于在聚酯和化纤产能快速扩张中，产品、技术研发投入低，产品的同构现象严重，化纤长丝、短纤产能的利用率只在 60% ~ 70%，聚酯产能的开工率不足 70%[205]。2006 ~ 2010 年，脱钩情况有所好转，原因在于节能减排和循环利用成效明显，纺织纤维再利用开发技术不断升级，2010 年再利用纺织纤维产量突破 4 百万吨，以可再生、可降解的竹浆粕、麻秆浆粕为原料的粘胶纤维实现产业化生产[199]。2011 ~ 2014 年，脱钩情况继续向好，但是仍不稳定。原因在于循环经济在化纤行业的大力推进，再利用纤维占纤维加工总量比重由

2010 年的 9.6% 提高到 2015 年的 11.3%，绿色发展成效明显。但是，中国化纤行业还存在产能结构性过剩、结构矛盾突出，产业链发展不协调，原料缺口大，多数企业规模小，整体技术水平与先进国家仍有较大差距，竞争能力差[14]等问题。

4.3 水资源消耗的驱动力分析——基于 Laspeyres 指数分解法

分解分析法是一种用以确定特定变量的不同影响因素的贡献值的手段。常见的因素分解分析方法有结构分解分析（SDA）[206~208]和指数分解分析（IDA）[115,209,210]两大类。SDA 是基于投入产出表的一种方法，可以比较精确地体现各个影响因素的贡献值，但计算过程较为烦琐复杂，易受到投入产出表编制年度的限制，数据表具有滞后性。IDA 依据的是各个工业部门水平的总体信息，通常适用于影响因素较少、包含时间序列数据的分析，其中 Laspeyres 和 Divisia 分解是指数分解分析中最常用的两种方法。

4.3.1 水资源消耗的 Laspeyres 完全分解模型

4.3.1.1 Laspeyres 完全分解模型基本原理

Laspeyres 因素分解法最早由霍沃斯（Howarth et al.，1991）[211]和帕克（Park，1992）[212]提出，表示的是在其他解释变量不变的情况下某个解释变量变化引起被解释变量变化的程度，即适用于同类研究对象之间的比较分析，但算法中存在很大的剩余项，影响了分解结果的准确性，后来 SUN 对模型进行了一定的修改，提出完全分解的 Laspeyres 指数分解方法[213,214]。该方法遵循共同创造、平等分配原则，将未分解的残余项平等地分配到各影响因素中，有效解决了传统指数分解法存在的剩余问题。

在二维分解模型中，假设目标值 $S = x \cdot y$，x、y 为变量 S 的两个影响因素，样本时间段为［0，t］，变量S从时间0到t的变化量为：

$$\begin{aligned}\Delta S &= S^t - S^0 = x^t y^t - x^0 y^0 \\ &= (x^t - x^0)y^0 + x^0(y^t - y^0) + (x^t - x^0)(y^t - y^0) \\ &= \Delta x y^0 + x^0 \Delta y + \Delta x \Delta y \end{aligned} \tag{4-6}$$

式（4-6）中，Δxy 和 $x\Delta y$ 为因素x和因素y的变化相对于目标值S总变化量的贡献，$\Delta x\Delta y$ 是上述分解模型的残差。

由图4-4可知，$\Delta x\Delta y$ 的贡献取决于x和y两个因素的变化。如果其中一个变成0，另一个因素也就没有作用。

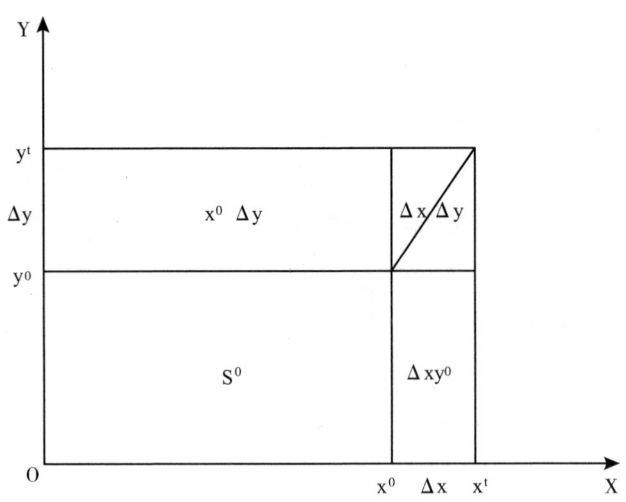

图4-4　二维分解模型中影响因素的贡献变化

当没有理由假设相反的情况时，$\Delta x\Delta y$ 就等于x的贡献和y的贡献。两个因素的完全分解模型如下：

$$\Delta X = \Delta x y^0 + \frac{1}{2}\Delta x \Delta y \tag{4-7}$$

$$\Delta Y = x^0 \Delta y + \frac{1}{2}\Delta x \Delta y \tag{4-8}$$

$$\Delta S = \Delta X + \Delta Y \tag{4-9}$$

由 $S^t - S^0 = \Delta X + \Delta Y$，得到如下方程：

$$\frac{S^t}{S^0} = 1 + \frac{\Delta X}{S^0} + \frac{\Delta Y}{S^0} \tag{4-10}$$

$$\frac{\Delta S}{S^0} = \frac{\Delta X}{S^0} + \frac{\Delta Y}{S^0} \tag{4-11}$$

同理可以得到三维分解模型 $S = x \cdot y \cdot z$ 中目标值 S 和三个因素（x，y，z）的贡献值的表达式为：

$$\Delta X = \Delta x y^0 z^0 + \frac{1}{2}\Delta x(\Delta y z^0 + y^0 \Delta z) + \frac{1}{3}\Delta x \Delta y \Delta z \tag{4-12}$$

$$\Delta Y = x^0 \Delta y z^0 + \frac{1}{2}\Delta y(\Delta x z^0 + x^0 \Delta z) + \frac{1}{3}\Delta x \Delta y \Delta z \tag{4-13}$$

$$\Delta Y = x^0 y^0 \Delta z + \frac{1}{2}\Delta z(\Delta x y^0 + x^0 \Delta y) + \frac{1}{3}\Delta x \Delta y \Delta z \tag{4-14}$$

$$\Delta S = \Delta X + \Delta Y + \Delta Z \tag{4-15}$$

4.3.1.2 纺织产业的 Laspeyres 完全分解模型

结合纺织产业水资源消耗问题的实际，从产业规模（G）、行业结构（S）以及技术水平（T）三个方面深度分析纺织产业水资源消耗量的影响因素，可将水资源消耗核算公式变形为：

$$WC = \sum_i WC_i = \sum_i G \times \frac{G_i}{G} \times \frac{WC_i}{G_i} = \sum_i G \times S_i \times T_i \tag{4-16}$$

式（4－16）中各分解变量的具体含义见表4－8。

表4－8　水资源消耗分解模型中变量的含义

变量	变量描述	单位
WC	纺织产业的水资源消耗量	百万吨
WC_i	子行业 i 的水资源消耗量	百万吨
G	纺织产业的经济产出，代表产业规模因素	亿元
G_i	子行业 i 的经济产出	亿元
S_i	子行业 i 的经济产出占纺织产业总产出的比重，代表行业结构因素	%
T_i	子行业 i 的水资源消耗强度，代表技术水平因素	百万吨/亿元

根据 SUN 的完全分解模型，可得到：

$$\Delta WC_G = \sum_i \Delta G \times S_i^{t-1} \times T_i^{t-1} + \frac{1}{2}\sum_i \Delta G(S_i^{t-1} \times \Delta T_i + T_i^{t-1} \times \Delta S_i) + \frac{1}{3}\sum_i \Delta G \times \Delta S_i \times \Delta T_i \tag{4-17}$$

$$\Delta WC_S = \sum_i G^{t-1} \times \Delta S_i \times T_i^{t-1} + \frac{1}{2}\sum_i \Delta S_i(G^{t-1} \times \Delta T_i + T_i^{t-1} \times \Delta G) + \frac{1}{3}\sum_i \Delta G \times \Delta S_i \times \Delta T_i \tag{4-18}$$

$$\Delta WC_T = \sum_i G^{t-1} \times S_i^{t-1} \times \Delta T_i + \frac{1}{2}\sum_i \Delta T_i(G^{t-1} \times \Delta S_i + S_i^{t-1} \times \Delta G) + \frac{1}{3}\sum_i \Delta G \times \Delta S_i \times \Delta T_i \tag{4-19}$$

式（4－17）至式（4－19）中，ΔWC_G 代表产业规模因素的贡献值，ΔWC_S 代表行业结构因素的贡献值，ΔWC_T 代表技术水平因素的贡献值。对三个因素的贡献值进行加和，得到：

$$\begin{aligned}\Delta WC_G + \Delta WC_S + \Delta WC_T = & \sum_i \Delta G \times S_i^{t-1} \times T_i^{t-1} + \frac{1}{2}\sum_i \Delta G(S_i^{t-1} \times \Delta T_i \\ & + T_i^{t-1} \times \Delta S_i) + \frac{1}{3}\sum_i \Delta G \times \Delta S_i \times \Delta T_i \\ & + \sum_i G^{t-1} \times \Delta S_i \times T_i^{t-1} + \frac{1}{2}\sum_i \Delta S_i(G^{t-1} \\ & \times \Delta T_i + T_i^{t-1} \times \Delta G) + \frac{1}{3}\sum_i \Delta G \times \Delta S_i \times \Delta T_i \\ & + \sum_i G^{t-1} \times S_i^{t-1} \times \Delta T_i + \frac{1}{2}\sum_i \Delta T_i(G^{t-1} \\ & \times \Delta S_i + S_i^{t-1} \times \Delta G) + \frac{1}{3}\sum_i \Delta G \times \Delta S_i \times \Delta T_i \\ = & \sum_i \Delta G \times S_i^{t-1} \times T_i^{t-1} + \sum_i G^{t-1} \times \Delta S_i \times T_i^{t-1} \\ & + \sum_i G^{t-1} \times S_i^{t-1} \times \Delta T_i + \sum_i \Delta G \times S_i^{t-1} \times \Delta T_i \\ & + \sum_i G^{t-1} \times \Delta S_i \times \Delta T_i + \sum_i \Delta G \times \Delta S_i \times T_i^{t-1}\end{aligned}$$

$$
\begin{aligned}
&+ \sum_i \Delta G \times \Delta S_i \times \Delta T_i = \sum_i \Delta G \times S_i^{t-1} \\
&\times (T_i^{t-1} + \Delta T_i) + \sum_i G^{t-1} \times (S_i^{t-1} + \Delta S_i) \\
&\times \Delta T_i + \sum_i (G^{t-1} + \Delta G) \times \Delta S_i \times T_i^{t-1} \\
&+ \sum_i \Delta G \times \Delta S_i \times \Delta T_i = \sum_i (G^t - G^{t-1}) \\
&\times S_i^{t-1} \times T_i^t + \sum_i G^{t-1} \times S_i^t \times (T_i^t - T_i^{t-1}) \\
&+ \sum_i G^t \times (S_i^t - S_i^{t-1}) \times T_i^{t-1} + \sum_i (G^t - G^{t-1}) \\
&\times (S_i^t - S_i^{t-1}) \times (T_i^t - T_i^{t-1}) = \sum_i G^t \times S_i^{t-1} \\
&\times T_i^t - \sum_i G^{t-1} \times S_i^{t-1} \times T_i^t + \sum_i G^{t-1} \times S_i^t \times T_i^t \\
&- \sum_i G^{t-1} \times S_i^t \times T_i^{t-1} + \sum_i G^t \times S_i^t \times T_i^{t-1} \\
&- \sum_i G^t \times S_i^{t-1} \times T_i^{t-1} + \sum_i (G^t \times S_i^t - G^t \\
&\times S_i^{t-1} - G^{t-1} \times S_i^t + G^{t-1} \times S_i^{t-1}) \times (T_i^t - T_i^{t-1}) \\
= &\sum_i G^t \times S_i^{t-1} \times T_i^t - \sum_i G^{t-1} \times S_i^{t-1} \times T_i^t \\
&+ \sum_i G^{t-1} \times S_i^t \times T_i^t - \sum_i G^{t-1} \times S_i^t \times T_i^{t-1} \\
&+ \sum_i G^t \times S_i^t \times T_i^{t-1} - \sum_i G^t \times S_i^{t-1} \times T_i^{t-1} \\
&+ \sum_i G^t \times S_i^t \times T_i^t - \sum_i G^t \times S_i^t \times T_i^{t-1} \\
&- \sum_i G^t \times S_i^{t-1} \times T_i^t + \sum_i G^t \times S_i^t \times T_i^{t-1} \\
&- \sum_i G^{t-1} \times S_i^t \times T_i^t + \sum_i G^{t-1} \times S_i^t \times T_i^{t-1} \\
&+ \sum_i G^{t-1} \times S_i^{t-1} \times T_i^t - \sum_i G^{t-1} \times S_i^{t-1} \times T_i^{t-1} \\
= &\sum_i G^t \times S_i^t \times T_i^t - \sum_i G^{t-1} \times S_i^{t-1} \times T_i^{t-1} \\
= &WC^t - WC^{t-1} \\
= &\Delta WC
\end{aligned}
\tag{4-20}
$$

结果表明，从 t－1 年到 t 年纺织产业水资源消耗量的变化量（即累积贡献值，ΔWC）可以用各因素贡献值的加和形式表示。结合表达式（4－17），可以得到：

$$\Delta WC_G = \sum_i \Delta G \times S_i^{t-1} \times T_i^{t-1} + \frac{1}{2}\sum_i \Delta G(S_i^{t-1} \times \Delta T_i + T_i^{t-1} \times \Delta S_i) + \frac{1}{3}\sum_i \Delta G \times \Delta S_i \times \Delta T_i = \Delta G \times S_1^{t-1} \times T_1^{t-1} + \frac{1}{2}\Delta G(S_1^{t-1} \times \Delta T_1 + T_1^{t-1} \times \Delta S_1) + \frac{1}{3}\Delta G \times \Delta S_1 \times \Delta T_1 + \Delta G \times S_2^{t-1} \times T_2^{t-1} + \frac{1}{2}\Delta G(S_2^{t-1} \times \Delta T_2 + T_2^{t-1} \times \Delta S_2) + \frac{1}{3}\Delta G \times \Delta S_2 \times \Delta T_2 + \cdots + \Delta G \times S_n^{t-1} \times T_n^{t-1} + \frac{1}{2}\Delta G(S_n^{t-1} \times \Delta T_n + T_n^{t-1} \times \Delta S_n) + \frac{1}{3}\Delta G \times \Delta S_n \times \Delta T_n = \Delta WC_{G_1} + \Delta WC_{G_2} + \cdots + \Delta WC_{G_n} = \sum_i \Delta WC_{G_i} \tag{4-21}$$

因此，可以得到 t 年子行业 i 的水资源消耗的各个因素贡献值的计算方程：

$$\Delta WC_{G_i} = \Delta G \times S_i^{t-1} \times T_i^{t-1} + \frac{1}{2}\Delta G(S_i^{t-1} \times \Delta T_i + T_i^{t-1} \times \Delta S_i) + \frac{1}{3}\Delta G \times \Delta S_i \times \Delta T_i \tag{4-22}$$

$$\Delta WC_{S_i} = G^{t-1} \times \Delta S_i \times T_i^{t-1} + \frac{1}{2}\Delta S_i(G^{t-1} \times \Delta T_i + T_i^{t-1} \times \Delta G) + \frac{1}{3}\Delta G \times \Delta S_i \times \Delta T_i \tag{4-23}$$

$$\Delta WC_{T_i} = G^{t-1} \times S_i^{t-1} \times \Delta T_i + \frac{1}{2}\Delta T_i(G^{t-1} \times \Delta S_i + S_i^{t-1} \times \Delta G) + \frac{1}{3}\Delta G \times \Delta S_i \times \Delta T_i \tag{4-24}$$

在等式（4－17）至式（4－24）中，ΔG 表示从 t－1 年到 t 年纺织产业经济产出变化值，ΔS_i 表示从 t-1 年到 t 年子行业 i 的经济产出占纺织产业总产出的比重变化值，ΔT_i 表示从 t-1 年到 t 年子行业 i 的水资源消耗强度变化值。

4.3.1.3 基于 Laspeyres 完全分解模型的反弹效应计算方法

2004 年，韦赫马斯（Vehmas）首次在环境问题的研究中引入能源经济学中的反弹效应，并将人类活动导致的环境影响的反弹效应统称为总反弹效应（Gross Rebound Effect，GRE）[215]，借此描述生态效率提高所获得收益被人口增长和富裕程度（消费水平）的提高所抵消，引起环境压力持续增长的情况。研究将反弹效应的概念运用到纺织产业的水资源环境研究中，本节中纺织产业水资源问题的反弹效应的含义是技术水平的提高提升了纺织产业水资源的利用效率，从而减少了一定量的工业用水需求，但技术水平提高的同时也促进了纺织产业的经济增长，反过来又增加了对水资源的使用量，使得水资源利用率提升所获得的环境效益被经济规模的扩大所抵消，最终纺织产业对水资源的依赖程度仍呈现持续增长的趋势。

依据资源环境领域的反弹效应研究，将影响纺织产业水资源环境与经济增长间脱钩关系的因素概括为以下三点：

一是产业规模效应，指的是随着经济产出规模的扩大，需要投入的资源也会增加，导致经济生产与消费过程中的副产品（污染物）的产出也会增多，环境质量因此下降。产业规模因素是拉动水资源消耗的主要因素，所产生的规模经济效益增加了对水资源的使用，是造成反弹效应的根本原因。

二是行业结构效应，指的是在经济发展前期，资源密集型和劳动密集型的高污染高消耗产业占主导地位，随着国家经济的增长，行业结构必然会向资本密集型和技术密集型的低污染低消耗产业转变，此时的环境质量由坏转好。行业结构因素在一定程度上抑制了纺织产业的工业用水总量和废水排放量。行业结构的良性调整是形成纺织产业用水排污减量效应的重要因素。

三是技术水平效应，指的是经济增长使得产业的技术创新能力得以提高，根据内生增长理论，技术进步可以进一步提高资源利用率和循环利用率，在给定产出的情况下，资源的消耗量得以降低，最终污染物排放和生态环境破坏的情况得到改善。技术水平因素是抑制纺织产业水资源消耗和废水排放的主要因素。技术水平的提高，对提高水资源的利用效率、降低行业废水排放量，具有明显的减量效应。

综合三个因素对纺织产业水资源环境的驱动作用，得到水资源消耗减量效应和反弹效应的核算公式：

$$\Delta WC_d = \Delta WC_G - (\Delta WC_G + \Delta WC_S + \Delta WC_T) = -\Delta WC_S - \Delta WC_T \tag{4-25}$$

$$\Delta WC_r = \Delta WC_G - \Delta WC_d = \Delta WC_G + \Delta WC_S + \Delta WC_T = \Delta WC \tag{4-26}$$

式（4－25）和式（4－26）中，ΔWC_d 为水资源消耗的减量效应，ΔWC_G 为影响水资源消耗脱钩的产业规模效应，ΔWC_S 为影响水资源消耗脱钩的行业结构效应，ΔWC_T 为影响水资源消耗脱钩的技术水平效应，ΔWC_r 为水资源消耗的反弹效应，ΔWC 为累积贡献值，累积贡献值与反弹效应在数值上相等。

4.3.2 纺织产业水消耗减量驱动因子与反弹效应分析

基于 Laspeyres 完全分解模型，研究对影响 2002～2014 年中国纺织产业水资源消耗量的三个驱动因素（即产业规模因素、行业结构因素和技术水平因素）的贡献值、反弹效应以及减量效应进行测算，结果如表 4－9 所示。括号中的值表示的是三个驱动因素的贡献率，即每个因素的贡献值相对于累积贡献值（ΔWC）的百分比变化。

表 4-9　　2002~2014 年中国纺织产业水资源消耗因素分解

单位：百万吨、%

年份	因素分解			ΔWC (ΔWC_r)	ΔWC_d
	ΔWC_G	ΔWC_S	ΔWC_T		
2002	462.78 (51.87)	332.68 (37.28)	96.77 (10.85)	892.23	-429.45
2003	502.67 (-69.44)	-450.49 (62.23)	-776.12 (107.21)	-723.93	1226.60
2004	1203.59 (99.44)	-80.39 (-6.64)	87.16 (7.20)	1210.36	-6.77
2005	1692.88 (147.46)	-6.93 (-0.60)	-537.90 (-46.85)	1148.05	544.83
2006	2068.06 (-842.66)	-354.52 (144.45)	-1958.96 (798.21)	-245.42	2313.48
2007	1567.55 (178.27)	1159.46 (131.86)	-1847.71 (-210.13)	879.30	688.25
2008	3264.79 (-2014.31)	-1174.55 (724.67)	-2252.32 (1389.63)	-162.08	3426.87
2009	573.00 (-1810.53)	-606.43 (1916.17)	1.78 (-5.64)	-31.65	604.65
2010	1100.67 (490.47)	956.18 (426.09)	-1832.44 (-816.56)	224.41	876.26
2011	2000.75 (-127.47)	8.21 (-0.52)	-3578.49 (228.00)	-1569.53	3570.28
2012	-250.10 (-168.91)	-96.25 (-65.00)	494.41 (333.91)	148.06	-398.16
2013	376.17 (-200.81)	-39.62 (21.15)	-523.88 (279.66)	-187.33	563.50
2014	61.76 (7.79)	223.90 (28.23)	507.43 (63.98)	793.08	-731.32
2002~2014	14624.57 (615.63)	-128.75 (-5.42)	-12120.25 (-510.21)	2375.56	12249.00

注：表中 ΔWC_G 表示产业规模因素的贡献值，ΔWC_S 表示行业结构因素的贡献值，ΔWC_T 表示技术水平因素的贡献值，ΔWC 表示累积贡献值，ΔWC_r 表示反弹效应，ΔWC_d 表示减量效应。

资料来源：作者计算所得。

产业规模因素是拉动中国纺织产业水资源消耗的最大诱因。样本期内，产业规模因素的贡献值总体比另两个因素的贡献值大。除 2012 年外，产业规模带来的水资源消耗量变化均为正效应，即拉动纺织产业用水消耗。产业规模因素的平均贡献值为 1124.97 百万吨，其中，2008 年贡献值最大，达到 3264.79 百万吨，贡献率除 2014 年只有 7.79% 外，其他年份的数值均在 50% 以上。原因在于长期以来，中国纺织产业作为劳动密集型产业，依靠人力资本优势蓬勃发展，产业规模的不断扩大和国际贸易额的不断递增引起了用水量的增加[199,205]。

行业结构因素对中国纺织产业水资源消耗有抑制作用，但是效果不显著。相比另外两个因素，行业结构因素的贡献值的正负分布较不均匀，但是从整体发展趋势看，行业结构因素在往负值方向发展，抑制作用越来越明显。不过，从数值上可以看出，行业结构带来的水资源消耗量的变化并不大，平均贡献值只有 -9.90 百万吨，远小于其他两个因素。说明行业结构的优化和调整对于降低纺织产业水资源消耗的作用尚不明显。高投入、低附加值的产业结构尚未有明显改变，与中国纺织产业长期处于“微笑曲线”低端的生产环节有关。

技术水平因素是抑制纺织产业水资源消耗的最大贡献者，对减少水资源消耗起到了重要的积极作用（见图 4 -5）。除 2002 年、2004 年、2009 年、2012 年以及 2014 年技术水平对水资源消耗变化量的贡献值为正值外，其他时期的影响均呈现负效应，抑制了纺织产业用水消耗。“十二五”时期，大量节能降耗减排新技术得到广泛应用，百米印染布新鲜水取水量由 2.5 吨下降到 1.8 吨以下，水回用率由 15% 提高到 30% 以上，全面完成单位增加值能耗降低、取水下降以及污染物总量减排等约束性指标。再利用纤维占纤维加工总量比重由 2010 年的 9.6% 提高到 2015 年的 11.3%[14]。

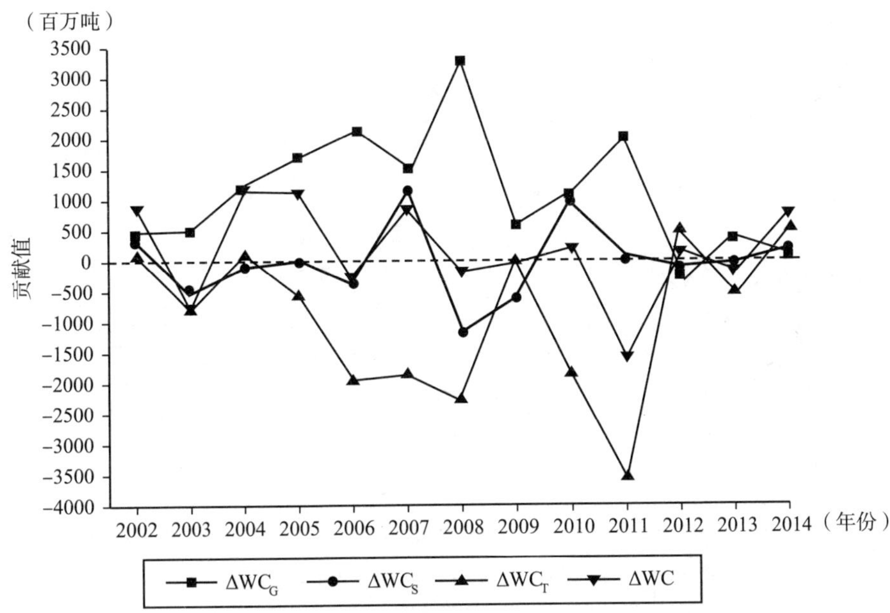

图 4－5　2002～2014 年中国纺织产业水资源消耗影响因素的贡献值

注：图中 ΔWC_G 表示产业规模因素的贡献值，ΔWC_S 表示行业结构因素的贡献值，ΔWC_T 表示技术水平因素的贡献值，ΔWC 表示累积贡献值。

资料来源：作者计算所得。

由表 4－9 和图 4－6 可知，在 2002～2014 年间，产业规模因素的总效应为正值，共增加水资源消耗 14624.57 百万吨，行业结构因素和技术水平因素的叠加效应为负值，共减少水资源消耗 12249.00 百万吨。尽管行业结构和技术水平均表现为减量效应，但是两者的抑制作用仍弱于产业规模带来的水增量效应，致使中国纺织产业水资源消耗存在反弹效应，13 年间实际共拉动水资源消耗 2375.56 百万吨。原因在于，随着中国工业化进程的加快，长期受短缺经济抑制的纺织服装产品的需求迅速膨胀，纺织产业的规模逐步扩大，极大程度上促进了纺织企业的经济发展，从而引发更多的水资源消耗，抵消了部分通过行业结构调整和技术设备进步降低的水资源消耗，反弹效应显著，出现了经济增长速度高于同期水资源消耗速度的现象。

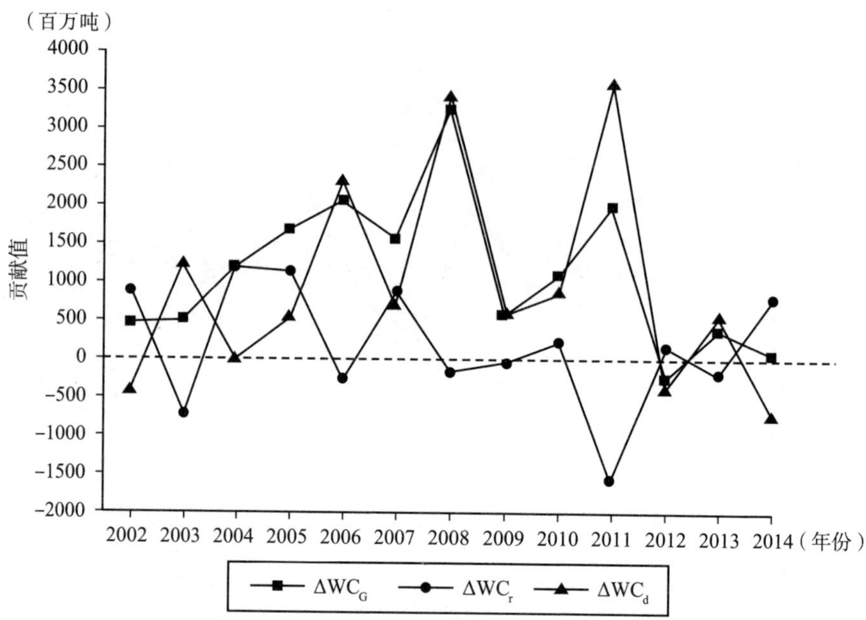

图 4－6　2002～2014 年中国纺织产业水资源消耗的反弹效应和减量效应

注：图中 ΔWC_G 表示产业规模因素的贡献值，ΔWC_r 表示反弹效应，ΔWC_d 表示减量效应。
资料来源：作者计算所得。

结合图 4－6 得到，虽然在研究的 13 年中有 6 年呈现负反弹效应，并且除个别时期（2002 年、2012 年和 2014 年）外，其他年份均呈现明显的减量效应，但在 2002～2011 年间，反弹效应和减量效应的波动较大，且在 2011 年以后，反弹效应开始呈现出正增长趋势，而减量效应则表现为明显的下降趋势，并在向负值方向发展。由此可见，中国纺织产业面临的水资源消耗问题愈加严峻，今后需要进一步加大对产业结构的优化调整，大力发展循环经济，促进水资源循环利用，提高水资源使用效率。

4.3.3　子行业水消耗减量驱动因子与反弹效应分析

2002～2014 年中国纺织产业三个子行业水资源消耗量的驱动因素

的分解结果分别如表4－10、图4－7和图4－8，表4－11、图4－9和图4－10，以及表4－12、图4－11和图4－12所示，单位为百万吨。括号中的值表示的是每个驱动因素的贡献率。

4.3.3.1 纺织业水资源消耗的驱动因子分解结果与反弹效应分析

由表4－10和图4－7可知，纺织业三个因素的贡献值变化趋势与纺织产业相一致，说明纺织业在纺织产业水资源消耗问题上起到了很大的影响作用。产业规模因素除2012年和2014年外，贡献值都为正值，且数值较大，平均贡献值达到432.82百万吨，很大程度上拉动了水资源的消耗。行业结构因素的贡献值要明显小于另外两个因素，平均－0.36百万吨，虽然整体上未呈现明显的正效应或者负效应，但有趋向负效应的趋势。技术水平因素除了2012年和2014年外，贡献值都为负值，平均贡献值为－304.41百万吨，对抑制水资源消耗贡献很大。总体而言，纺织业产业规模的正效应与技术水平的负效应均较为显著，技术水平对水资源消耗的抑制作用很大程度上抵消了产业规模的拉动作用，从而使行业用水消耗增加得到了有效控制。这主要归功于纺织业自主创新能力不断提高，多项高新技术取得实质性突破，一批自主研发的科技成果和先进装备在行业中得到广泛应用。

表4－10 2002～2014年中国纺织业水资源消耗因素分解 单位：百万吨、%

年份	因素分解			ΔWC（ΔWC_r）	ΔWC_d
	ΔWC_G	ΔWC_S	ΔWC_T		
2002	167.77（－1274.84）	－126.04（957.72）	－54.89（417.12）	－13.16	180.93
2003	181.93（217.68）	100.12（119.79）	－198.47（－237.46）	83.58	98.35
2004	452.02（170.73）	44.10（16.66）	－231.36（－87.38）	264.76	187.26

续表

年份	因素分解			ΔWC (ΔWC_r)	ΔWC_d
	ΔWC_G	ΔWC_S	ΔWC_T		
2005	613.20 (147.95)	31.10 (7.50)	-229.84 (-55.45)	414.46	198.74
2006	768.86 (802.74)	-67.86 (-70.85)	-605.23 (-631.89)	95.78	673.08
2007	591.77 (208.51)	-241.73 (-85.17)	-66.23 (-23.34)	283.81	307.96
2008	1263.10 (1912.05)	464.36 (702.93)	-1661.40 (-2514.99)	66.06	1197.04
2009	226.99 (292.87)	104.45 (134.77)	-253.94 (-327.64)	77.50	149.48
2010	436.78 (928.66)	-141.41 (-300.67)	-248.33 (-527.99)	47.03	389.74
2011	836.21 (-412.56)	-31.81 (15.69)	-1007.09 (496.87)	-202.69	1038.90
2012	-114.88 (-53.52)	-9.32 (-4.34)	338.86 (157.86)	214.66	-329.54
2013	174.19 (-98.61)	8.94 (-5.06)	-359.77 (203.67)	-176.65	350.83
2014	28.79 (5.65)	-139.61 (-27.40)	620.37 (121.75)	509.55	-480.76
2002~2014	5626.72 (338.00)	-4.72 (-0.28)	-3957.30 (-237.72)	1664.70	3962.02

注：表中 ΔWC_G 表示产业规模因素的贡献值，ΔWC_S 表示行业结构因素的贡献值，ΔWC_T 表示技术水平因素的贡献值，ΔWC 表示累积贡献值，ΔWC_r 表示反弹效应，ΔWC_d 表示减量效应。

资料来源：作者计算所得。

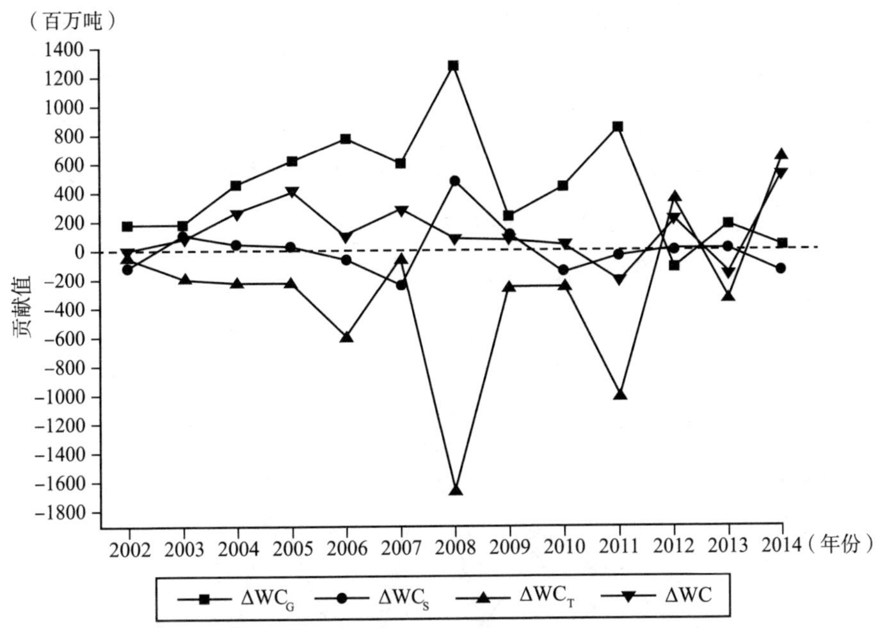

图 4－7　2002～2014 年中国纺织业水资源消耗影响因素的贡献值

注：图中 ΔWC_G 表示产业规模因素的贡献值，ΔWC_S 表示行业结构因素的贡献值，ΔWC_T 表示技术水平因素的贡献值，ΔWC 表示累积贡献值。

资料来源：作者计算所得。

由图 4－8 可知，样本期内产业规模的总效应表现为增量效应，共增加水资源消耗 5626.72 百万吨，行业结构和技术水平因素的总效应则表现为减量效应，共减少水资源消耗 3962.02 百万吨，增量效应大于减量效应，使得纺织业出现反弹效应，实际拉动纺织业消耗 1664.70 百万吨水资源。具体来看，“十五”期间，纺织业高速发展，产业走向集群化，市场不断扩张，使得纺织业的产业规模急剧扩大，但是当时纺织业的生产工艺水平低下、加工方式粗放，水资源利用效率低下，最终纺织业的产业规模效应大于减量效应，并且两者的差距逐步扩大，反弹效应显著，导致水资源消耗量在逐年递增。“十一五”期间，纺织业重点推进企业加强自主创新能力和加快技术升级步伐，很大程度上提高了水资源利用率，使得减量效应与产业规模效应的差值逐步缩小，从而反弹效应减弱。“十二五”期间，由于2011年国家发展改革委、财政部等八部门联合发布了《2011年度棉花临时收储预案》，导致2012年大量棉企经济效益降低，产业规模效应急剧下降[216]，加上政府鼓励行业龙头企业和品牌企业兼并重组，出台了一系列节水减排政策，产业格局进一步调整，企业的生产设备和生产能力短期内难以适应调整，行业发展处于阵痛期，产业规模效应与减量效应波动性均较大。

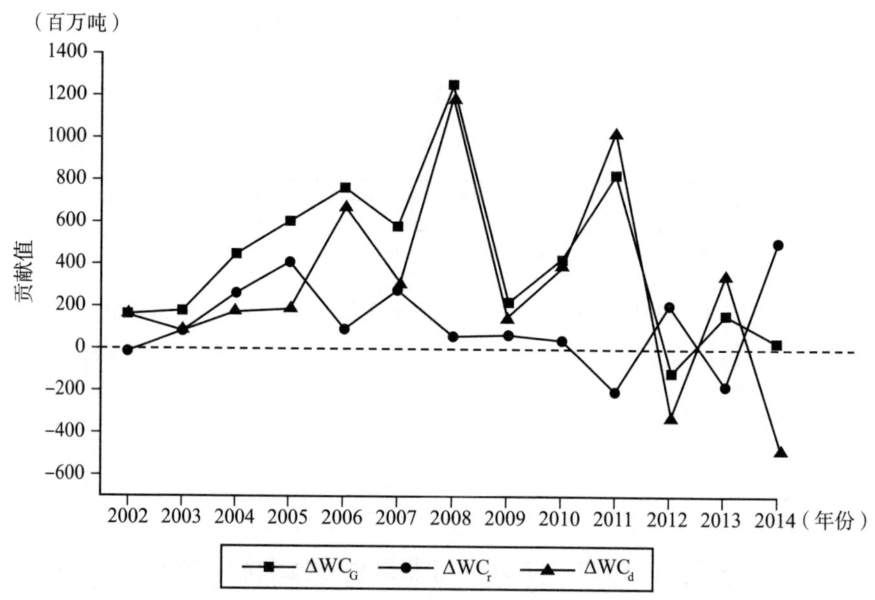

图4-8　2002~2014年中国纺织业水资源消耗的反弹效应和减量效应

注：图中 ΔWC_G 表示产业规模因素的贡献值，ΔWC_r 表示反弹效应，ΔWC_d 表示减量效应。
资料来源：作者计算所得。

4.3.3.2　服装业水资源消耗的驱动因子分解结果与反弹效应分析

由表4-11和图4-9可知，服装业三个驱动因素的贡献值以及累积贡献值的波动都很大，在2005年之前累积贡献值由技术水平因素主导，2005年之后产业规模因素和行业结构因素的影响力变大，累积贡献值的变化受到三个因素的共同作用。除2012年外，产业规模因素均表现为正效应，平均贡献值为 27.14 百万吨，拉动了水资源的消耗。行业结构因素的贡献值在 2002 ~ 2014 年中有 8 年是正值，且近四年（2011 ~ 2014 年）都为正值，对行业水资源消耗起了拉动作用，但是作用不大。技术水平因素多呈现为负值，抑制了水资源的消耗，平均贡献值为 -21.04 百万吨。相比其他两个子行业，服装业的产业规模小、生产耗水环节少，因此在三个影响因素中，产业规模和技术水平的作用效果并不突出，而且它们的贡献值远不如纺织业和化纤业。

表 4-11　2002 ~ 2014 年中国服装业水资源消耗因素分解　单位：百万吨、%

年份	因素分解			ΔWC（$ΔWC_r$）	$ΔWC_d$
	$ΔWC_G$	$ΔWC_S$	$ΔWC_T$		
2002	13.30（-293.53）	22.40（-494.52）	-40.23（888.06）	-4.53	17.83
2003	10.72（-11.34）	9.86（-10.43）	-115.09（121.77）	-94.51	105.23
2004	29.90（17.71）	-12.30（-7.28）	151.26（89.58）	168.86	-138.96
2005	41.96（-31.83）	-17.25（13.08）	-156.55（118.75）	-131.83	173.79
2006	39.16（55.57）	55.37（78.56）	-24.06（-34.13）	70.48	-31.32
2007	36.33（253.72）	-37.20（-259.75）	15.18（106.03）	14.32	22.01
2008	80.07（264.95）	-63.52（-210.84）	13.67（45.24）	30.22	49.85
2009	15.14（-276.07）	18.68（-340.61）	-39.30（716.68）	-5.48	20.62
2010	26.07（-67.13）	-50.43（129.84）	-14.48（37.29）	-38.84	64.92

续表

年份	因素分解			ΔWC (ΔWC$_r$)	ΔWC$_d$
	ΔWC$_G$	ΔWC$_S$	ΔWC$_T$		
2011	55.17 (62.25)	23.15 (26.12)	10.30 (11.63)	88.63	-33.46
2012	-8.36 (15.95)	34.79 (-66.40)	-78.83 (150.45)	-52.39	44.04
2013	11.38 (323.38)	3.56 (101.09)	-11.42 (-324.47)	3.52	7.86
2014	1.98 (4.37)	27.31 (60.28)	16.02 (35.35)	45.31	-43.33
2002~2014	352.83 (376.36)	14.44 (15.40)	-273.52 (-291.75)	93.75	259.08

注：表中 ΔWC$_G$ 表示产业规模因素的贡献值，ΔWC$_S$ 表示行业结构因素的贡献值，ΔWC$_T$ 表示技术水平因素的贡献值，ΔWC 表示累积贡献值，ΔWC$_r$ 表示反弹效应，ΔWC$_d$ 表示减量效应。

资料来源：作者计算所得。

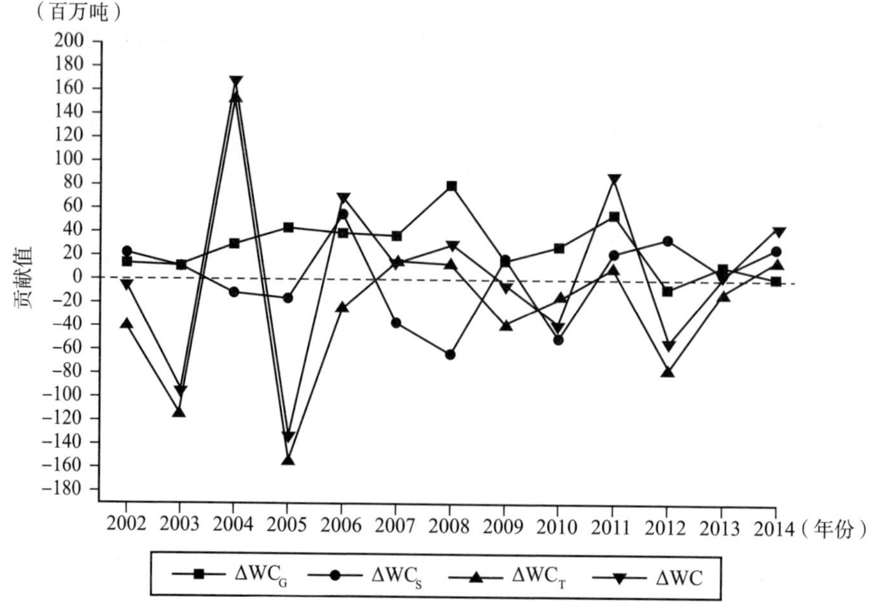

图 4-9　2002~2014 年中国服装业水资源消耗影响因素的贡献值

注：图中 ΔWC$_G$ 表示产业规模因素的贡献值，ΔWC$_S$ 表示行业结构因素的贡献值，ΔWC$_T$ 表示技术水平因素的贡献值，ΔWC 表示累积贡献值。

资料来源：作者计算所得。

由表4－11和图4－10可知，在2002～2014年间，产业规模因素和行业结构因素的总效应都体现为增量效应，分别增加水资源消耗352.83百万吨和14.44百万吨，技术水平因素的总效应则表现为减量效应，减少了水资源消耗273.52百万吨，产业规模效应和行业结构的叠加致使服装业出现了明显的反弹效应，实际共增加水资源消耗93.75百万吨。相较于其他两个子行业，服装业的减量效应与反弹效应的波动性更为剧烈。“十五”期间，由于受到国际贸易摩擦、人民币升值和出口关税加征等因素的影响，服装业发展较不稳定，加上技术装备水平的限制，致使水资源消耗强度变化大，减量效应与反弹效应的波动十分显著。“十一五”期间，行业结构呈现一定的减量效应，行业结构与技术水平因素共同降低了水资源的消耗，致使反弹效应逐步减弱。“十二五”期间，中国经济发展进入新常态，服装业面临国内外需求增长与消费升级的挑战，行业结构呈现增量效应，反弹效应逐步加强。

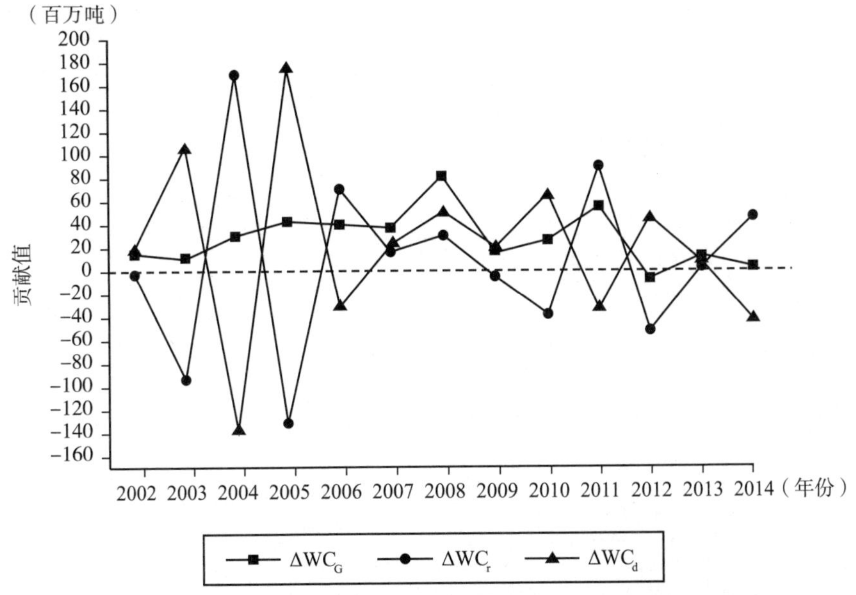

图4－10　2002～2014年中国服装业水资源消耗的反弹效应和减量效应

注：图中ΔWC_G表示产业规模因素的贡献值，ΔWC_r表示反弹效应，ΔWC_d表示减量效应。
资料来源：作者计算所得。

4.3.3.3 化纤业水资源消耗的驱动因子分解结果与反弹效应分析

由表 4－12 和图 4－11 可知，化纤业的产业规模因素和技术水平因素的贡献值的变化形态与纺织产业趋同，而化纤业结构因素的影响显然比纺织产业的大。除 2012 年外，产业规模因素的贡献值皆为正值，平均贡献值达到 665 百万吨，拉动了行业水资源的消耗，也是水资源消耗量增加的主要原因。行业结构因素和技术水平因素的贡献值多呈现为负值，平均贡献值分别为－10.65 百万吨和－606.88 百万吨，抑制了水资源的消耗，其中，技术水平因素的抑制作用大于行业结构因素的抑制作用。尽管化纤业的行业结构因素对水资源消耗也起到了一定的抑制效果，但是其累积贡献值的变化仍不稳定，13 年中有近一半的年份是正值。

表 4－12　2002～2014 年中国化纤业水资源消耗因素分解　单位：百万吨、%

年份	因素分解			ΔWC（ΔWC_r）	ΔWC_d
	ΔWC_G	ΔWC_S	ΔWC_T		
2002	281.71（30.96）	436.31（47.95）	191.90（21.09）	909.92	－628.21
2003	310.02（－43.48）	－560.46（78.61）	－462.56（64.87）	－713.00	1023.02
2004	721.68（92.91）	－112.19（－14.44）	167.26（21.53）	776.74	－55.06
2005	1037.72（119.91）	－20.78（－2.40）	－151.52（－17.51）	865.42	172.30
2006	1260.03（－306.07）	－342.03（83.08）	－1329.67（322.99）	－411.68	1671.71
2007	939.45（161.65）	1438.38（247.50）	－1796.66（－309.15）	581.17	358.28
2008	1921.62（－743.77）	－1575.39（609.76）	－604.59（234.01）	－258.36	2179.98
2009	330.87（－319.17）	－729.56（703.75）	295.02（－284.58）	－103.67	434.54
2010	637.82（294.99）	1148.03（530.96）	－1569.62（－725.95）	216.22	421.60

续表

年份	因素分解			ΔWC（ΔWC_r）	ΔWC_d
	ΔWC_G	ΔWC_S	ΔWC_T		
2011	1109.36（-76.22）	16.87（-1.16）	-2581.70（177.38）	-1455.47	2564.83
2012	-126.86（893.35）	-121.71（857.11）	234.37（-1650.46）	-14.20	-112.66
2013	190.60（-1342.22）	-52.11（366.96）	-152.69（1075.26）	-14.20	204.80
2014	30.99（13.01）	336.20（141.13）	-128.96（-54.13）	238.22	-207.24
2002~2014	8645.01（1400.88）	-138.47（-22.44）	-7889.43（-1278.44）	617.11	8027.90

注：表中 ΔWC_G 表示产业规模因素的贡献值，ΔWC_S 表示行业结构因素的贡献值，ΔWC_T 表示技术水平因素的贡献值，ΔWC 表示累积贡献值，ΔWC_r 表示反弹效应，ΔWC_d 表示减量效应。

资料来源：作者计算所得。

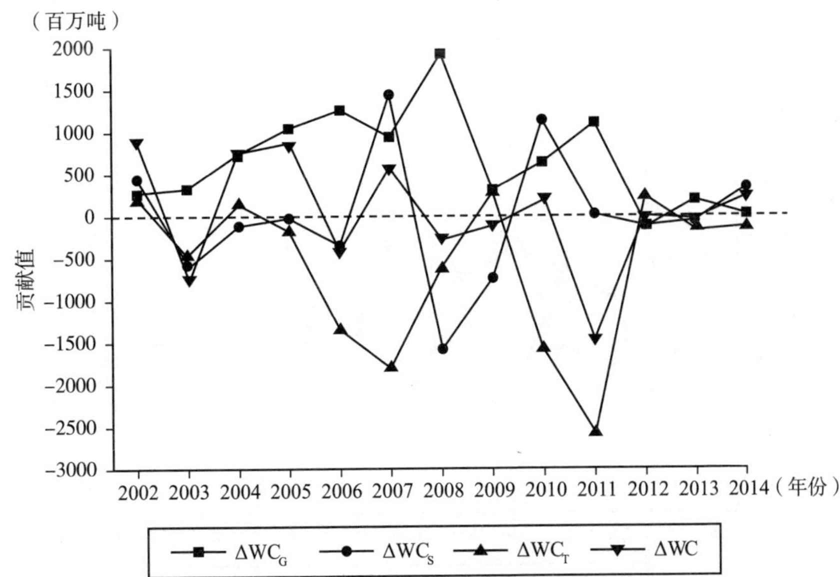

图 4-11 2002~2014 年中国化纤业水资源消耗影响因素的贡献值

注：图中 ΔWC_G 表示产业规模因素的贡献值，ΔWC_S 表示行业结构因素的贡献值，ΔWC_T 表示技术水平因素的贡献值，ΔWC 表示累积贡献值。

资料来源：作者计算所得。

由表4－12和图4－12可知，在2002～2014年间，产业规模的总效应为正值，表现为增量效应，共增加水资源消耗8645.01百万吨，行业结构和技术水平因素的总效应均为负值，表现为减量效应，共减少水资源消耗8027.90百万吨，产业规模的增量效应大于行业结构和技术水平因素的减量效应，使得化纤业反弹效应的总效应为正值，实际拉动水资源消耗617.11百万吨。总体上，化纤业的减量效应与反弹效应的波动性较大。具体而言，“十五”期间，化纤业处于快速发展阶段，产业规模效应呈现递增趋势，但是由于其中高端产品有效供给不足，阶段性、结构性产能过剩，减量效应不显著，反弹较大。“十一五”期间，在内需市场增长、国际市场转好的拉动下，化纤行业运行保持良好态势，相比“十五”时期的反弹效应有所减弱。“十二五”期间，化纤业的反弹效应进一步减弱，尤其是2011年出现明显的减量效应，这主要得益于化纤工业在“十二五”初期就大力推广棉浆粕黑液治理、废旧瓶片清洗

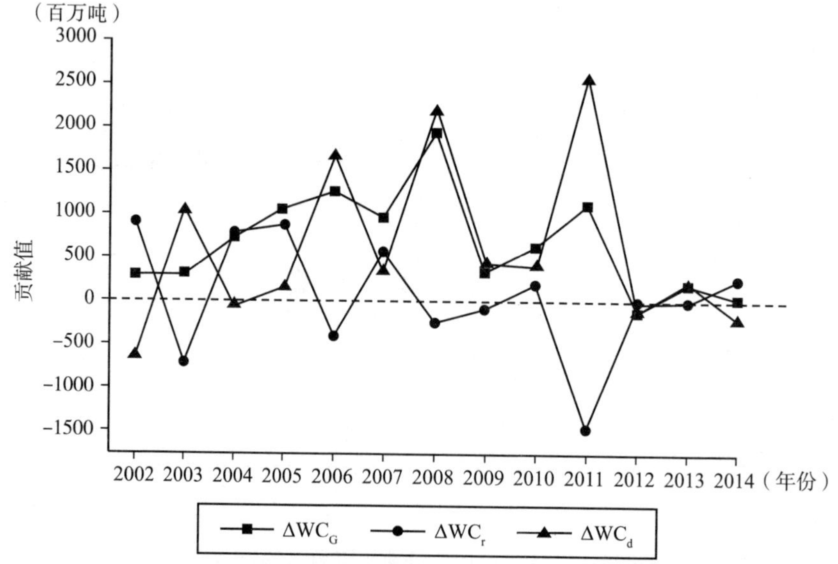

图4－12　2002～2014年中国化纤业水资源消耗的反弹效应和减量效应

注：图中ΔWC_G表示产业规模因素的贡献值，ΔWC_r表示反弹效应，ΔWC_d表示减量效应。
资料来源：作者计算所得。

和废水回用等技术，减少了对水资源的消耗[217]。在此之后反弹效应和减量效应的值都较小，2014 年反弹效应又有增强的态势是因为化纤产品需求增速减缓、新增产能压力加大、市场表现低迷以及效益明显下降。

4.4 小　　结

纺织产业经济增长中的水资源消耗脱钩问题研究结果表明水资源生产率逐渐提高、脱钩情况逐渐好转、子行业的脱钩情况存在着差异性、水资源消耗的减物质化受多种因素的影响，验证了理论假说一和理论假说四。主要结果如下：

（1）纺织产业经济发展中绝对取水量呈先增长后下降趋势，水资源生产率从低向高转变。纺织产业的水资源生产率指标除“十二五”时期出现明显的波动之外，其他阶段均呈稳定的快速上升趋势。由 2001 年的 0.0049 万元/吨上升至 2014 年的 0.0195 万元/吨，年均增长率为 11.17%。这是因为在工业生产过程中，纺织产业的水资源消耗通过技术革新、产业结构优化调整等原因逐步提高了水资源的利用效率，从而减少了一定量的工业用水需求。

（2）纺织产业经济增长与水资源消耗之间存在耦合关系和脱钩关系交替出现的情况，但总体脱钩状态良好。从脱钩分析结果来看，2001 ~ 2014 年期间，纺织产业有 6 年呈现为强脱钩（2003 年、2006 年、2008 年、2009 年、2011 年和 2013 年）、3 年为弱脱钩（2005 年、2007 年、2010 年）、2 年为扩张负脱钩（2002 年、2014 年）、1 年为扩张连接（2004 年）、1 年为强负脱钩（2012 年），这主要归功于国家节水政策的落实、节水技术的进步、企业节水意识的提高以及产业行业的转型升级。

（3）纺织产业子行业水资源消耗的脱钩情况存在着差异性。在三个子行业中，纺织业在 2011 年前主要表现为弱脱钩状态，2011 ~ 2014 年表现为强脱钩与强负脱钩的交替出现；服装业在 2002 ~ 2014 年间，有 5 年为强脱钩（2002 年、2003 年、2005 年、2009 年和 2012 年）、2 年为弱脱钩（2006 年、2013 年），总体脱钩情况比其他两个子行业好；化纤业水资源消耗量是三个子行业中最高的，经济产出又比纺织业低，水资源效率最低，脱钩状态变化较大，这是由于三个子行业产品、工艺、技术的异质性所决定的，纺织业和化纤业的生产工艺、对水的依赖程度本身较大，而服装业的生产工艺决定了对水的依赖程度较小，并且同期服装业的经济增长速度较快。

（4）纺织产业水资源消耗的减物质化受到产业规模、行业结构、技术水平等多种因素的影响，减量效应显著，但依然存在反弹效应。在三个影响因素中，技术水平因素是抑制工业水耗量增长的最大贡献者，行业结构因素在一定程度上抑制了水资源的消耗，但是作用效果并不显著。2002 ~ 2014 年，中国纺织产业的减量效应的总量为 12249. 00 百万吨，经济结构的调整升级和技术水平的进步使得水资源消耗下降，驱动了一定的减量效应。产业规模因素是拉动水资源消耗的最大诱因，经济规模的迅速扩张是反弹效应存在的主要原因。2002 ~ 2014 年，中国纺织产业的反弹效应的总量为 2375. 56 百万吨，这意味着中国纺织产业的水资源消耗存量是上升的。在样本期间，技术水平因素和行业结构因素带来的水减量效应大多弱于产业规模带来的水增量效应，致使中国纺织产业及其三个子行业的水资源消耗均存在明显的反弹效应，整体波动性较大，且有向正增长发展的趋势。可见，纺织产业虽然呈现良好的脱钩态势，但在本质上并未摆脱对水资源的依赖。在三个子行业中，服装业的反弹效应最小，但也最不稳定；纺织业次之，“十二五”时期以来，反弹效应的波动较大；化纤业的反弹效应最大，但在 2008 ~ 2013 年反弹效应有所减弱。

5

纺织产业经济增长中的水环境污染脱钩研究

本章测度了纺织产业及三个子行业的废水排放和COD排放强度，利用塔皮奥脱钩弹性分析法对纺织产业经济增长与水环境污染之间的脱钩关系分别进行了分析。水环境污染中的水量指标用废水排放量体现，水质指标用废水中的特征污染物COD体现。对废水排放量和COD排放量分别与经济增长进行脱钩计算，并根据计算结果对纺织产业三个子行业的废水排放进行深入研究。另外，为了进一步探究纺织产业水环境污染与经济增长之间脱钩关系变化的驱动力因素及其对脱钩关系的内在影响机理，研究采用LMDI因素分解法对影响纺织产业和三个子行业废水排放量的因素及其贡献值进行分解求导，测度各影响因素对废水排放量变化的贡献值和贡献率，并进一步分析了纺织产业废水排放量的反弹效应和减量效应①。

① 本章内容已发表 Li Y，Shen J，Lu L，et al. Water environmental stress，rebound effect，and economic growth of China's textile industry [J]. Peerj，2018，6.

5.1 纺织产业水环境污染与经济增长

5.1.1 指标选取与数据处理

以2001～2014年为研究区间，将工业生产总值作为分析模型中需要用到的经济产出（以2014年为不变价格），将工业废水排放量以及COD排放量作为水环境污染指标。其中，2001～2005年中国纺织产业生产总值、废水排放量以及COD排放量数据来源于《中国环境年鉴》（2002～2006年）[9,186-189]；而2006～2014年这些数据被统计在《中国环境统计年报》（2006～2014年）[8,190-197]，但统计口径一致。

5.1.2 纺织产业水环境污染与经济增长特征

5.1.2.1 纺织产业及三个子行业的废水排放及COD排放量

2001～2014年中国纺织产业及三个子行业的废水排放总量见图5－1（a）。从整体上看，中国纺织产业的废水排放量呈先上升后下降趋势。在2001～2011年呈波动上涨趋势，由2001年的1923.93百万吨，增加到2011年的3021.08百万吨，年均增长率为4.62%；2012～2014年废水排放量呈逐渐下降趋势，2014年最小，为2537.68百万吨。三个子行业中，纺织业的废水排放趋势与纺织产业的废水排放趋势基本一致。纺织业的废水排放总量最大，其次是化纤业，服装业最小。2001～2010年，纺织业废水排放总量呈上升趋势，2001年占纺织产业废水总量最小为64.04%，最大占比为81.92%（2012年）；服装业的废水排放总量占比最小，变化幅度也较小；化纤业废水排放总量的占比在三个子行业中居于中间位置，整体呈下降趋势，2014年占比最高为7.01%，2001年最低为1.94%。

2001～2014年中国纺织产业及三个子行业的COD排放总量见图5－1（b）。纺织产业的COD排放总体可分为三个阶段。在2001～2007年总体呈上升趋势，COD排放从2001年的40.54万吨，增加到2007年的46.13万吨，年均增长率为2.17%；2007～2011年平稳波动，2011年的COD排放量为46.14万吨，与2007年基本持平；2011～2014年COD排放量呈逐渐下降趋势，2014年的排放量为39.76万吨，与2011年相比下降了13.83%。在三个子行业中，纺织业是纺织产业COD排放的最主要来源。2001～2007年纺织业COD排放整体呈上升趋势，2013年占纺织产业COD总量最小为59.27%，最大占比为74.78%（2007年）；服装业的COD排放最小，COD排放总量占比也最小，占比均在1.30%（2001年）和5.02%（2005年）之间；化纤业COD排放总量的占比处于纺织业和服装业之间，占比最大在2001年（38.51%），最小在2007年（21.32%）。

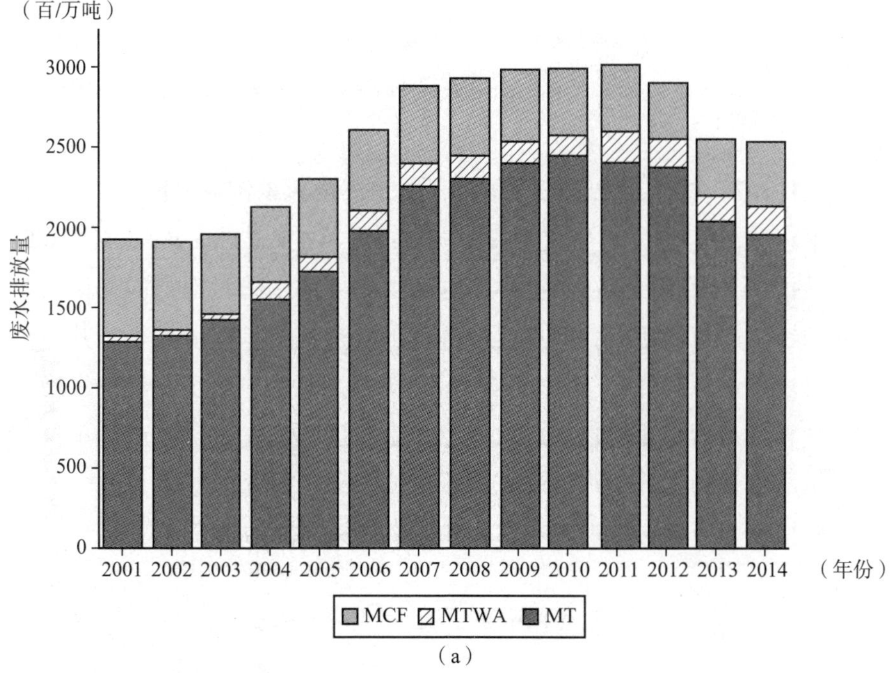

（a）

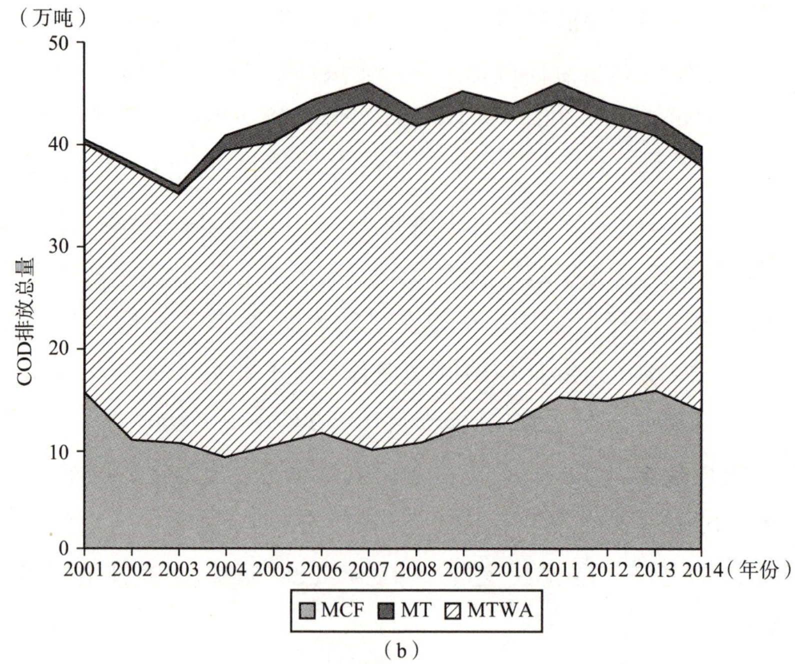

（b）

图5－1　2001～2014年中国纺织产业及三个子行业的废水排放及COD排放总量

注：图中MTWA表示服装业，MCF表示化纤业，MT表示纺织业。

资料来源：中国环境年鉴编辑委员会．中国环境年鉴2002～2006［M］．北京：中国环境年鉴社，2002～2006．

中华人民共和国环境保护部．中国环境统计年报2006～2014［M］．北京：中国环境科学出版社，2007～2015．

5.1.2.2　纺织产业及三个子行业的水环境污染排放强度

水环境污染排放强度（Water Environmental Pollution Intensity，WEPI）是指某个工业行业在一定时期内给水环境带来的污染与同期该工业行业的经济产值的比值，即单位经济产出所造成的水环境污染，其中经济产出用工业总产值G表示。水环境污染强度是衡量由工业经济发展而带来的环境负荷变化的指标，水环境污染强度越大，说明生产每单位经济产出所带来的水环境污染越大，对水体的破坏程度也越高。

根据概念，建立纺织产业水环境污染排放强度的核算方法：

$$WEPI = \frac{W}{G} = \frac{\sum_i W_i}{\sum_i G_i} \tag{5-1}$$

式（5－1）中，WEPI 为纺织产业的水环境污染排放强度，单位吨/万元；W 为纺织产业水环境污染指标，包括纺织产业废水排放量和 COD 排放量，单位吨；G 为纺织产业的工业总产值，代表纺织产业的经济产出，单位万元；W_i 为子行业 i 的水环境污染指标，包括子行业废水排放量和 COD 排放量，单位吨；G_i 为子行业 i 的工业总产值，单位万元。

因此，子行业 i 的水环境污染排放强度（$WEPI_i$，单位吨/万元）计算公式如下：

$$WEPI_i = \frac{W_i}{G_i} \tag{5-2}$$

利用 2001～2014 年纺织产业的工业废水排放总量、工业生产总值数据，对废水排放强度进行测算，结果如表 5－1 和图 5－2 所示。样本期内，纺织产业及其三个子行业的经济产出从整体上均呈现增长的趋势，废水排放强度则呈现明显的下降趋势。纺织产业的工业总产值从 2001 年的 3080.32 亿元增长至 2014 年的 16841.80 亿元，年均增长率达到 13.96%。具体来看，纺织产业的经济产出在“十五”（2001～2005 年）和“十一五”（2006～2010 年）期间呈现快速增长趋势，“十二五”（2011～2015 年）期间经济增速放缓，尤其是 2012 年，经济出现衰退情况，2013 年有所好转，但增长幅度并不大。纺织产业的废水排放强度从 2001 年的 62.46 吨/万元下降至 2014 年的 15.07 吨/万元，年均下降率为 12.58%。这种趋势表明中国纺织产业自 2001 年以来，万元工业增加值带来的水环境代价在降低，减排政策作用明显。

表 5－1　2001～2014 年中国纺织产业及三个子行业废水排放强度

单位：吨/万元

年份	MT	MTWA	MCF	纺织产业
2001	60.23	17.45	82.29	62.46
2002	60.69	17.10	62.37	57.74
2003	57.84	17.79	59.96	54.99

续表

年份	MT	MTWA	MCF	纺织产业
2004	52.21	34.76	50.42	50.45
2005	47.07	24.86	42.12	44.38
2006	43.61	20.92	36.21	39.81
2007	44.79	22.24	23.11	37.01
2008	28.72	21.75	21.36	26.76
2009	27.24	18.31	20.99	25.50
2010	25.84	16.71	14.62	22.86
2011	20.39	20.02	11.36	18.36
2012	20.78	15.57	10.29	18.17
2013	16.91	14.68	9.86	15.26
2014	16.82	13.64	10.27	15.07

注：表中 MT 表示纺织业，MTWA 表示服装业，MCF 表示化纤业。
资料来源：作者计算所得。

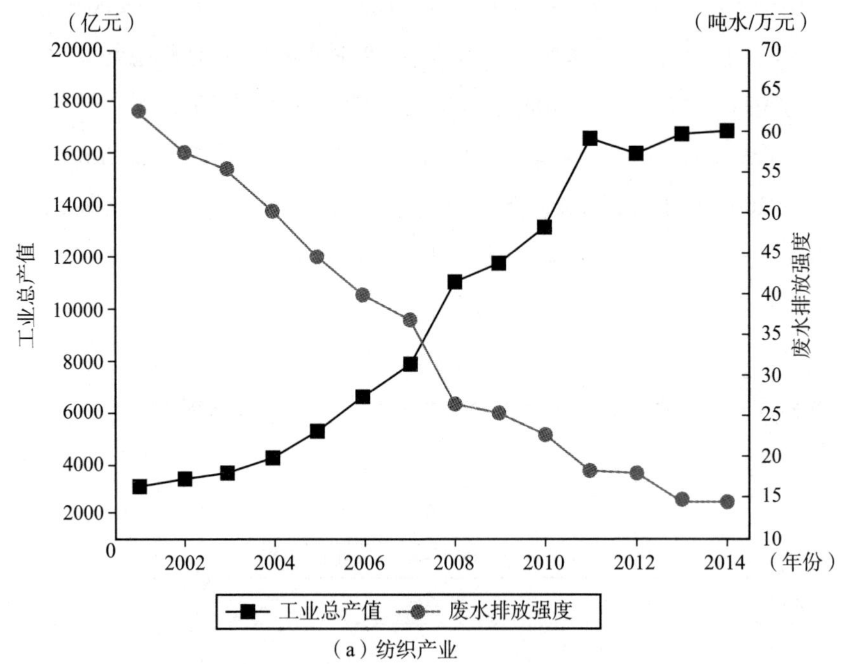

（a）纺织产业

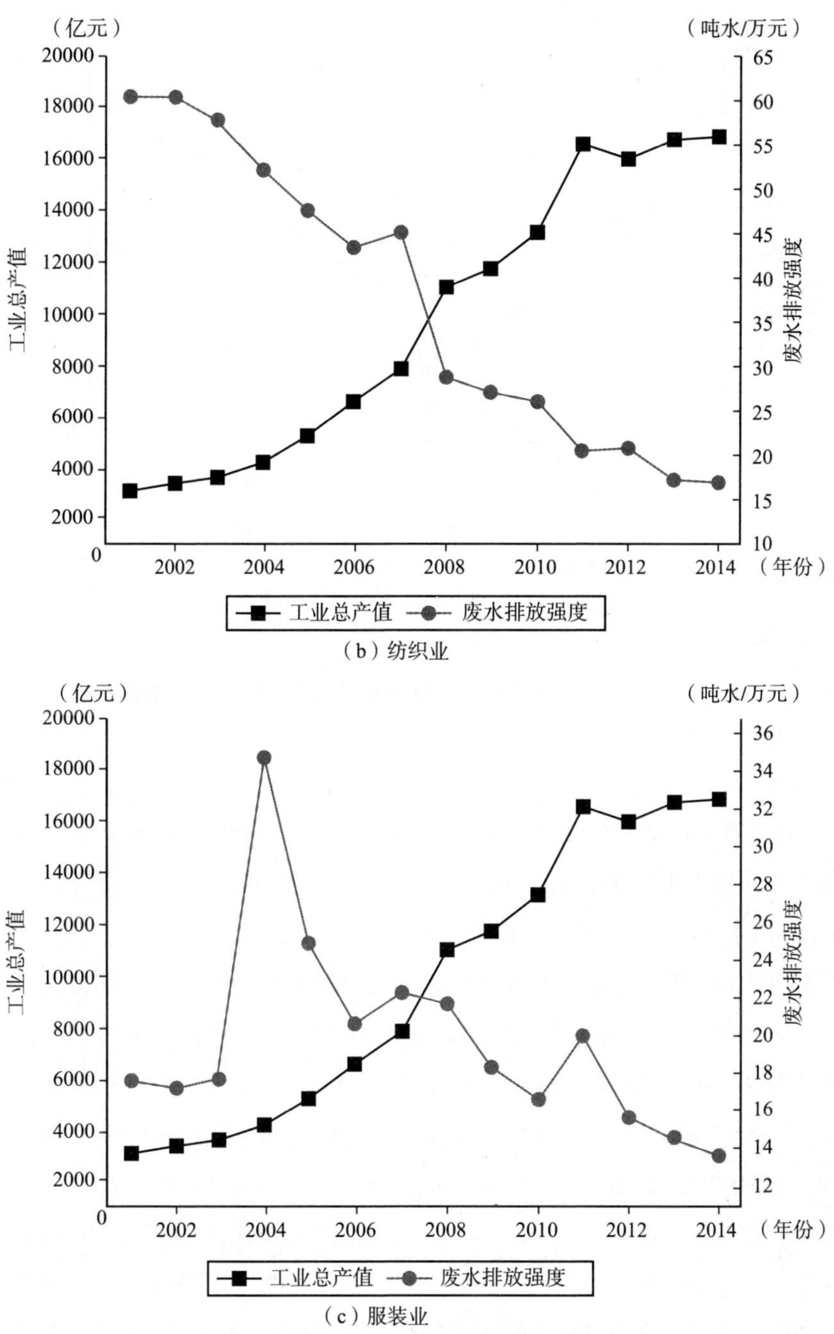

（b）纺织业

（c）服装业

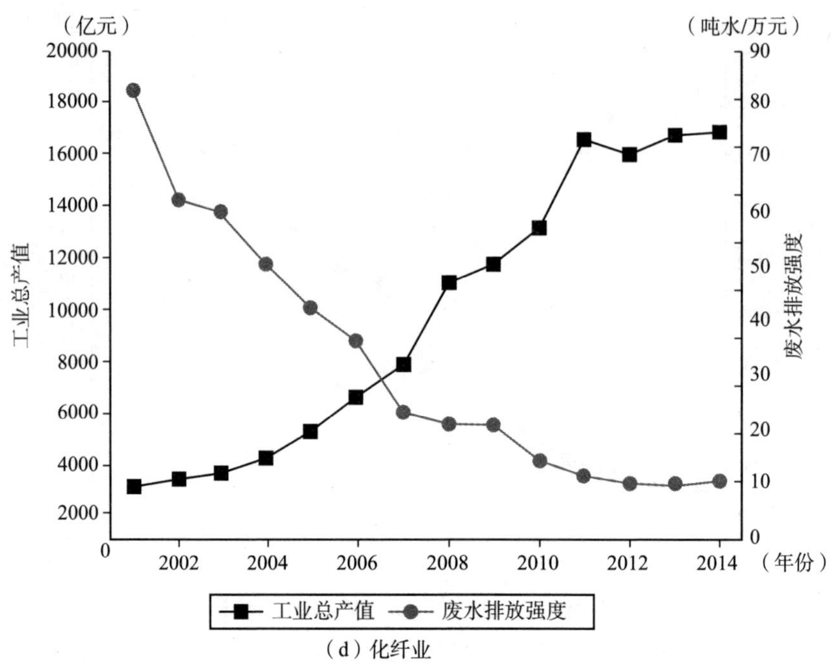

(d) 化纤业

图 5-2 2001~2014 年中国纺织产业及三个子行业废水排放强度

资料来源：作者计算所得。

由表5-1 和图5-2 可知，纺织业的废水排放强度在2001~2014 年总体来看呈现下降的趋势，从2002 年的最大值60.69 吨/万元下降到了2014 年的16.82 吨/万元。其中，2008 年的下降幅度最大，下降率达到了35.89%。服装业的废水排放强度在样本期间总体来看有下降趋势但是波动较大。其变化趋势大致可以分为两个阶段，2001~2009 年先升后降呈现倒V 型，2001~2004 波动上升，至2004 年达到样本期间的最大值，为34.76 吨/万元，2005~2009 年波动下降，至2009 年回落到与2001 年相当的水平，为18.31 吨/万元。2010~2014 年波动下降，至2014 年降到最小值，为13.64 吨/万元。化纤业废水排放强度在样本期间呈现出稳定的下降趋势，由2001 年的82.29 吨/万元下降至2014 年的10.27 吨/万元，年均下降率为14.79%。从子行业对比的角度看，服装业的废水排放强度总体上低于其他两个行业，化纤业的下降趋势最为明显。

利用2001～2014年纺织产业的COD排放总量、工业生产总值数据，对COD排放强度进行测算，结果如纺织产业COD排放强度结果如表5－2和图5－3所示。样本期内，纺织产业及其三个子行业的COD排放强度均呈下降趋势。2001～2014年，纺织产业的COD排放强度呈现稳定下降趋势，从2001年的0.0132吨/万元下降到2014年的0.0024吨/万元，年均下降率为12.38%。这种趋势表明：自2001年以来，中国纺织产业万元工业增加值带来的水环境代价在降低，减排政策作用明显。从三个子行业看，纺织业的废水排放强度与纺织产业的COD排放强度趋势基本保持一致，其中2002年的COD排放强度最大，为0.0121吨/万元，2014年最小，为0.0021吨/万元，年均下降率为12.35%。服装业的COD排放强度整体较小，年均下降率为4.03%，服装业COD排放强度大致可分为两个阶段，2001～2005年呈上升趋势，2006～2014年呈下降趋势，其中，2005年的COD排放强度最大，为0.0057吨/万元。化纤业的COD排放强度降幅最为明显，从2001年的0.215吨/万元下降至2014年的0.0036吨/万元，年均下降率为12.87%。

表5－2　2001～2014年中国纺织产业及三个子行业COD排放强度

单位：吨/万元

年份	MT	MTWA	MCF	纺织产业
2001	0.0114	0.0025	0.0215	0.0132
2002	0.0121	0.0027	0.0127	0.0115
2003	0.0100	0.0028	0.0130	0.0101
2004	0.0103	0.0045	0.0096	0.0097
2005	0.0082	0.0058	0.0090	0.0082
2006	0.0070	0.0027	0.0084	0.0068
2007	0.0069	0.0028	0.0046	0.0059

续表

年份	MT	MTWA	MCF	纺织产业
2008	0. 0039	0. 0022	0. 0046	0. 0040
2009	0. 0036	0. 0021	0. 0058	0. 0039
2010	0. 0032	0. 0018	0. 0043	0. 0033
2011	0. 0025	0. 0019	0. 0041	0. 0028
2012	0. 0024	0. 0015	0. 0043	0. 0028
2013	0. 0021	0. 0015	0. 0044	0. 0026
2014	0. 0021	0. 0014	0. 0036	0. 0024

注：表中 MT 表示纺织业，MTWA 表示服装业，MCF 表示化纤业。
资料来源：作者计算所得。

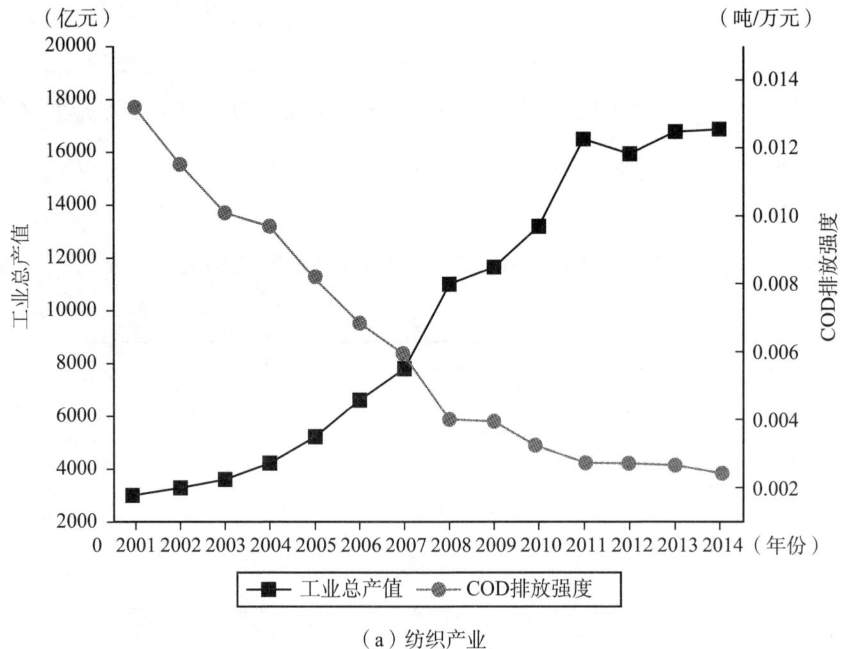

（a）纺织产业

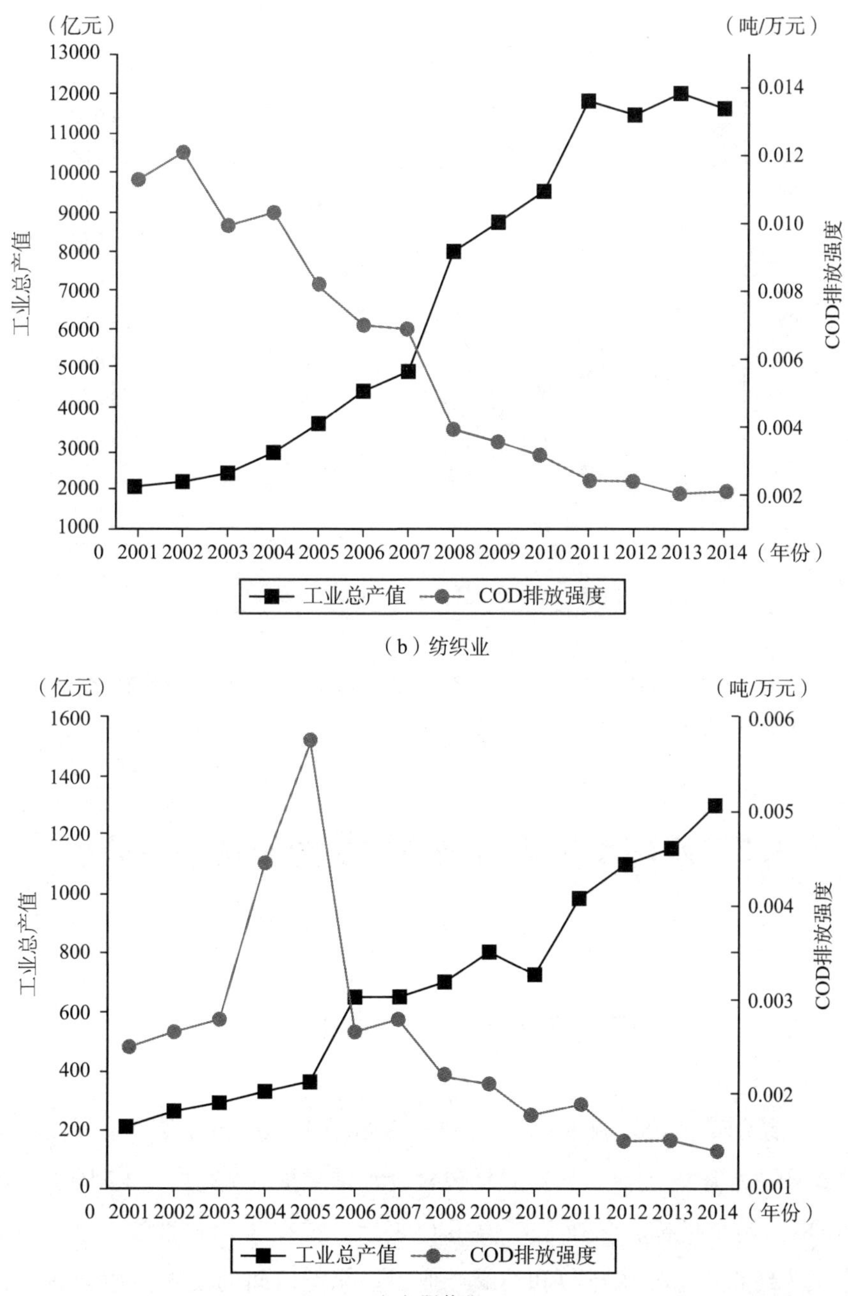
（亿元）
（吨/万元）
13000
12000
11000
10000
9000
8000
7000
6000
5000
4000
3000
2000
1000
0
0.014
0.012
0.010
0.008
0.006
0.004
0.002
工业总产值
COD排放强度
2001 2002 2003 2004 2005 2006 2007 2008 2009 2010 2011 2012 2013 2014（年份）
工业总产值
COD排放强度

（b）纺织业

（亿元）
（吨/万元）
1600
1400
1200
1000
800
600
400
200
0
0.006
0.005
0.004
0.003
0.002
0.001
工业总产值
COD排放强度
2001 2002 2003 2004 2005 2006 2007 2008 2009 2010 2011 2012 2013 2014（年份）
工业总产值
COD排放强度

（c）服装业

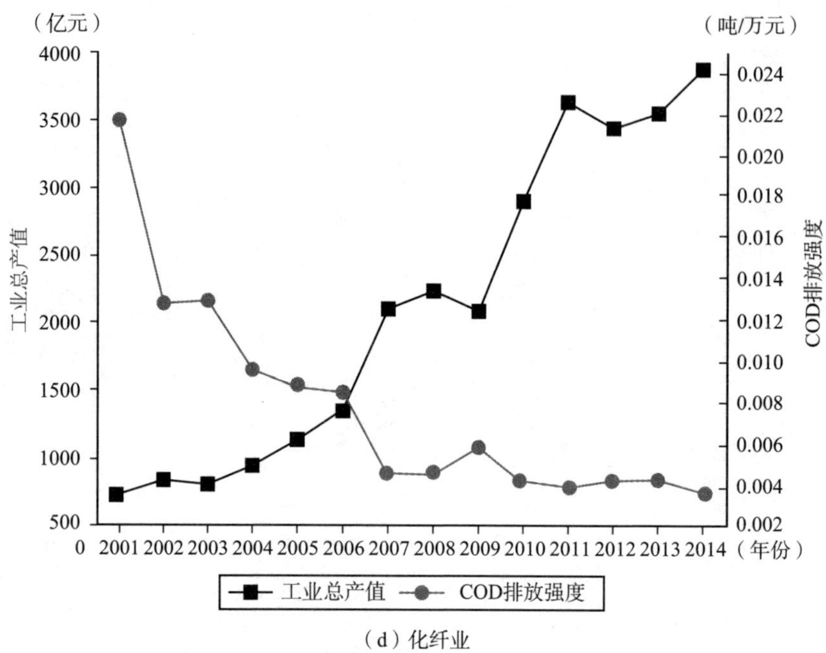

（d）化纤业

图5-3　2001~2014年中国纺织产业及三个子行业COD排放强度

资料来源：作者计算所得。

5.2　水环境污染与经济增长的脱钩关系分析

5.2.1　水环境污染脱钩的模型构建

以纺织产业废水排放和COD排放表示纺织业水环境受污染程度，即纺织产业水环境污染（W）脱钩包含废水排放量（WD）和COD排放量（COD）两个指标，工业总产值用G表示。根据脱钩弹性法，将D_{G-WD}定义为纺织产业废水排放和纺织产业工业总产值间的脱钩弹性指数，将D_{G-COD}定义为纺织产业COD排放和纺织产业工业总产值间的脱钩弹性指数，通过对弹性指数的计算，判断两者的脱钩状态。水环境污染脱钩模型的具体计算公式如下：

$$D_{G-WD}=\frac{\%\Delta WD}{\%\Delta G}=\frac{\%(WD^{t}-WD^{t-1})G^{t-1}}{\%(G^{t}-G^{t-1})WD^{t-1}} \tag{5-3}$$

$$D_{G-COD}=\frac{\%\Delta COD}{\%\Delta G}=\frac{\%(COD^{t}-COD^{t-1})G^{t-1}}{\%(G^{t}-G^{t-1})COD^{t-1}} \tag{5-4}$$

在式（5-3）和式（5-4）中，%ΔWD 为纺织产业废水排放量的增长率，%ΔCOD 为纺织产业 COD 排放量的增长率；%ΔG 为纺织产业的经济增长率；WD^{t}、WD^{t-1}分别代表 t 年、t-1 年纺织产业的废水排放量，COD^{t}、COD^{t-1}分别代表 t 年、t-1 年纺织产业的 COD 排放量，单位吨；G^{t} 和 G^{t-1}分别代表 t 年和 t-1 年纺织产业的工业总产值，单位万元。借鉴塔皮奥深化的脱钩指标，将纺织产业水环境污染（W）与经济增长间的脱钩状态划分成以下八种情况（见表 5-3）。

表 5-3　　纺织产业水环境污染脱钩程度的标准

脱钩程度	水环境污染与经济增长的关系
强脱钩	$\Delta W<0$，$\Delta G>0$，$D_{G-W}\in(-\infty, 0)$
弱脱钩	$\Delta W>0$，$\Delta G>0$，$D_{G-W}\in[0, 0.8]$
衰退脱钩	$\Delta W<0$，$\Delta G<0$，$D_{G-W}\in(1.2, +\infty)$
扩张连接	$\Delta W>0$，$\Delta G>0$，$D_{G-W}\in[0.8, 1.2]$
衰退连接	$\Delta W<0$，$\Delta G<0$，$D_{G-W}\in[0.8, 1.2]$
扩张负脱钩	$\Delta W>0$，$\Delta G>0$，$D_{G-W}\in(1.2, +\infty)$
弱负脱钩	$\Delta W<0$，$\Delta G<0$，$D_{G-W}\in[0, 0.8]$
强负脱钩	$\Delta W>0$，$\Delta G<0$，$D_{G-W}\in(-\infty, 0)$

注：ΔW，水环境污染指标增长率；ΔG，经济增长率；D_{G-W}，水环境污染与经济增长的脱钩弹性。

5.2.2 纺织产业脱钩结果与分析

根据式（5-3）和式（5-4），得到 2002～2014 年中国纺织产业水环境污染与经济增长的脱钩弹性计算结果，如表 5 – 4 所示。表 5 – 4 表明 2002 ~ 2014 年纺织产业水环境污染与经济增长均存在脱钩关系，但不同年份的脱钩程度不同。在样本期内，纺织产业废水排放与经济增长之间的脱钩状态整体良好，弱脱钩占 13 年中的 9 年（2003 ~ 2011 年），强脱钩有 3 年（2002 年、2013 年、2014 年），衰退脱钩只有 1 年（2012 年）。从达到理想脱钩状态，即强脱钩状态的年数上看，纺织产业 COD 排放的脱钩状态优于废水排放的脱钩状态。在样本期内，纺织产业 COD 排放与经济增长实现弱脱钩（2004 ~ 2007 年、2009 年、2011 年）与强脱钩（2002 ~ 2003 年、2008 年、2010 年、2013 ~ 2014 年）状态的均有 6 年，衰退脱钩只有 1 年（2012 年）。

表 5 – 4　　2002 ~ 2014 年中国纺织产业水污染脱钩弹性

年份	D_{G-WD}	脱钩状态	D_{G-COD}	脱钩状态
2002	-0. 134	强脱钩	-0. 838	强脱钩
2003	0. 331	弱脱钩	-0. 759	强脱钩
2004	0. 476	弱脱钩	0. 727	弱脱钩
2005	0. 354	弱脱钩	0. 175	弱脱钩
2006	0. 510	弱脱钩	0. 209	弱脱钩
2007	0. 558	弱脱钩	0. 161	弱脱钩
2008	0. 043	弱脱钩	-0. 145	强脱钩
2009	0. 214	弱脱钩	0. 648	弱脱钩
2010	0. 059	弱脱钩	-0. 234	强脱钩
2011	0. 029	弱脱钩	0. 202	弱脱钩
2012	1. 337	衰退脱钩	1. 478	衰退脱钩
2013	-2. 465	强脱钩	-0. 538	强脱钩
2014	-0. 666	强脱钩	-9. 709	强脱钩

注：表中 D_{G-WD} 表示废水排放与经济增长的脱钩弹性；D_{G-COD} 表示 COD 排放与经济增长的脱钩弹性。

资料来源：作者计算所得。

具体来看，2002～2014 年中国纺织产业整体脱钩状态良好。原因在于中国陆续出台环境约束性政策以推动纺织产业经济增长方式的转变[98]。纺织企业投入了大量的资金、人力、物力进行环保设备投资和传统生产技术改造，先进技术装备的投资不断增加。通过装备制造技术的升级和引进国际先进技术装备，行业技术水平大大提高。

2012 年，纺织产业出现衰退脱钩的原因在于 2011 年 12 月由中国国务院发布的《关于印发国家环境保护“十二五”规划的通知》[218]对高污染产业的污染物排放提出了新要求，提出加快淘汰落后产能的调整策略。面对日趋严格的环境要求，众多纺织企业由于无法达到政府所要求的产能排放标准，被勒令停产、关停，对纺织产业的产能造成了一定的影响。因此，在 2012 年纺织产业的废水排放与 COD 排放均出现了衰退脱钩状态。

2013～2014 年，纺织产业经济增长与废水排放和 COD 排放的脱钩均呈现强脱钩状态，说明中国提出的环保政策得到了很好落实。2013 年，中国国务院发布了《实行最严格水资源管理制度考核办法》[219]，加强水功能区限制纳污红线管理，严格控制入河湖排污总量。因此在 2013 年，纺织产业废水排放量与 COD 排放量分别为 2550.43 百万吨和 42.9 万吨，较 2012 年分别减少 124.79 百万吨和 1.146 万吨，减排效应显著。在废水排放量和 COD 排放量大量减少的同时，纺织产业经济发展呈增长态势，单位产值的废水排放量小，因此其脱钩效应最为明显。2014 年，在经济增长的同时，纺织产业废水排放和 COD 排放继续减少，较 2013 年分别减少了 0.50% 和 7.29%。COD 排放的减排效应更为显著。

总体上看，COD 排放与经济增长之间的脱钩状态好于废水排放与经济增长之间的脱钩状态。为控制纺织产业水污染物排放，减小水环境污染，国家对污染物的控制力度不断加强，并取得显著成效。相比之下，废水排放的脱钩并没有达到理想状态。因此，深入研究纺织产业的废水排放，分析影响废水排放的主要因素对废水减排具有重要意义。

5.2.3 子行业的脱钩结果与分析

2002~2014年中国纺织产业三个子行业废水排放的脱钩弹性计算结果分别如表5-5、表5-6和表5-7所示。相比较而言，化纤业的脱钩情况最好，其次是纺织业，再次为服装业。服装业的脱钩情况不好的主要原因，在于该行业本身水资源消耗量较小，并且经济增长较快。

表5-5　2002~2014年中国纺织业废水排放脱钩弹性

年份	%ΔWD	%ΔG	D_{G-WD}	脱钩状态
2002	0.025	0.017	1.448	扩张负脱钩
2003	0.0768	0.121	0.565	弱脱钩
2004	0.089	0.207	0.432	弱脱钩
2005	0.119	0.242	0.494	弱脱钩
2006	0.149	0.240	0.621	弱脱钩
2007	0.138	0.108	1.278	扩张负脱钩
2008	0.023	0.596	0.039	弱脱钩
2009	0.038	0.094	0.402	弱脱钩
2010	0.027	0.082	0.323	弱脱钩
2011	-0.019	0.243	-0.078	强脱钩
2012	-0.015	-0.033	0.442	弱负脱钩
2013	-0.145	0.051	-2.840	强脱钩
2014	-0.033	-0.028	1.173	衰退脱钩

注：表中%ΔWD表示废水排放增长率，%ΔG表示经济增长率，D_{G-WD}表示废水排放与经济增长的脱钩弹性。

资料来源：作者计算所得。

表 5-6　　2002~2014 年中国服装业废水排放脱钩弹性

年份	%ΔWD	%ΔG	D_{G-WD}	脱钩状态
2002	0.179	0.204	0.881	扩张连接
2003	0.199	0.152	1.308	扩张负脱钩
2004	1.164	0.108	10.825	扩张负脱钩
2005	-0.194	0.127	-1.522	强脱钩
2006	0.490	0.771	0.636	弱脱钩
2007	0.059	-0.004	-15.787	强负脱钩
2008	0.052	0.075	0.689	弱脱钩
2009	-0.034	0.148	-0.229	强脱钩
2010	-0.183	-0.104	1.748	衰退脱钩
2011	0.651	0.378	1.721	扩张负脱钩
2012	-0.141	0.104	-1.360	强脱钩
2013	0.003	0.064	0.055	弱脱钩
2014	0.038	0.117	0.323	弱脱钩

注：表中%ΔWD 表示废水排放增长率，%ΔG 表示经济增长率，D_{G-WD}表示废水排放与经济增长的脱钩弹性。

资料来源：作者计算所得。

表 5-7　　2002~2014 年中国化纤业废水排放脱钩弹性

年份	%ΔWD	%ΔG	D_{G-WD}	脱钩状态
2002	-0.096	0.192	-0.500	强脱钩
2003	-0.095	-0.058	1.626	衰退脱钩
2004	-0.028	0.156	-0.182	强脱钩
2005	0.022	0.224	0.099	弱脱钩
2006	0.021	0.188	0.113	弱脱钩
2007	-0.012	0.549	-0.022	强脱钩
2008	-0.018	0.063	-0.283	强脱钩
2009	-0.088	-0.072	1.225	衰退脱钩
2010	-0.034	0.387	-0.087	强脱钩

续表

年份	%ΔWD	%ΔG	D_{G-WD}	脱钩状态
2011	-0.022	0.258	-0.086	强脱钩
2012	-0.148	-0.060	2.478	衰退脱钩
2013	-0.008	0.035	-0.235	强脱钩
2014	0.138	0.093	1.487	扩张负脱钩

注：表中%ΔWD表示废水排放增长率，%ΔG表示经济增长率，D_{G-WD}表示废水排放与经济增长的脱钩弹性。

资料来源：作者计算所得。

从表5-5可知，纺织业经济增长与废水排放之间未形成稳定的脱钩状态，甚至在2012年出现了弱负脱钩。纺织业在2002年和2007年为扩张负脱钩，2011年和2013年为强脱钩，2014年为衰退脱钩，其余8年为弱脱钩（2003～2006年，2008～2010年）。2002～2011年中国纺织业快速发展，企业和企业家环境保护意识提升，国家趋紧的环保政策，国际上对出口纺织品及其原材料的零排放政策，人民群众对纺织品的环保健康需求增加，是其脱钩情况向好的主要原因。2012年弱负脱钩的主要原因在于政府出台《纺织染整工业水污染物排放标准》（GB 4287-2012），要求纺织印染企业废水直接排放的COD浓度降到100毫克/升以下，间接排放降到200毫克/升以下（之前为500毫克/升）。这一时期，企业和工业园区都需投入大量资金建设污水处理厂或者提高现有废水处理设施的处理能力，重复性建设造成了大量人力、物力、土地和资金浪费。由于中国纺织印染企业的中小企业较多，这些企业自身规模较小，技术、资金缺乏，预处理设施难以达到排放要求，导致部分企业破产，生产总量下降[220]。2014年，更加严格的环保措施，导致了纺织业生产总量的进一步下降，诸如占中国纺织印染产能近6成的中国浙江省开展“五水共治”行动，这是造成衰退脱钩的主要原因。

从表5-6可知，除2003～2004年、2007年和2011年，其余年份服装业废水排放增长率均小于其生产总值增长率。服装业在2003年、

2004年和2011年呈现扩张负脱钩状态，2005年、2009年、2012年是强脱钩状态，2002年呈现扩张连接状态，2007年强负脱钩状态，2010年为衰退性脱钩，其余4年为弱脱钩状态（2006年、2008年、2013年、2014年）。与其他两个子行业相比，服装业的脱钩情况不好的主要原因在于服装业生产工艺本身决定了其水资源消耗量不高、废水排放量不大。服装生产过程中废水排放较大部分来自于劳动力的生活用水和基础设备工艺用水。2001～2005年，中国加入WTO之后，服装行业出口规模大幅度增加，劳动密集型的行业特点需要大量的劳动力开展生产活动，这是废水排放量增加的主要原因。2006～2014年，中国服装工业和对外出口贸易快速增长，导致废水排放量增加；但是在此期间中国服装工业废水排放量变化不大是因为中国服装工业经历了由加工生产（OEM）向设计生产（ODM）和品牌生产（OBM）转变，技术水平的提高抑制了废水排放量。

从表5－7可知，化纤业在2003年、2009年以及2012年为衰退脱钩状态，在2005年和2006年是弱脱钩，在2014年为扩张负脱钩，其余7年均为强脱钩（2002年、2004年、2007年、2008年、2010年、2011年、2013年）。与其他两个子行业相比，化纤业达到强脱钩状态的年份更多。但是这一理想脱钩状态并不是连续出现，而是交替出现，说明其状态并不稳定。“十一五”期间（2006～2010年），化纤业共淘汰落后产能300多万吨，与2005年相比，每生产一吨化学纤维的取水量下降25.7%，废水排放量下降25%，2010年化纤产量3090万吨，占全球的比重超过60%[217]。2009年，《纺织工业调整和振兴规划》[221]出台，规划对中国纺织产业2009～2011年的产业结构以及废水排放提出了新要求，提出加快淘汰化纤业落后产能的目标，高要求倒逼化纤业进行产能结构优化和技术革新。“十二五”期间（2011～2015年），化纤业脱钩状态波动明显，主要原因是资源和环境约束带来更大挑战，化纤业行业内部结构性矛盾问题依然突出，产品、规模、应用领域等结构性矛盾依然存在[222]。

5.3 水环境污染的驱动力分析——基于 LMDI 因素分解法

5.3.1 废水排放的 LMDI 分解模型

5.3.1.1 纺织产业的 LMDI 分解模型

Divisia 指数法最早由迪维西亚（Divisia）提出，是常用的指数分解法之一。霍特（Hulten）详细阐释和说明了该方法，并将指数分解法应用于能源问题研究[223]。随着研究的深入，博伊德（Boyd）等提出算术平均 Divisia 指数法（AMDI）的乘法和加法形式[224]。昂（Ang）等给出了一个修正的 Divisia 分解方法，即对数均值 Divisia 指数分解方法（LMDI），该方法消除了分解中的残差项，从而避免了参数估计的随意性[225]，使结果更加可信。随后，昂和刘（Liu）解决了由于对数运算使其无法计算零值和负值问题[210,226]，使得 Divisia 分解法可以用于任何情形的分析。在 LMDI 分解法中，被解释变量 V 被认为是 m 个 V 的部门之和，即 $V=\sum_i^m V_i$，并假设在 n 维空间中，V_i 可以分解成 x 个因子的乘积，即

$$V_i = X_{1i} \times X_{2i} \times \cdots \times X_{ni} \tag{5-5}$$

在时间周期［0，t］中，V^0 和 V^t 可以用式（5-6）、式（5-7）表示：

$$V^0 = \sum_{i=1}^{m} X_{1i}^0 \times X_{2i}^0 \times \cdots \times X_{ni}^0 \tag{5-6}$$

$$V^t = \sum_{i=1}^{m} X_{1i}^t \times X_{2i}^t \times \cdots \times X_{ni}^t \tag{5-7}$$

根据 LMDI 的乘法分解模式，从 V^0 到 V^t 的转变可以表示为一种乘积关系，如果用 ΔV_{tc} 表示 V^0 至 V^t 的变化总量，则 ΔV_{tc} 被认为是 n 个因

子相乘的结果：

$$\Delta V_{tc} = \frac{V^t}{V^0} = \Delta V_{x1} \times \Delta V_{x2} \times \cdots \times \Delta V_{xn} \qquad (5-8)$$

根据 LMDI 的加法分解模式，这种转变则可以表示为 n 个因子之和：

$$\Delta V_{tc} = V^t - V^0 = \Delta V_{x1} + \Delta V_{x2} + \Delta V_{x3} + \cdots + \Delta V_{xn} \qquad (5-9)$$

LMDI 分解法的加法模式中的分解结果中分解余量为零，而且即使数据中出现零值，也不会对分解结果造成影响。本章运用 LMDI 的加法分解构建因素分解模型。根据以上原理，将废水排放从产业规模、产业结构和废水排放强度角度进行分解。

$$WD = \sum_{i=1}\left(G \times \frac{G_i}{G} \times \frac{WD_i}{G_i}\right) = \sum_{i=1}(G_i \times S_i \times T_i) \qquad (5-10)$$

式（5－10）中各变量的定义见表 5－8。

表 5－8　　废水排放分解公式中变量的含义

因素	定义	因素描述	相关变量定义
G_i	G	纺织产业产业规模	G，该年纺织行业工业生产总值
S_i	$\frac{G_i}{G}$	纺织产业产业结构	G_i，该年纺织行业子行业 i 工业生产总值
T_i	$\frac{WD_i}{G_i}$	纺织产业废水排放强度	WD_i，子行业 i 的废水排放量

根据式（5－9），以时间 t 为对比自变量，选择 2001 年为基准年，对各因素进行对数平均加权。ΔWD_G、ΔWD_S 和 ΔWD_T 分别表示产业规模，行业结构和技术水平所带来的废水排放变化量。废水排放变化总量可以表示为三个因素的贡献值之和，如式（5－11）所示：

$$\begin{aligned}\Delta WD &= WD^t - WD^{t-1} \\ &= \sum_{i=1} G_i^t \times S_i^t \times T^t - \sum_{i=1} G_i^{t-1} \times S_i^{t-1} \times T^{t-1} \\ &= \sum_{i=1} \Delta WD \times \frac{\ln WD^t - \ln WD^{t-1}}{\ln WD^t - \ln WD^{t-1}}\end{aligned}$$

$$= \sum_{i=1} \Delta WD \times \frac{\ln(G_i^t \times S_i^t \times T_i^t) - \ln(G_i^{t-1} \times S_i^{t-1} \times T_i^{t-1})}{\ln WD^t - \ln WD^{t-1}}$$

$$= \sum_{i=1} \Delta WD \times \frac{\ln\left(\frac{G_i^t}{G_i^{t-1}} \times \frac{S_i^t}{S_i^{t-1}} \times \frac{T_i^t}{T_i^{t-1}}\right)}{\ln WD^t - \ln WD^{t-1}}$$

$$= \sum_{i=1} (WD^t - WD^{t-1}) \times \frac{\ln \frac{G_i^t}{G_i^{t-1}} + \ln \frac{S_i^t}{S_i^{t-1}} + \ln \frac{T_i^t}{T_i^{t-1}}}{\ln WD^t - \ln WD^{t-1}}$$

$$= \sum_{i=1} \frac{WD^t - WD^{t-1}}{\ln WD^t - \ln WD^{t-1}} \times \ln \frac{G_i^t}{G_i^{t-1}} + \sum_{i=1} \frac{WD^t - WD^{t-1}}{\ln WD^t - \ln WD^{t-1}} \times \ln \frac{S_i^t}{S_i^{t-1}}$$

$$+ \sum_{i=1} \frac{WD^t - WD^{t-1}}{\ln WD^t - \ln WD^{t-1}} \times \ln \frac{T_i^t}{T_i^{t-1}}$$

$$= \sum_{i=1} (WD^t - WD^{t-1}) \times \frac{\ln \frac{G_i^t}{G_i^{t-1}}}{\ln WD^t - \ln WD^{t-1}} + \sum_{i=1} (WD^t - WD^{t-1})$$

$$\times \frac{\ln \frac{S_i^t}{S_i^{t-1}}}{\ln WD^t - \ln WD^{t-1}} + \sum_{i=1} (WD^t - WD^{t-1}) \times \frac{\ln \frac{T_i^t}{T_i^{t-1}}}{\ln WD^t - \ln WD^{t-1}}$$

$$= \Delta WD_G + \Delta WD_S + \Delta WD_T \tag{5-11}$$

其中，产业规模因素（G）、行业结构因素（S）和技术水平因素（T）的贡献量如式（5-12）、式（5-13）和式（5-14）所示：

$$\Delta WD_G = \sum_{i=1} \Delta G_i = \sum_{i=1} \frac{WD^t - WD^{t-1}}{\ln WD^t - \ln WD^{t-1}} \times \ln \frac{G_i^t}{G_i^{t-1}} \tag{5-12}$$

$$\Delta WD_S = \sum_{i=1} \Delta S_i = \sum_{i=1} \frac{WD^t - WD^{t-1}}{\ln WD^t - \ln WD^{t-1}} \times \ln \frac{S_i^t}{S_i^{t-1}} \tag{5-13}$$

$$\Delta WD_T = \sum_{i=1} \Delta T_i = \sum_{i=1} \frac{WD^t - WD^{t-1}}{\ln WD^t - \ln WD^{t-1}} \times \ln \frac{T_i^t}{T_i^{t-1}} \tag{5-14}$$

纺织产业子行业 i 的废水排放的贡献值如式（5-15）、式（5-16）和式（5-17）所示：

$$\Delta WD_{G_t} = \Delta G_i = \frac{WD^t - WD^{t-1}}{\ln WD^t - \ln WD^{t-1}} \times \ln \frac{C_i^t}{G_i^{t-1}} \tag{5-15}$$

$$\Delta WD_{S_t} = \Delta S_i = \frac{WD^t - WD^{t-1}}{\ln WD^t - \ln WD^{t-1}} \times \ln \frac{S_i^t}{S_i^{t-1}} \tag{5-16}$$

$$\Delta WD_{T_t} = \Delta T_i = \frac{WD^t - WD^{t-1}}{\ln WD^t - \ln WD^{t-1}} \times \ln \frac{T_i^t}{T_i^{t-1}} \tag{5-17}$$

式（5－15）、式（5－16）和式（5－17）中，ΔG_i 表示从 t－1 年到 t 年纺织产业经济产出变化值，ΔS_i 表示从 t－1 年到 t 年子行业 i 的经济产出占纺织产业总产出的比重变化值，ΔT_i 指的是从 t－1 年到 t 年子行业 i 的废水排放强度变化值。

5.3.1.2 基于 LMDI 分解模型的反弹效应计算方法

本节中，纺织产业水环境问题反弹效应的含义是指因污染治理技术水平的提高、清洁生产设备的引进等减少了废水的排放，使水环境的污染问题得到一定的改善，在其技术设备升级的同时也促进了纺织产业的经济增长，造成更大的水资源消耗与化学药剂投入，导致更多的废水排放以及环境污染问题，使得废水排放效率所获得的环境效益被产业规模扩大带来的经济效益所抵消，导致纺织产业对水环境的冲击持续增长。

参照水资源消耗的减量效应与反弹效应的核算方式，建立水环境污染的减量效应与反弹效应的计算公式：

$$\Delta WD_d = \Delta WD_G - (\Delta WD_G + \Delta WD_S + \Delta WD_T) = -\Delta WD_S - \Delta WD_T \tag{5-18}$$

$$\Delta WD_r = \Delta WD_G - \Delta WD_d = \Delta WD_G + \Delta WD_S + \Delta WD_T \tag{5-19}$$

式（5－18）和式（5－19）中，ΔWD_d 为水环境污染的减量效应，ΔWD_G 为影响水环境污染脱钩的产业规模效应，ΔWD_S 为影响水环境污染脱钩的行业结构效应，ΔWD_T 为影响水环境污染脱钩的技术水平效应，ΔWD_r 为水环境污染的反弹效应。

5.3.2 纺织产业水污染减量驱动因子与反弹效应分析

基于 LMDI 分解模型，对影响 2002～2014 年中国纺织产业废水排放总量的三个驱动因素，即产业规模、行业结构和技术水平的贡献值，及反弹效应和减量效应进行测算，结果如表5－9所示。括号中的值表示的是三个驱动因素的贡献率，即每个因素的贡献值相对于累积贡献值（三个因素贡献值之和）的百分比变化。

表5－9　2002～2014年中国纺织产业废水排放因素分解　单位：百万吨、%

年份	因素分解			ΔWD（ΔWD_r）	ΔWD_d
	ΔWD_G	ΔWD_S	ΔWD_T		
2002	132.12 （－718.42）	－2.27 （12.35）	－148.24 （806.07）	－18.39	150.51
2003	276.40 （926.28）	－21.50 （－72.05）	－225.06 （－754.24）	29.84	246.56
2004	631.94 （310.63）	－12.91 （－6.35）	－415.59 （－204.28）	203.44	428.50
2005	1089.30 （290.17）	－5.52 （－1.47）	－708.38 （－188.70）	375.40	713.90
2006	1686.92 （245.30）	－46.43 （－6.75）	－952.80 （－138.55）	687.69	999.23
2007	2179.82 （226.53）	－37.90 （－3.94）	－1179.65 （－122.59）	962.27	1217.55
2008	3006.51 （296.79）	6.98 （0.69）	－2000.49 （－197.48）	1013.00	1993.51
2009	3167.93 （300.83）	－1.06 （－0.10）	－2113.81 （－200.73）	1053.06	2114.87
2010	3458.24 （321.74）	25.07 （2.33）	－2408.44 （－224.07）	1074.87	2383.37
2011	4000.21 （364.60）	14.10 （1.29）	－2917.16 （－265.89）	1097.15	2903.06

续表

年份	因素分解			ΔWD（ΔWD_r）	ΔWD_d
	ΔWD_G	ΔWD_S	ΔWD_T		
2012	3828. 18 （393. 70）	9. 92 （1. 02）	-2865. 74 （-294. 72）	972. 36	2855. 82
2013	3690. 57 （589. 08）	5. 06 （0. 81）	-3069. 13 （-489. 89）	626. 50	3064. 07
2014	3708. 78 （604. 28）	-7. 73 （-1. 26）	-3087. 30 （-503. 02）	613. 75	3095. 03
2002～2014	30856. 92	-74. 19	-22091. 79	8690. 94	22165. 98

注：表中 ΔWD_G 表示产业规模因素的贡献值，ΔWD_S 表示行业结构因素的贡献值，ΔWD_T 表示废水排放技术水平因素的贡献值，ΔWD 表示累计贡献值，ΔWD_r 表示反弹效应，ΔWD_d 表示减量效应。

资料来源：作者计算所得。

由表5-9和图5-4可知，产业规模因素是引起纺织产业废水排放的最主要因素。除2012年外，产业规模带来的废水排放变化量均为正效应，即拉动纺织产业废水排放。2002～2014年，产业规模因素的总贡献值达30856. 92百万吨，平均贡献值为2373. 61百万吨，远大于行业结构因素和技术水平因素的平均贡献值。除2002年产业规模因素的贡献率为负值，其余年份均为正值，且贡献率数值较大。虽然近年来一些中低端纺织产品的生产已经开始从中国大陆向南亚和东南亚国家转移，但与此同时，随着中国生产技术的不断成熟，许多高端纺织产品的生产不断从一些发达的纺织大国转移到中国。优良的产业转移会给中国纺织产业经济增长与废水排放的脱钩关系带来正面影响，但是这一过程需要一定的时间。

产业结构因素与其他几个因素相比，波动较大，规律性也不明显。从结构因素贡献率的正负性看，在样本期内为正值的年份有6年（2002年、

2008 年、2010 ~ 2013 年)，为负值的年份有 7 年（2003 ~ 2007 年、2009 年、2014 年)，促进或抑制作用不显著；从整体发展趋势上看，结构因素在 2007 年之前表现为促进作用，2007 年之后表现为抑制作用；从数值上看，产业结构因素对纺织产业废水排放变化的影响并不大，平均贡献值只有 -5.71 百万吨，远小于其他两个因素，说明中国纺织产业的产业结构调整对减少废水排放的作用尚不明显，产业结构尚未实现有效优化。

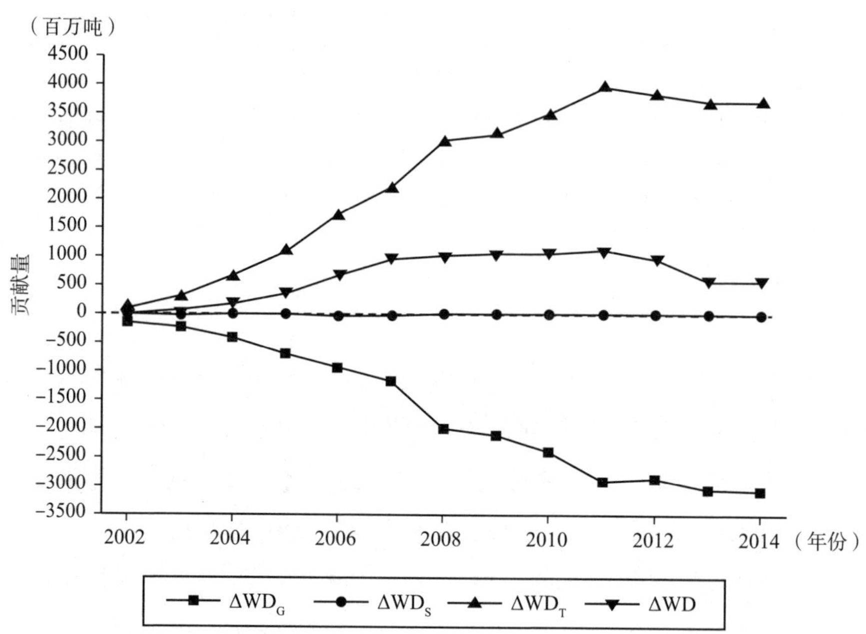

图 5-4　2002 ~ 2014 年中国纺织产业废水排放影响因素的贡献值

注：图中 ΔWD_G 表示产业规模因素的贡献值，ΔWD_S 表示行业结构因素的贡献值，ΔWD_T 表示废水排放技术水平因素的贡献值，ΔWD 表示累计贡献值。

资料来源：作者计算所得。

废水排放技术水平因素是抑制废水排放量增加的最主要因素，在 12 年间，技术水平因素的贡献值均为负值，平均贡献值为 -1699.37 百万吨，这是多种废水减排措施的综合反映，如污染治理技术、清洁生产、生产设备等。除 2002 年废水排放技术水平因素的贡献率为正值，其他年份该因素的贡献率均呈现负值，说明技术水平因素在影响废水排放的变化中主要扮演了负相关的角色，加快升级减排技术、推广清洁生产可减少纺织产业废水排放。

由图 5 – 5 可知，2002 ~ 2014 年，产业规模因素的总效应为正值，共增加废水排放 30856. 92 百万吨，行业结构因素和技术水平因素的总效应为负值，共减少废水排放 22165. 98 百万吨。产业规模带来的废水增量效应强于行业结构和技术水平因素的减量效应，致使中国纺织产业水资源消耗存在反弹效应，在样本年间共拉动废水排放 8690. 94 百万吨。其中，减量效应持续增长，由 2002 年的 150. 51 百万吨增加到 2014 年的 3095. 03 百万吨，年均增长率为 28. 65%。反弹效应呈先增长（2002 ~ 2011 年）后下降（2012 ~ 2014 年）趋势，2002 年最低，为 – 18. 39 百万吨，2011 年最高，为 1097. 15 百万吨。

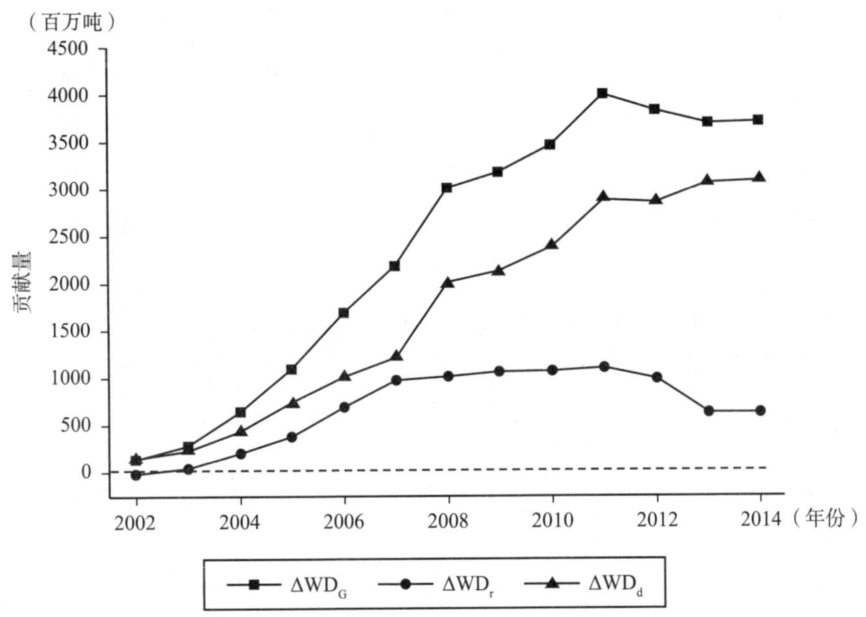

图 5 – 5　2002 ~ 2014 年中国纺织产业废水排放的反弹效应和减量效应

注：图中 ΔWD_G 表示产业规模因素的贡献值，ΔWD_r 表示反弹效应，ΔWD_d 表示减量效应。
资料来源：作者计算所得。

5.3.3 子行业水污染减量驱动因子与反弹效应分析

2002~2014年中国纺织产业三个子行业废水排放总量的影响因素的分解结果如表5-10、表5-11、表5-12所示，单位万吨。表中括号内的值为各个影响因素的贡献率，即每个影响因素的贡献值相比于累计贡献值的百分比，单位%。

5.3.3.1 纺织业废水排放的驱动因子分解结果与反弹效应分析

从表5-10和图5-6可以看出，纺织业三个因素的贡献值变化趋势与纺织产业相一致，说明纺织业对纺织产业的废水排放影响很大。纺织业的规模因素贡献值均为正值，并且数值较大，总贡献值达22947.48百万吨，平均贡献率达到239.46%，是促进废水排放的主要因素。技术水平因素是另一个较为显著的影响因素，除2002年外，其余贡献值均为负值，且平均贡献值为-1064.17百万吨，并有随着年份增长不断增强的趋势，在2014年达到了-2043.34百万吨，是控制废水排放的主要抑制因素。结构因素的作用并不明显。总的来说，纺织业产业规模因素的正效应十分显著，虽然技术水平因素在一定程度上抵消了产业规模因素的拉动作用，但未实现完全压制，因此废水排放没有实现有效控制。

表5-10　2002~2014年中国纺织业废水排放因素分解　单位：百万吨、%

年份	因素分解			ΔWD（ΔWD_r）	ΔWD_d
	ΔWD_G	ΔWD_S	ΔWD_T		
2002	90.13（278.71）	-67.72（-209.39）	9.92（30.68）	32.34	57.79
2003	192.81（156.88）	-15.21（-12.37）	-54.70（-44.51）	122.90	69.91
2004	442.90（177.86）	7.64（3.07）	-201.53（-80.93）	249.01	193.89

续表

年份	因素分解			ΔWD (ΔWD$_r$)	ΔWD$_d$
	ΔWD$_G$	ΔWD$_S$	ΔWD$_T$		
2005	777.56 (179.75)	23.68 (5.47)	-368.66 (-85.22)	432.58	344.98
2006	1217.28 (176.52)	-8.05 (-1.17)	-519.64 (-75.35)	689.60	527.68
2007	1603.30 (166.67)	-130.19 (-13.53)	-511.16 (-53.14)	961.95	641.35
2008	2220.66 (219.03)	87.64 (8.64)	-1294.42 (-127.67)	1013.88	1206.78
2009	2376.94 (215.81)	140.20 (12.73)	-1415.73 (-128.54)	1101.42	1275.52
2010	2623.17 (225.17)	73.77 (6.33)	-1531.97 (-131.50)	1164.96	1458.21
2011	3000.79 (268.34)	57.55 (5.15)	-1940.06 (-173.49)	1118.28	1882.51
2012	2920.59 (269.73)	52.57 (4.86)	-1890.38 (-174.59)	1082.78	1837.81
2012	2920.59 (269.73)	52.57 (4.86)	-1890.38 (-174.59)	1082.78	1837.81
2013	2759.49 (373.30)	52.23 (7.07)	-2072.51 (-280.36)	739.22	2020.27
2014	2721.86 (405.21)	-6.80 (-1.01)	-2043.34 (-304.20)	671.71	2050.15
2002~2014	22947.48	267.31	-13834.18	9380.63	13566.85

注：表中 ΔWD$_G$ 表示产业规模因素的贡献值，ΔWD$_S$ 表示行业结构因素的贡献值，ΔWD$_T$ 表示废水排放技术水平因素的贡献值，ΔWD 表示累计贡献值，ΔWD$_r$ 表示反弹效应，ΔWD$_d$ 表示减量效应。

资料来源：作者计算所得。

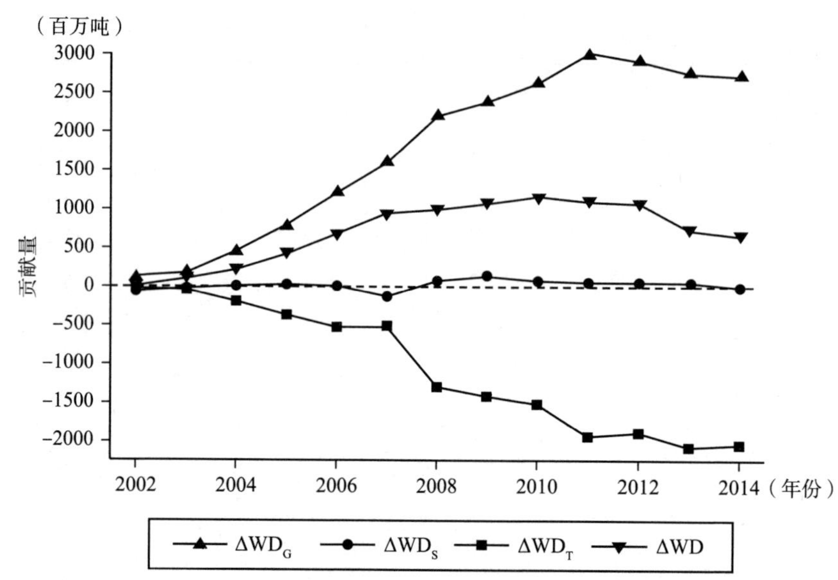

图 5 – 6　2002 ~ 2014 年中国纺织业废水排放影响因素的贡献值

注：图中 ΔWD_G 表示产业规模因素的贡献值，ΔWD_S 表示行业结构因素的贡献值，ΔWD_T 表示废水排放技术水平因素的贡献值，ΔWD 表示累计贡献值。

资料来源：作者计算所得。

由图 5 –7 可知，样本期内，产业规模整体表现为增量效应，共增加废水排放 22947. 49 百万吨，行业结构和技术水平因素的总效应为减量效应，共减少废水排放 13566. 86 百万吨，增量效应大于减量效应，使得纺织业出现反弹效应，实际拉动纺织业排放 9380. 63 百万吨废水。具体而言，纺织业不断提高的自主创新能力和技术水平使废水排放强度降低，驱动了一定的减量效应，但不断扩大的产业规模使纺织业规模因素的正效应十分显著。虽然技术水平因素在一定程度上抵消了规模因素的拉动作用，但规模效应仍大于减量效应，废水排放的反弹效应依旧明显，废水排放存量持续增加。

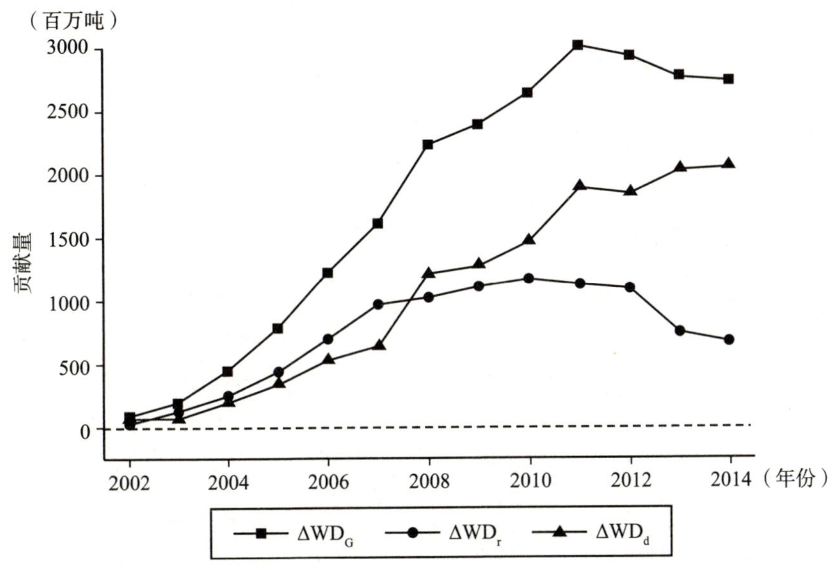

图 5-7 2002~2014 年中国纺织业废水排放的反弹效应和减量效应

注：图中 ΔWD_G 表示产业规模因素的贡献值，ΔWD_r 表示反弹效应，ΔWD_d 表示减量效应。
资料来源：作者计算所得。

5.3.3.2 服装业废水排放的驱动因子分解结果与反弹效应分析

从表 5-11 和图 5-8 可知，产业规模因素仍是拉动废水排放的主导因素，均表现为正效应，样本期内的总贡献值为 1113.79 百万吨，平均贡献值为 85.68 百万吨，且产业规模因素的贡献率在样本期内呈现逐年增强的趋势，说明服装业的规模正在不断扩大。技术水平因素与结构因素均存在正反向波动，在调查的 13 年中，有 6 年（2002 年、2008~2009 年、2011 年、2013~2014 年）的技术水平因素与结构因素起到相反作用，变化曲线较为靠近。技术水平因素在 2003~2009 年以及 2011 年的贡献值为正值，其余年份为负值，且近三年（2012~2014 年）均是负值，说明技术水平因素的抑制作用正在不断加强。结构因素多为正值，平均贡献值为 2.95 百万吨，拉动了行业废水排放。与其他两个子行业相比，服装业废水排放变化数值较小，技术水平因素和产业规模因素的作用较弱，原因在于服装业生产环节对水资源的需求较小，废水排放也较少。

表5-11　2002~2014年中国服装业废水排放因素分解　单位：百万吨、%

年份	因素分解			ΔWD (ΔWD$_r$)	ΔWD$_d$
	ΔWD$_G$	ΔWD$_S$	ΔWD$_T$		
2002	2.79 (41.84)	4.71 (70.48)	-0.82 (-12.31)	6.68	-3.89
2003	6.36 (41.21)	8.20 (53.15)	0.87 (5.63)	15.42	-9.06
2004	21.54 (28.07)	7.89 (10.29)	47.28 (61.63)	76.71	-55.17
2005	31.45 (57.59)	1.76 (3.23)	21.40 (39.19)	54.61	-23.16
2006	57.87 (58.09)	27.87 (27.98)	13.87 (13.92)	99.61	-41.74
2007	73.61 (68.34)	14.88 (13.82)	19.21 (17.84)	107.70	-34.09
2008	103.84 (90.14)	-6.66 (-5.78)	18.02 (15.64)	115.20	-11.36
2009	106.62 (96.90)	-0.42 (-0.38)	3.84 (3.49)	110.04	-3.42
2010	102.69 (123.50)	-16.47 (-19.81)	-3.07 (-3.69)	83.15	19.54
2011	161.60 (100.04)	-13.30 (-8.23)	13.24 (8.20)	161.54	0.06
2012	144.11 (107.99)	-0.67 (-0.50)	-9.99 (-7.49)	133.45	10.66
2013	148.58 (110.84)	0.63 (0.47)	-15.16 (-11.31)	134.05	14.53

续表

年份	因素分解			ΔWD (ΔWD_r)	ΔWD_d
	ΔWD_G	ΔWD_S	ΔWD_T		
2014	152.73 (108.68)	9.94 (7.07)	-22.14 (-15.76)	140.53	12.20
2002～2014	1113.79	38.36	86.55	1238.69	-124.9

注：表中 ΔWD_G 表示产业规模因素的贡献值，ΔWD_S 表示行业结构因素的贡献值，ΔWD_T 表示废水排放技术水平因素的贡献值，ΔWD 表示累计贡献值，ΔWD_r 表示反弹效应，ΔWD_d 表示减量效应。

资料来源：作者计算所得。

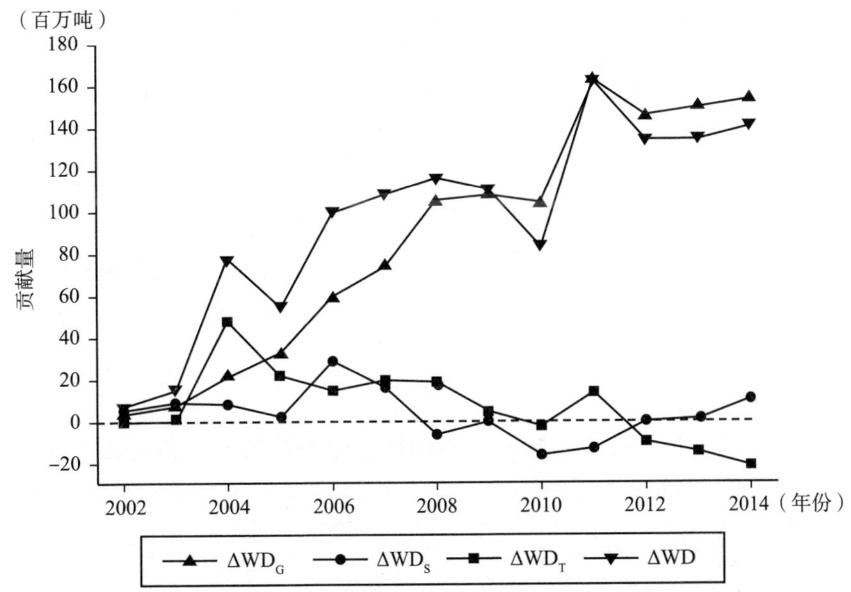

图 5-8　2002～2014 年中国服装业废水排放影响因素的贡献值

注：图中 ΔWD_G 表示产业规模因素的贡献值，ΔWD_S 表示行业结构因素的贡献值，ΔWD_T 表示废水排放技术水平因素的贡献值，ΔWD 表示累计贡献值。

资料来源：作者计算所得。

由图 5-9 可知，服装业的减量效应不明显，2004 年最小，为 -55.17百万吨，2010 年最大，为 19.54 百万吨。反弹效应主要受到规模效应的牵制，在 2002 ~ 2014 年波动上升，从 2002 年的 6.68 百万吨增加到 2014 年的 140.53 百万吨。

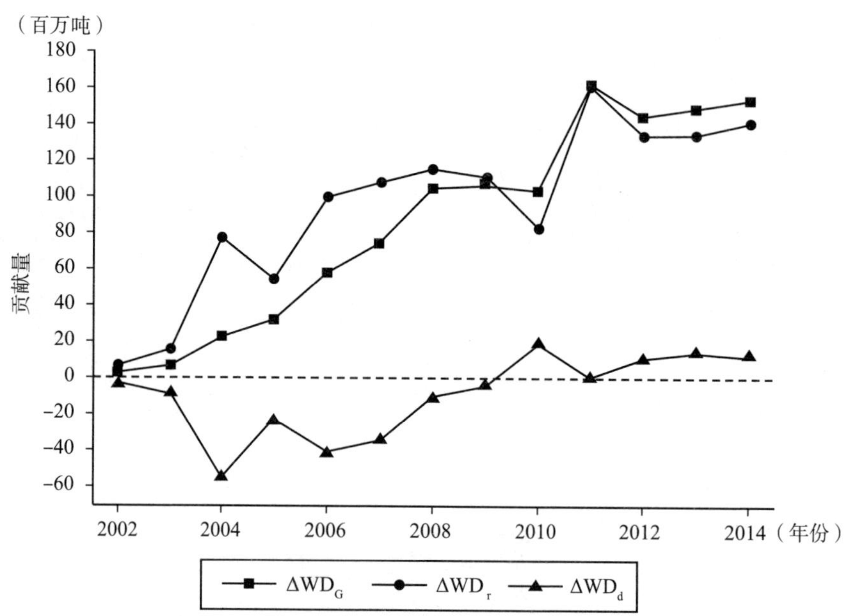

图 5－9　2002 ~ 2014 年中国服装业废水排放的反弹效应和减量效应

注：图中 ΔWD_G 表示产业规模因素的贡献值，ΔWD_r 表示反弹效应，ΔWD_d 表示减量效应。
资料来源：作者计算所得。

5.3.3.3　化纤业废水排放的驱动因子分解结果与反弹效应分析

从表 5－12 和图 5－10 可以看出，化纤业技术水平因素的贡献值均为负值，且在样本年间的总贡献值达 －8344.16 百万吨，平均贡献值为 －641.86 百万吨，是制约废水排放的最主要因素。产业规模因素是另一个主导因素，但与技术水平因素相比起到了反向作用，平均贡献值为 522.74 百万吨，拉动了废水排放。除 2002 年和 2007 年，结构因素的贡献值均为负值，平均贡献值为 －29.22 百万吨，总体抑制了行业废水排放。技术水平因素和结构因素的抑制作用超过了产业规模因素的拉动作用，因此 2002 ~ 2014 年化纤业的废水排放量逐年减少。原因在于化纤业在不断扩大产业规模的同时，不断淘汰落后产能，提升生产工艺以及更新生产设备，有效缓解废水排放过多的问题。

表 5－12　2002～2014 年中国化纤业废水排放因素分解　单位：百万吨、%

年份	因素分解			ΔWD (ΔWD_r)	ΔWD_d
	ΔWD_G	ΔWD_S	ΔWD_T		
2002	39.19 (－68.26)	60.74 (－105.80)	－157.34 (274.06)	－57.41	96.60
2003	77.24 (－71.20)	－14.49 (13.35)	－171.23 (157.85)	－108.48	185.72
2004	167.50 (－136.98)	－28.44 (23.26)	－261.34 (213.72)	－122.28	289.78
2005	280.29 (－250.73)	－30.96 (27.70)	－361.12 (323.03)	－111.79	392.08
2006	411.77 (－405.60)	－66.26 (65.27)	－447.03 (440.34)	－101.52	513.29
2007	502.91 (－468.35)	77.41 (－72.09)	－687.71 (640.44)	－107.38	610.29
2008	682.00 (－587.52)	－73.99 (63.74)	－724.09 (623.78)	－116.08	798.08
2009	684.36 (－432.05)	－140.84 (88.92)	－701.92 (443.13)	－158.40	842.76
2010	732.38 (－422.75)	－32.22 (18.60)	－873.39 (504.15)	－173.24	905.62
2011	837.82 (－458.65)	－30.15 (16.51)	－990.34 (542.15)	－182.67	1020.49
2012	763.48 (－313.07)	－41.98 (17.21)	－965.37 (395.85)	－243.87	1007.35

续表

年份	因素分解			ΔWD (ΔWD$_r$)	ΔWD$_d$
	ΔWD$_G$	ΔWD$_S$	ΔWD$_T$		
2013	782.50 (-317.10)	-47.80 (19.37)	-981.47 (397.72)	-246.77	1029.27
2014	834.19 (-420.27)	-10.86 (5.47)	-1021.81 (514.79)	-198.49	1032.68
2002~2014	6795.63	-379.84	-8344.16	-1928.38	8724.01

注：表中 ΔWD$_G$ 表示产业规模因素的贡献值，ΔWD$_S$ 表示行业结构因素的贡献值，ΔWD$_T$ 表示废水排放技术水平因素的贡献值，ΔWD 表示累计贡献值，ΔWD$_r$ 表示反弹效应，ΔWD$_d$ 表示减量效应。

资料来源：作者计算所得。

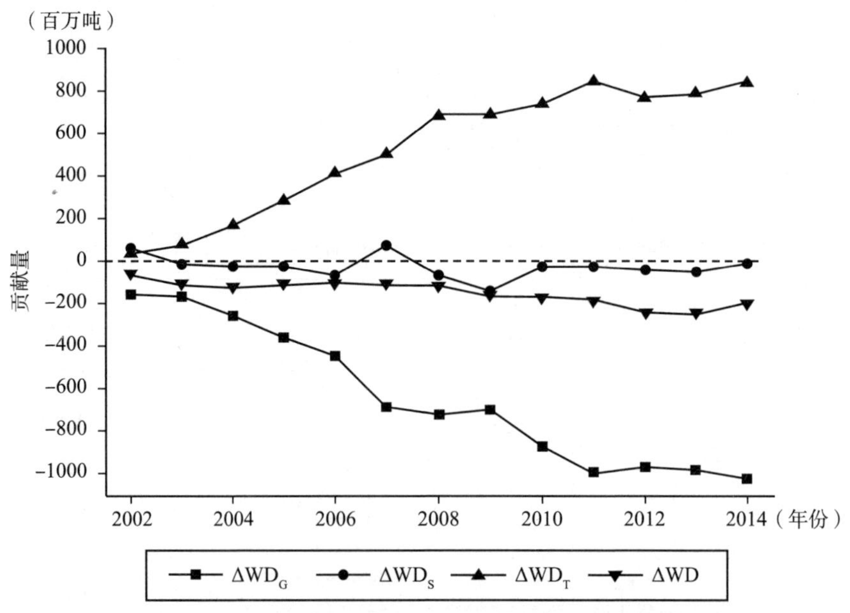

图 5-10　2002~2014 年中国化纤业废水排放影响因素的贡献值

注：图中 ΔWD$_G$ 表示产业规模因素的贡献值，ΔWD$_S$ 表示行业结构因素的贡献值，ΔWD$_T$ 表示废水排放技术水平因素的贡献值，ΔWD 表示累计贡献值。

资料来源：作者计算所得。

由图 5－11 可知，化纤业的减量效应在 2002～2014 年间整体呈上升趋势，由 2002 年的 96.60 百万吨增加到 2014 年的 1032.68 百万吨，年均增长率为 21.83%。反弹效应均为负值，其中 2002 年最大，为 －57.41 百万吨，2013 年最小，为 －246.77 百万吨。在三个子行业中，化纤业对纺织产业的减量效应贡献最大，反弹效应最小。

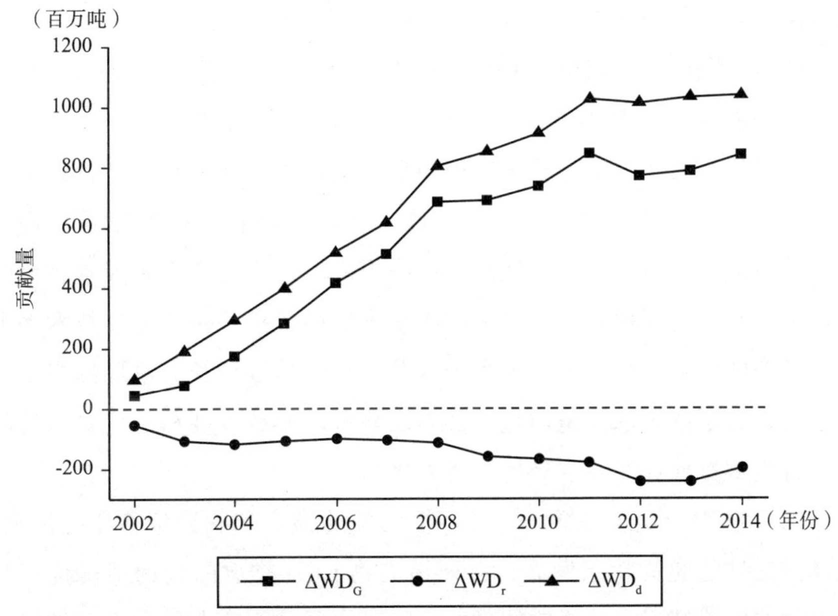

图 5－11　2002～2014 年中国化纤业废水排放的反弹效应和减量效应

注：图中 ΔWD_G 表示产业规模因素的贡献值，ΔWD_r 表示反弹效应，ΔWD_d 表示减量效应。
资料来源：作者计算所得。

5.4　小　　结

纺织产业经济增长中的水环境污染脱钩问题研究结果表明水环境污染强度逐渐下降、脱钩情况逐渐好转、子行业之间的脱钩情况存在差异、水环境污染的减物质化受多种因素的影响，验证了理论假说二和理论假说四。主要结果如下：

（1）纺织产业水环境污染绝对排放量均呈先上升后下降趋势，水环境污染强度从高向低转变。从水环境污染的定量分析来看，纺织产业的废水排放强度在2001～2014年间呈明显下降趋势，从2001年的62.46吨/万元降低到2014年的15.07吨/万元，但是废水排放总量在2001～2011年呈上升趋势，2012～2014年有所下降，但纺织废水累积排放存量持续上升；纺织产业的COD排放强度呈稳定下降趋势，从2001年的0.0132吨/万元下降到2014年的0.0024吨/万元，年均下降率为12.38%。这种趋势表明：自2001年以来，中国纺织产业万元工业增加值带来的水环境代价在减小，减排政策作用明显。这是由于随着纺织产业经济规模的不断扩大，技术水平的进步提高了水资源利用效率和废水治理技术，从而减少了废水排放。然而，经济规模的扩张也会带来废水排放量的增加。当经济规模扩张所带来的废水排放增量抵消甚至超过技术水平提高带来的废水排放减量，废水排放总量将会持续增长。水环境容量是有限的，为了改善水环境质量，必须统筹考虑排放强度和排放总量的问题，将废水排放控制在水环境承载力之内。

（2）纺织产业经济增长与水环境污染的耦合和脱钩状态交替出现，整体向良好的脱钩状态发展；特征污染物COD排放的脱钩情况优于废水排放的脱钩情况。从脱钩结果看，随着中国纺织产业的发展，纺织产业废水排放量和污染物排放量也明显增加。COD排放与经济增长的脱钩结果显示，2002～2014年间，纺织产业废水排放强脱钩状态有3年（2002年、2013年和2014年），弱脱钩状态有9年（2003～2011年），衰退性脱钩有1年（2012年）；COD排放强脱钩有6年（2002年、2003年、2008年、2010年、2013年和2014年），弱脱钩有6年（2004～2007年、2009年和2011年），衰退性脱钩有1年（2012年），脱钩情况较好。相比而言，纺织产业的水质脱钩优于水量脱钩，纺织产业更需解决废水排放量的问题。

（3）纺织产业子行业的废水排放脱钩情况存在差异。对纺织产业三个子行业的废水排放脱钩状态进行分析，化纤业的脱钩情况最好，在2002～2014年中有7年（2003年、2004年、2007年、2008年、2010年、2011年和2013年）达到强脱钩状态；纺织业整体呈弱脱钩状态，有2年为强脱钩状态（2011年和2013年），脱钩情况次之；服装业在2002～2014年间有3年为强脱钩（2005年、2009年和2012年），4年为弱脱钩（2006年、2008年、2013年和2014年），整体脱钩情况在三个子行业中最差，但服装业废水排放量远远小于其他两个子行业。整体上看，纺织产业三个子行业的脱钩状态良好，但废水排放还未完全脱离与经济增长之间的耦合关系，存在差异性的原因同样是受到三个子行业产品、工艺、技术的异质性影响。

（4）纺织产业水环境污染的减物质化受到产业规模因素、行业结构因素和技术水平因素的影响，减量效应明显，但依然存在反弹效应。从因素分解结果看，经济规模扩大是废水排放反弹效应的主要因素。技术水平因素是抑制纺织产业废水排放的最主要因素，是带来纺织产业废水排放减量效应的最主要因素。在样本年间，由技术水平提高带来的减量效应十分显著，减量效应总量为13566.85百万吨。规模因素是拉动纺织产业废水排放的最大诱因，也是纺织产业废水排放反弹效应存在的最主要原因。2002～2014年，规模因素带来的废水增量达22947.48百万吨，超过了技术水平提高带来的减量效应，致使反弹效应存在，反弹效应总量为9380.63百万吨。结构因素的贡献值较其他两个因素影响小，整体呈增量作用。总体上看，纺织产业减量效应逐年增加，但反弹效应显示废水排放的绝对量也在增加；向好的是，自2012年起反弹效应呈下降趋势。在三个子行业中，纺织业的减量效应逐年增加，但反弹效应显示废水排放的绝对量也在增加，2010年起，反弹效应呈下降趋势；服装业的减量效应在2001～2009年为负值，2010年之后为正值，反弹效应较强且呈上涨趋势；化纤业的减量效应最强，反弹效应最弱，是中国纺织产业废水排放减排的最大贡献者。

6

纺织产业水资源环境双重脱钩（水足迹脱钩）研究

研究利用水足迹表征水资源环境，对中国纺织产业 2001 ~ 2014 年的水足迹强度和水足迹生产率进行了核算与分析。借助塔皮奥弹性分析法对水资源环境与经济增长之间的脱钩关系进行定量分析，并利用赋值划分方法对水资源消耗脱钩（蓝水足迹脱钩）、水环境污染脱钩（灰水足迹脱钩）与水资源环境双重脱钩（水足迹脱钩）结果进行有效性对比分析，以进一步探究水脱钩的内在机理。最后，研究采用 LMDI 因素分解法分析影响中国纺织产业水足迹变化的驱动力因素及贡献量，进而剖析经济发展中的水资源环境（水足迹）反弹效应和减量效应。[①]

① 本章主要内容已发表 Li Y，Lu L，Tan Y，et al. Decoupling Water Consumption and Environmental Impact on Textile Industry by Using Water Footprint Method：A Case Study in China［J］. Water，2017，9（2）：124.

6.1 纺织产业水足迹与经济增长

6.1.1 指标选取与数据处理

研究根据产业特点，将纺织业、服装业和化纤业总称为纺织产业。纺织产业的数据由三个子行业的数据汇总计算。以2001～2014年为研究区间，研究所使用的纺织产业总产值（折算为2014年不变价格）、纺织产业用水总量、废水污染物含量来自《中国环境年鉴》（2002～2006年）[9,186～189]和《中国环境统计年报》（2006～2014年）[8,190～197]。

水足迹包括蓝水足迹、绿水足迹和灰水足迹。在纺织产业生产中，蓝水足迹指纺织产业的生产链中所消耗的地表水或地下水资源。绿水足迹指生产中所消耗的雨水、土壤空气中水分总量，由于我国纺织工业生产中对绿水消耗量小，这部分在研究中忽略不计。灰水足迹指容纳生产过程中产生的污染物所需要的水资源。蓝水足迹核算直接取用纺织工业水资源消耗量；灰水足迹核算指在对纺织工业废水处理前，以自然本底浓度和现有水质环境为基准，将其中污染物负荷吸收同化所需淡水的总量。

具体核算方法如下：

$$WF = WF_b + WF_{gy} \tag{6-1}$$

$$WF_b = WC \tag{6-2}$$

$$WF_{gy} = \max\left[\frac{L[k]}{C_s[k] - C_n[k]}\right] \tag{6-3}$$

式（6-1）、式（6-2）和式（6-3）中，WF为水足迹，百万吨；WF_b为蓝水足迹，百万吨；WF_{gy}为灰水足迹，百万吨；WC为纺织产业用水总量，百万吨；L[k]为纺织产业排放废水中污染物k的量，百万吨/年；$C_s[k]$ 为污染物排放标准中规定的污染物 k 的浓度限值，百万吨/年；$C_n[k]$ 为自然水体中污染物 k 的本底浓度，百万吨/年，研究假设 $C_n[k]$ 为 0 百万吨/年。

在水足迹核算公式中，污染物排放标准中规定的污染物 k 的浓度限值的计算标准采用《纺织染整工业水污染物排放标准（GB 4287 - 2012）》[227]对现有企业水污染物排放浓度限值的相关规定，见表 6 - 1。由于化学需氧量（COD_{Cr}）、生物需氧量（BOD_5）、悬浮物、氨氮等水污染物在自然水体中的浓度是极低的，并且上述污染物的自然浓度在不同区域的水体中有很大差别，很难收集到这些污染物指标的准确数据，本研究假设 C_n [k] 为 0，按此假设计算得到的灰水足迹值会略偏小；在核算纺织产业灰水足迹时，按照污染物 COD 核算的灰水足迹为最大。

表 6 - 1　　纺织产业废水污染物排放限值　　单位：毫克/升

污染物种类	限值
PH 值	6 ~ 9
化学需氧量（COD_{Cr}）	100
生物需氧量（BOD_5）	25
悬浮物	60
色度	70
氨氮	1.0
总氮	20
总磷	1.0
二氧化氯	0.5
可吸附有机卤素	15
硫化物	1.0
苯胺类	12
六价铬	0.5

资料来源：中华人民共和国环境保护部 . GB 4287 - 2012. 纺织染整工业水污染物排放标准 [S/OL]. 2012.

6.1.2 纺织产业水足迹与经济增长特征

6.1.2.1 纺织产业工业总产值与水足迹

2001～2014 年中国纺织产业总产值与水足迹如表 6－2 和图 6－1 所示。2001～2014 年，中国纺织产业总产值整体呈现较快的上升趋势，从 2001 年的 3080.3 亿元增长到 2014 年的 16841.8 亿元。除 2012 年的工业总产值相比前一年有小幅下降之外，其余年份均呈现增长态势。总体变动情况大致可以分为两个阶段：第一阶段（2001～2011 年）是持续上升阶段，这一阶段工业总产值快速增长，发展势头良好；第二阶段（2012～2014 年）是波动阶段，期间工业总产值增速明显放慢。

表 6－2　　2001～2014 年纺织产业工业总产值和水足迹

年份	WF_b（百万吨/年）	WF_{gy}（百万吨/年）	WF（百万吨/年）	G（亿元）
2001	6271.74	4054.04	10325.78	3080.32
2002	7163.97	3811.27	10975.24	3300.44
2003	6440.04	3589.90	10029.94	3553.13
2004	7650.40	4077.39	11727.79	4216.54
2005	8798.45	4240.97	13039.42	5180.63
2006	8553.03	4476.56	13029.59	6560.77
2007	9432.33	4612.50	14044.83	7797.45
2008	9270.25	4340.14	13610.39	10973.43
2009	9238.60	4519.48	13758.08	11673.18
2010	9463.01	4388.45	13851.46	13120.30
2011	7893.48	4613.62	12507.11	16452.05
2012	8060.83	4403.09	12463.92	15944.00
2013	7854.22	4288.46	12142.68	16716.26
2014	8647.30	3975.77	12623.07	16841.80

注：表中 WF_b 表示纺织产业的蓝水足迹，WF_{gy} 表示纺织产业的灰水足迹，WF 表示纺织产业的水足迹，G 表示纺织产业工业总产值。

资料来源：作者计算所得。

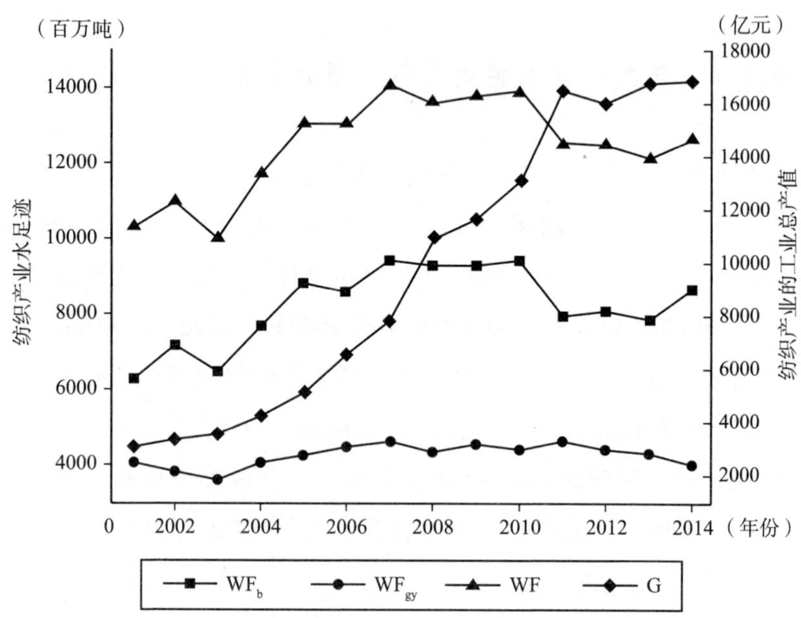

图 6－1　2001～2014 年中国纺织产业总产值和水足迹变化

注：图中 WF_b 表示纺织产业的蓝水足迹，WF_{gy} 表示纺织产业的灰水足迹，WF 表示纺织产业的水足迹，G 表示纺织产业的工业总产值。

资料来源：作者计算所得。

样本期内，中国纺织产业的水足迹有 7 年（2002 年、2004 年、2005 年、2007 年、2009 年、2010 年和 2014 年）随着纺织产业总产值的增长而增加，有 1 年（2012 年）伴随纺织产业产值的下降而降低，有 5 年（2003 年、2006 年、2008 年、2011 年和 2013 年）在纺织产业总产值增长的同时反而下降了。水足迹整体趋势呈现倒“U”型，大致可以分为两个阶段。第一阶段（2001～2007 年）水足迹呈波动上升趋势。这个阶段水足迹从 2001 年的 10325.78 百万吨波动上升到 2007 年的 14044.83 百万吨。第二阶段（2008～2014 年）水足迹呈波动下降趋势。其中，2007～2010 年的水足迹保持在 13816.18 百万吨上下，数值较高。2011 年水足迹大幅下降，回落到 12507.11 百万吨。2014 年，水足迹小幅回升到 12623.19 百万吨，这主要与蓝水足迹的反弹上升有关。

水足迹的变化情况说明，在样本期内中国纺织产业控制住了污水排放量，在污水管理方面成效较大，但是水资源消耗情况还不稳定，节水方面的管理仍存在问题。

6.1.2.2 纺织产业水足迹强度

水足迹强度（Water Footprint Intensity，WFI）定义为一定时期内某个工业行业水足迹与同期该工业行业的经济总产值的比值，即单位经济产出所产生的水足迹，其中经济产出用工业总产值来表示。根据水足迹的分类，水足迹强度也可相应地分为绿水足迹强度（Green Water Footprint Intensity，WFI_g）、蓝水足迹强度（Blue Water Footprint Intensity，WFI_b）和灰水足迹强度（Grey Water Footprint Intensity，WFI_{gy}）。其中，绿水足迹强度代表单位经济产出所产生的绿水足迹，即单位产出对绿水（不会成为径流的雨水）资源的消耗。由于绿水足迹难以计算且消耗量小，这部分在本研究中忽略不计。蓝水足迹强度代表单位经济产出所产生的蓝水足迹，即对蓝水（地表水和地下水）资源的消耗，其意义相当于水资源消耗的强度。灰水足迹强度代表将单位产出排放的污染物稀释至自然界允许最大浓度时所需的淡水量，反映经济发展中水环境污染所付出的代价。水足迹强度是一个综合反映水资源利用效率和环境效益的指标，水足迹强度越大，说明生产单位经济产出对水资源和水环境的破坏程度就越高。

根据水足迹强度的概念，构建纺织产业水足迹强度的核算公式：

$$WFI_b = \frac{WF_b}{G} \tag{6-4}$$

$$WFI_{gy} = \frac{WF_{gy}}{G} \tag{6-5}$$

$$WFI = \frac{WF}{G} = \frac{WF_b + WF_{gy}}{G} \tag{6-6}$$

式（6-4）、式（6-5）和式（6-6）中，WFI_b 代表纺织产业的蓝水足迹强度，单位吨/万元；WFI_{gy}代表纺织产业的灰水足迹强度，单位吨/万元；WFI 代表纺织产业的水足迹强度，单位吨/万元。中国纺织产业的工业总产值水足迹强度结果如表 6－3 和图 6－2 所示。2001～2014 年，中国纺织产业的工业总产值蓝水足迹强度、灰水足迹强度以及水足迹强度整体均呈现下降趋势，这意味着纺织产业在样本期间的单位经济产出所付出的水资源环境代价在减小。这种现象的出现，一方面是由于国家对行业的节水要求以及对污染物排放的限制进一步加大，这使得企业提升了节水意识，并减少了废水排放；另一方面是由于环境管理力度的加大倒逼企业通过提升技术水平等方式，使得自身生产效率显著提高。

表 6－3　　2001～2014 年中国纺织产业水足迹强度　　单位：吨/万元

年份	WFI_b	WFI_{gy}	WFI
2001	203. 55	131. 48	335. 35
2002	216. 94	115. 44	332. 68
2003	181. 25	101. 04	282. 29
2004	181. 43	96. 76	278. 19
2005	169. 86	81. 84	251. 71
2006	130. 32	68. 28	198. 60
2007	120. 94	59. 12	180. 06
2008	84. 48	39. 55	124. 03
2009	79. 16	38. 72	117. 88
2010	72. 10	33. 46	105. 56
2011	47. 96	28. 02	76. 04
2012	38. 01	27. 60	65. 60
2013	46. 96	25. 66	72. 62
2014	51. 36	23. 63	74. 93

注：表中 WFI_b 表示纺织产业蓝水足迹强度，WFI_{gy} 表示纺织产业灰水足迹强度，WFI 表示纺织产业水足迹强度。

资料来源：作者计算所得。

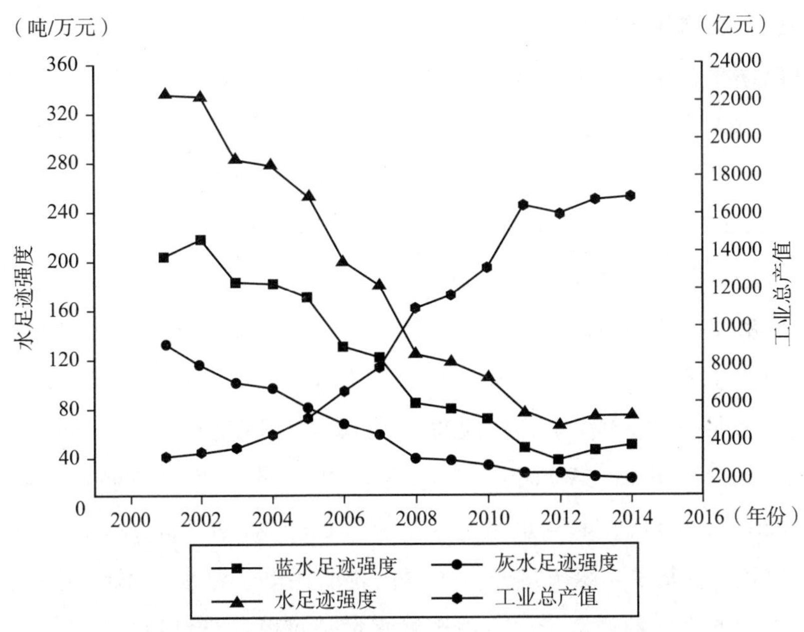

图 6－2　2001～2014 年中国纺织产业水足迹强度

资料来源：作者计算所得。

水足迹强度在 2001～2014 年期间总体呈现下降趋势。具体来看，2001～2012 年水足迹强度呈现出阶梯状波动下降趋势，从 2001 年的 335.55 吨水/万元下降至 2012 年的 65.60 吨水/万元，达到样本期内的最低值。在此之后，水足迹强度缓慢回升到 2014 年的 74.93 吨水/万元。这种趋势表明中国纺织产业自 2001 年以来，万元工业增加值牺牲的水资源环境代价整体减少，说明实施的节水减排政策作用明显。蓝水足迹强度与水足迹强度的变化趋势基本一致，从 2001 年的 203.55 吨水/万元波动下降到 2014 年的 51.36 吨水/万元。总体变动情况可分为两个阶段：第一阶段（2001～2011 年）是波动下降阶段，蓝水足迹强度在 2002 年小幅上升，达到了 216.94 吨水/万元，成为样本期内的最高值。2003～2011 年呈现出持续下降趋势，其中 2003 年、2006 年和 2008 年的下降幅度较大。第二阶段（2012～2014 年）是缓慢上升阶段，期间蓝水足迹强度保持着比较平缓的上升趋势。灰水足迹强度在样本内呈现出逐年下降的趋势，从 2001 年的 131.48 吨水/万元下降到了 2014 年的 23.63 吨水/万元。具体来看，灰水足迹在 2001 ~ 2008 年经历了快速下降阶段，而在 2009 ~ 2014 年的下降速度有所放缓。

6.1.2.3 纺织产业水足迹生产率

水足迹生产率（Water Footprint Productivity，WFP）定义为一定时期内某个工业行业的经济总产值与同期该工业行业水足迹的比值，即单位水足迹的经济产出，其中经济产出用工业总产值来表示。根据水足迹的理论，水足迹生产率可以相应地分为绿水足迹生产率（Green Water Footprint Productivity，WFP_g）、蓝水足迹生产率（Blue Water Footprint Productivity，WFP_b）和灰水足迹生产率（Grey Water Footprint Productivity，WFP_{gy}）。其中，绿水足迹生产率代表消耗单位绿水（不会成为径流的雨水）所产生的经济产出。由于绿水足迹难以计算且消耗量小，这部分在本研究中忽略不计。蓝水足迹生产率代表单位蓝水（地表水和地下水）资源的消耗所带来的经济产出，相当于水资源生产率。灰水足迹生产率代表排放一个单位的水污染物其背后的经济产出。纺织产业的水足迹生产率反映了水资源在纺织产业活动中的使用效率和环境效益。水足迹生产率越大，说明产业单位水足迹所产出的经济效益越高，即水资源使用效率越高，水环境效益越高。

纺织产业水足迹生产率的核算方法如下：

$$WFP_b = \frac{G}{WF_b} \quad (6-7)$$

$$WFP_{gy} = \frac{G}{WF_{gy}} \quad (6-8)$$

$$WFP = \frac{G}{WF} = \frac{G}{WF_b + WF_{gy}} \quad (6-9)$$

式（6-7）、式（6-8）和式（6-9）中，WFP_b 为纺织产业的蓝水足迹生产率；WFP_{gy}为纺织产业的灰水足迹生产率；WFP 为纺织产业的水足迹生产率。

中国纺织产业的工业总产值水足迹生产率结果如表 6 - 4 和图 6 - 3 所示。2001 ~ 2014 年，中国纺织产业的工业总产值蓝水足迹生产率、灰水足迹生产率以及水足迹生产率整体均呈上升趋势。

表 6 - 4　2001 ~ 2014 年中国纺织产业水足迹生产率　单位：万元/吨

年份	WFP_b	WFP_{gy}	WFP
2001	0.0049	0.0076	0.0030
2002	0.0046	0.0087	0.0030
2003	0.0055	0.0099	0.0035
2004	0.0055	0.0103	0.0036
2005	0.0059	0.0122	0.0040
2006	0.0077	0.0146	0.0050
2007	0.0083	0.0169	0.0056
2008	0.0118	0.0253	0.0081
2009	0.0126	0.0258	0.0085
2010	0.0139	0.0299	0.0095
2011	0.0209	0.0357	0.0132
2012	0.0263	0.0362	0.0152
2013	0.0213	0.0390	0.0138
2014	0.0195	0.0423	0.0133

注：表中 WFP_b 表示纺织产业的蓝水足迹生产率，WFP_{gy} 表示纺织产业的灰水足迹生产率，WFP 表示纺织产业的水足迹生产率。

资料来源：作者计算所得。

2001 ~ 2014 年，中国纺织产业的总产值水足迹生产率整体上呈现出平缓上升的趋势，从 2001 年的 0.003 万元/吨增长到 2014 年的 0.0133 万元/吨。水足迹生产率总体的变化趋势大致可分为两个阶段：2001 ~ 2012 年为增长阶段，这一阶段水足迹生产率一直保持上升趋势，至2012年达到样本期间的最大值0.0152万元/吨。从增长速度来看，2001～2007年的增速较小，2008年开始增长速度明显加快。2012～2014年为下降阶段，水足迹生产率在这一阶段有所回落。蓝水足迹生产率的变化趋势与水足迹生产率相似，但变化幅度大于水足迹生产率。2001～2014年间，蓝水足迹生产率从0.0049万元/吨上升到了0.0195万元/吨。具体来看，蓝水足迹生产率在2001～2012年间持续上升，尤其在2010～2012年间迅速增长，至2012年达到0.0263万元/吨。2013～2014年，蓝水足迹生产率有所回落。灰水足迹生产率在样本期间整体呈现持续上升趋势，从2001年的0.0076万元/吨增长到2014年的0.0423万元/吨，尤其是在2007～2011年的增长速度较快，平均年增长率达到20.52%。

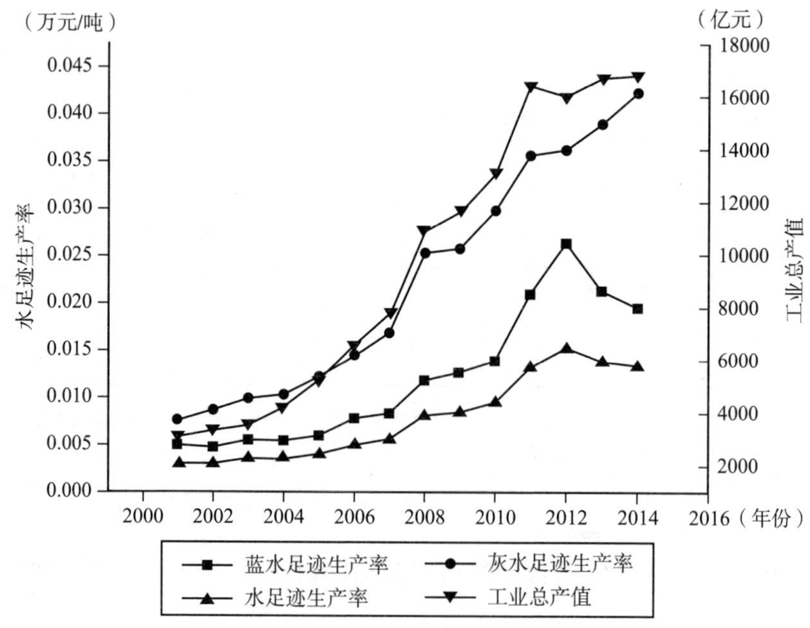

图6－3　2001～2014年中国纺织产业水足迹生产率

资料来源：作者计算所得。

6.2 水足迹与经济增长的脱钩关系分析

6.2.1 水足迹脱钩的模型构建

以纺织产业水足迹表示纺织产业水资源环境双重效应，纺织产业水资源环境双重脱钩即纺织产业水足迹（WF）和纺织产业工业总产值（G）之间的脱钩关系。研究采用脱钩弹性法，将 D_{G-WF} 定义为纺织产业水足迹和纺织产业经济增长之间的脱钩弹性指数，通过对弹性指数的计算结果，判断两者的脱钩状态。具体计算公式如下：

$$D_{G-WF}=\frac{\%\Delta WF}{\%\Delta G}=\frac{\%(WF^{t}-WF^{t-1})G^{t-1}}{\%(G^{t}-G^{t-1})WF^{t-1}} \quad (6-10)$$

式（6－10）中，WF^{t}、WF^{t-1} 分别代表 t 年和 t－1 年纺织产业的水足迹。通过对两个时间点相应的数据计算可以得出，纺织产业水足迹增长率和纺织产业工业总产值的增长率。

同样地，根据塔皮奥深化的脱钩指标，将纺织产业水足迹与经济增长间的脱钩状态归纳为以下八种情况。同时，为了直观了解脱钩状态的变化，对比分析水资源消耗脱钩、水环境污染脱钩以及水资源环境双重脱钩三者的脱钩结果，研究借鉴郭承龙对脱钩弹性的赋值划分方法[228]，首先将各个脱钩状态划分成若干区间，其次依据脱钩状态的优劣进行排序，最后对每个区间的脱钩弹性系数从 1 至 28 分别赋值。脱钩指数越大，说明纺织产业水足迹与经济增长间的脱钩状态越理想，具体划分情况见表 6－5。

表 6-5　　纺织产业水资源环境双重脱钩程度的标准

脱钩程度	水足迹与经济增长的关系	脱钩状态评价值	
		弹性系数	脱钩指数
强脱钩	$\Delta WF<0$，$\Delta G>0$，$D_{G-WF}\in(-\infty, 0)$	$(-\infty, -0.6)$ $[-0.6, -0.4]$ $[-0.4, -0.2]$ $[-0.2, 0]$	28 27 26 25
弱脱钩	$\Delta WF>0$，$\Delta G>0$，$D_{G-WF}\in[0, 0.8]$	$[0, 0.2]$ $[0.2, 0.4]$ $[0.4, 0.6]$ $[0.6, 0.8]$	24 23 22 21
衰退脱钩	$\Delta WF<0$，$\Delta G<0$，$D_{G-WF}\in(1.2, +\infty)$	$(1.8, +\infty)$ $(1.6, 1.8)$ $(1.4, 1.6)$ $(1.2, 1.4)$	20 19 18 17
扩张连接	$\Delta WF>0$，$\Delta G>0$，$D_{G-WF}\in[0.8, 1.2]$	$[0.8, 1.0]$ $[1.0, 1.2]$	16 15
衰退连接	$\Delta WF<0$，$\Delta G<0$，$D_{G-WF}\in[0.8, 1.2]$	$[1.0, 1.2]$ $[0.8, 1.0]$	14 13
扩张负脱钩	$\Delta WF>0$，$\Delta G>0$，$D_{G-WF}\in(1.2, +\infty)$	$(1.2, 1.4)$ $(1.4, 1.6)$ $(1.6, 1.8)$ $(1.8, +\infty)$	12 11 10 9
弱负脱钩	$\Delta WF<0$，$\Delta G<0$，$D_{G-WF}\in[0, 0.8]$	$[0.6, 0.8]$ $[0.4, 0.6]$ $[0.2, 0.4]$ $[0, 0.2]$	8 7 6 5
强负脱钩	$\Delta WF>0$，$\Delta G<0$，$D_{G-WF}\in(-\infty, 0)$	$[-0.2, 0]$ $[-0.4, -0.2]$ $[-0.6, -0.4]$ $[-\infty, -0.6]$	4 3 2 1

6.2.2 纺织产业的水足迹脱钩结果与分析

6.2.2.1 蓝水足迹（水资源消耗）脱钩

蓝水足迹脱钩结果与第4章水资源消耗脱钩结果相同，此部分不再介绍。

6.2.2.2 灰水足迹（水环境污染）脱钩

2002～2014年中国纺织产业灰水足迹（水污染）与经济增长的脱钩弹性计算结果如表6－6所示。从表6－6可以看出，纺织产业灰水足迹与经济增长之间有6年（2002年、2003年、2008年、2010年、2013年、2014年）实现了强脱钩，6年（2004～2007年、2009年、2011年）实现了弱脱钩，2012年为衰退脱钩。

表6－6　2002～2014年中国纺织产业灰水足迹（水环境污染）脱钩弹性

年份	$\%\Delta WF_{gy}$	$\%\Delta G$	D_{G-WFgy}	脱钩状态
2002	-5.99	7.15	-0.84	强脱钩
2003	-5.81	7.66	-0.76	强脱钩
2004	13.58	18.67	0.73	弱脱钩
2005	4.01	22.86	0.18	弱脱钩
2006	5.55	26.64	0.21	弱脱钩
2007	3.04	18.85	0.16	弱脱钩
2008	-5.90	40.73	-0.14	强脱钩
2009	4.13	6.38	0.65	弱脱钩
2010	-2.90	12.40	-0.23	强脱钩
2011	5.13	25.39	0.20	弱脱钩
2012	-4.56	-3.09	1.48	衰退脱钩
2013	-2.60	4.84	-0.54	强脱钩
2014	-7.29	0.75	-9.71	强脱钩

注：表中$\%\Delta G$表示经济增长率，$\%\Delta WF_{gy}$表示灰水足迹的增长率，D_{G-Wfgy}表示灰水足迹与经济增长的脱钩弹性。

资料来源：作者计算所得。

总体脱钩趋势来看，中国纺织产业经济增长与灰水足迹的脱钩状态良好，除了2012年纺织产业经济增长率为负而导致衰退脱钩之外，其他年份主要呈现强脱钩和弱脱钩两种类型，整体处于弱脱钩向强脱钩过渡的阶段。具体来看，脱钩趋势可以分为三个阶段。

2002～2003年，纺织产业灰水足迹与经济增长之间连续两年实现了强脱钩，脱钩状态十分理想。纺织产业经济增长率保持在7%左右，同时灰水足迹的削减率超过5%。出现这种现象的原因在于纺织产业在这个时期形成了一定规模的产业集群，开始转向集约化、专业化生产，规模经济效应凸显。比如在东南沿海一带，很多纺织产业园区实行统一规划管理和统一建设公用设施，污水处理基础设施趋于完善，这有利于废水处理技术的推广和普及，进而提高了纺织企业和纺织园区整体的污水处理效率。从纺织产业的国际贸易形势上看，随着纺织品配额的逐渐减少，绿色壁垒这一非关税壁垒成为发达国家对我国纺织品出口设置的主要贸易障碍。很多纺织企业为了开拓海外市场，开始尽可能选用产生化学需氧量、生化需氧量值较低的浆料上浆的布料来生产，在一定程度上降低了对水环境的污染。

2004～2007年，纺织产业灰水足迹与经济增长连续4年呈现了弱脱钩状态。我国纺织产业的工业总产值保持在较高速度增长的同时，灰水足迹的增长率也为正值，这说明灰水足迹在这个阶段没有实现绝对量的削减。随着2005年全球纺织品配额的取消，中国纺织品出口面临的最大障碍得以清除，纺织服装生产能力进一步释放，纺织产业产出规模急剧扩大；在这个过程中，各省市的纺织产业普遍存在低水平重复建设的问题，引起废水排放量的不断攀升。另一方面，中国相对于发达国家来说具有相对宽松的环境规制和廉价劳动力，这使得一些发达国家将产业链中高污染高消耗的生产部门转移到中国，一定程度上导致水环境污染问题越来越突出。

2008～2012年，纺织产业在工业总产值保持上升的同时，灰水足迹的增长率正负交替，使得这段时间的脱钩状态呈现为强脱钩与弱脱钩交替的状态。2012年，纺织产业的灰水足迹实现了负增长，而当年经济增长率也为负数，因此当年呈现出衰退脱钩的状态。这说明虽然纺织产业还没有完全实现水环境零污染的生产，但是两者之间的脱钩趋势在增强。出现这种现象的原因有以下几点：一是中国纺织产业在国际投资和国际贸易中的技术溢出效应开始显现。2008 年底，纺织品特别限制措施条款彻底结束，中国纺织产业吸引了更多的国外资本、先进技术、先进管理方法等要素，与各国在纺织服装领域中的合作越来越密切，这促使纺织产业在质量、管理、环保等方面进一步发展。纺织企业在废水处理方面的技术含量和管理水平都得到了很大的提升。二是政府对于纺织产业在环保方面的监管标准及任务要求更趋严格。2007 年 5 月，国务院下发了《第一次全国污染源普查方案》，纺织业被列为重点污染行业，这意味着纺织行业的节能环保任务更加艰巨、更加紧迫，倒逼企业加大环保投入才能提高环境效益。

2013 ~2014 年，灰水足迹在经济增长的同时实现绝对量的减少，因此脱钩状态转变为强脱钩。这主要是因为中国纺织产业正逐步加强对水环境污染的治理，并以实现环保纺织、生态纺织作为行业目标。政府有关部门对纺织产业环保达标的检查进一步加强，一些未达标的重点企业被限产或停产。中国政府还通过提高水价、搬迁企业等办法，大幅度减少纺织印染行业的水污染、有机物污染。在法律法规的约束下，中国纺织企业不断提高废水的厂内治理水平，对落后工艺和设备进行治理整顿，淘汰工艺技术落后、装备陈旧的生产线和机械，用具有国际先进水平和国内优先水平的技术、装备和生产线取而代之，这些举措使纺织产业整体环保技术装备水平有了很大提高。

6.2.2.3 水资源环境双重脱钩

2002 ~2014 年中国纺织产业水足迹与经济增长的脱钩弹性计算结果如表 6 - 7 所示。从表 6 - 7 可以看出，水足迹与工业总产值有 5 年（2003 年、2006 年、2008 年、2011 年、2013 年）为强脱钩，4 年（2005 年、2007 年、2009 年、2010 年）为弱脱钩，2002 年和 2004 年为扩张连接，2012 年为弱负脱钩，2014 年为扩张负脱钩。

表6-7　2002~2014年中国纺织产业水资源环境与经济增长的脱钩弹性

年份	%ΔWF	%ΔG	D_{G-WF}	脱钩状态
2002	6.29	7.15	0.88	扩张连接
2003	-8.61	7.66	-1.12	强脱钩
2004	16.93	18.67	0.91	扩张连接
2005	11.18	22.86	0.49	弱脱钩
2006	-0.08	26.64	-0.003	强脱钩
2007	7.79	18.85	0.41	弱脱钩
2008	-3.09	40.73	-0.08	强脱钩
2009	1.09	6.38	0.17	弱脱钩
2010	0.68	12.40	0.05	弱脱钩
2011	-9.71	25.39	-0.38	强脱钩
2012	-0.35	-3.09	0.11	弱负脱钩
2013	-2.58	4.84	-0.53	强脱钩
2014	3.96	0.75	5.27	扩张负脱钩

注：表中%ΔG表示经济增长率，%ΔWF表示水足迹的增长率，D_{G-WF}表示水足迹与经济增长的脱钩弹性。

资料来源：作者计算所得。

从总体脱钩趋势来看，中国纺织产业水足迹与经济增长之间的脱钩态势良好。从脱钩状态的变化情况看，可为三个阶段。

2002~2004年，水足迹与经济增长的脱钩状态不稳定，在扩张连接与强脱钩之间交替。2001年，中国加入世贸组织，极大地刺激了纺织产业的投资和需求，纺织产业处于高速增长期。在此背景下，纺织企业普遍重视经济发展速度，产业发展造成了环境污染，在环境治理方面主要是末端治理为主，加上生产工艺和设备落后，纺织产业的经济和环境之间矛盾加剧。2002年10月1日，中国开始施行《中华人民共和国水法》[229]鼓励工业用水采用先进技术、工艺和设备，增加循环用水次数、提高水的重复利用率、明确非法污染水体的行为主体需负法律责任。因此，纺织企业积极进行结构调整、降低水耗和加强治污，脱钩状态于2003年初步转好。

2005～2011年，水足迹与经济增长的脱钩情况转好。虽然中国纺织产业的发展仍未摆脱对水足迹的依赖，但和前一个阶段相比，经济发展对水环境造成的负面影响在减小。形成这种趋势的原因有：一是技术水平的提升，中国纺织产业在“十一五”期间（2006～2010年），技术装备更新速度加快，落后产能在市场机制作用下逐步退出，全行业工艺技术装备水平和生产率稳步提高，有效减少了水资源消耗和污水排放。二是中国政府颁布了一系列有关其行业准入、技术创新、整治提升等政策文件，比如2008年6月1日起开始实施的《中华人民共和国水污染防治法》[200]、2010年5月4日下发的《工业和信息化部关于进一步加强工业节水工作的意见》[202]迫使企业加大对节水治污的投资，提升生产设备和工艺，改善水环境。三是中国开始逐步组织开展绿色企业评价活动，推进清洁生产审核，在环境保护的前提下追求社会经济效益最大化。不过，从脱钩系数来看，纺织产业水足迹与经济增长还没有实现稳定脱钩。在强脱钩的年份中，有两年的弹性系数绝对值小于0.1，尤其是2006年的弹性系数为－0.003，逼近强脱钩的临界值。在弱脱钩的年份中，只有2010年的脱钩指数（0.05）比较接近强弱脱钩的临界值，纺织产业的节水减排工作依旧任重道远。

2012～2014年，水足迹与经济之间表现出强脱钩和负脱钩交替的现象。这一方面是因为纺织产业在产业转移中出现了落后产能在中西部同质化重复建设的情况。2014年，中部地区纺织产业企业数为36301家，相比2012年增加了1364家[8]。在产业转移的过程中，中西部不少地区把降低环保要求作为承接产业转移和招商引资的优惠条件之一，这使得中西部地区相对脆弱的水环境受到了影响和破坏，导致脱钩状态不理想。尤其是2012年，纺织产业在要素成本持续上涨、国际比较优势持续削弱的背景下，经济出现负增长，导致当年呈现弱负脱钩的状态。另一方面，国家对环保的标准不断提高，比如2012年1月20日，国务院下发《国务院关于实行最严格水资源管理制度的意见》[219]，同年中国环保部出台新的《纺织染整工业水污染物排放标准》（GB 4287—2012）[227]，进一步严格了废水排放的标准，倒逼企业不断加大环保资金投入，改进生产工艺，减少废水排放量，提升废水处理能力，使得脱钩状态好转。值得注意的是，2014 年纺织产业水足迹的增长率首次超过纺织产业总产值的增长率，其弹性系数为 5.27，呈现出扩张负脱钩的状态，脱钩状态很不乐观。结合水足迹的变化情况看，这是由于 2014 年纺织产业水资源消耗量增速较快，出现了经济发展和水资源消耗、水环境污染重新组合的反弹现象。

6.2.3 脱钩结果有效性的对比研究

研究将中国纺织产业 2002 ~ 2014 年的水资源消耗脱钩、水环境污染脱钩以及水资源环境双重脱钩结果进行归纳整理，从实现脱钩年份的绝对数量和脱钩指数两个方面来对三类脱钩进行有效性对比。总体上看，中国纺织产业水资源环境双重脱钩最不理想，这是由于它同时受到水资源消耗脱钩与水环境污染脱钩的影响，某一年份的水资源消耗量增大或者废水中污染物排放量增加，都会导致当年脱钩的状态恶化。

6.2.3.1 脱钩年份的绝对数量对比

研究对中国纺织产业 2002 ~ 2014 年的水资源消耗脱钩、水环境污染脱钩以及水资源环境双重脱钩的结果进行对比，见表 6 - 8 和表 6 - 9。

表 6 - 8　水资源消耗脱钩、水环境污染脱钩、水资源环境双重脱钩的脱钩年份对比

水资源消耗脱钩			水环境污染脱钩			水资源环境双重脱钩		
脱钩状态	年份	弹性系数	脱钩状态	年份	弹性系数	脱钩状态	年份	弹性系数
强脱钩	2003	-1.32	强脱钩	2003	-1.32	强脱钩	2003	-1.32
强脱钩	2006	-0.10	强脱钩	2006	-0.10	强脱钩	2006	-0.10
强脱钩	2008	-0.04	强脱钩	2008	-0.04	强脱钩	2008	-0.04
强脱钩	2009	-0.05	强脱钩	2009	-0.05	强脱钩	2009	-0.05

续表

水资源消耗脱钩			水环境污染脱钩			水资源环境双重脱钩		
脱钩状态	年份	弹性系数	脱钩状态	年份	弹性系数	脱钩状态	年份	弹性系数
强脱钩	2011	-0.65	强脱钩	2011	-0.65	强脱钩	2011	-0.65
强脱钩	2013	-0.53	强脱钩	2013	-0.53	强脱钩	2013	-0.53
弱脱钩	2005	0.66	弱脱钩	2005	0.66	弱脱钩	2005	0.66
弱脱钩	2007	0.55	弱脱钩	2007	0.55	弱脱钩	2007	0.55
弱脱钩	2010	0.20	弱脱钩	2010	0.20	弱脱钩	2010	0.20
扩张负脱钩	2002	1.99	扩张负脱钩	2002	1.99	扩张负脱钩	2002	1.99
扩张连接	2004	1.01	扩张连接	2004	1.01	扩张连接	2004	1.01
强负脱钩	2012	-0.69	强负脱钩	2012	-0.69	强负脱钩	2012	-0.69
扩张负脱钩	2014	13.45	扩张负脱钩	2014	13.45	扩张负脱钩	2014	13.45

表 6-9　　脱钩年份数量统计

数量	状态		
	水资源消耗脱钩	水环境污染脱钩	水资源环境双重脱钩
强脱钩年份数量	6	6	5
弱脱钩年份数量	3	6	4
脱钩年份总数	9	12	9

从实现脱钩的年份数量上看，水环境污染脱钩的年份达到了 12 年，只有在 2012 为衰退脱钩。然而，水资源消耗脱钩指标和水资源环境双重脱钩指标都有 4 年没有达到脱钩指标。从实现强脱钩年份的绝对数量来看，纺织产业水资源消耗脱钩有 6 年（2003 年、2006 年、2008 年、2009 年、2011 年和 2013 年），水环境污染脱钩有 6 年（2002 年、2003 年、2008 年、2010 年、2013 年和 2014 年），而水资源环境双重脱钩只有 5 年（2003 年、2006 年、2008 年、2011 年和 2013 年）。并且，在水资源环境双重脱钩实现强脱钩的 5 年中，有两年的脱钩弹性系数绝对值

小于0.1，尤其是2006年的弹性系数为－0.003，已经逼近强脱钩与弱脱钩的临界值。从实现弱脱钩年份的数量上看，水资源消耗脱钩有3年（2005年、2007年和2010年），水环境污染脱钩有6年（2004～2009年和2011年），而水资源环境双重脱钩为4年（2005年、2007年、2009年和2010年）。

6.2.3.2 脱钩指数对比

为进一步量化样本期间纺织产业三类脱钩的表现，对三类脱钩的各个脱钩状态进行排序赋值，得到评价三类脱钩状态的脱钩指数，结果如表6－10、图6－4和图6－5所示。

表6－10 水资源消耗脱钩、水环境污染脱钩、水资源环境双重脱钩的脱钩指数对比

年份	水资源消耗脱钩		水环境污染脱钩		水资源环境双重脱钩	
	脱钩状态	脱钩指数	脱钩状态	脱钩指数	脱钩状态	脱钩指数
2002	扩张负脱钩	9	强脱钩	28	扩张连接	16
2003	强脱钩	28	强脱钩	28	强脱钩	28
2004	扩张连接	15	弱脱钩	21	扩张连接	16
2005	弱脱钩	21	弱脱钩	23	弱脱钩	22
2006	强脱钩	25	弱脱钩	23	强脱钩	25
2007	弱脱钩	22	弱脱钩	24	弱脱钩	22
2008	强脱钩	25	强脱钩	25	强脱钩	25
2009	强脱钩	25	弱脱钩	21	弱脱钩	23
2010	弱脱钩	23	强脱钩	26	弱脱钩	24
2011	强脱钩	28	弱脱钩	23	强脱钩	26
2012	强负脱钩	1	衰退脱钩	18	弱负脱钩	5
2013	强脱钩	27	强脱钩	27	强脱钩	27
2014	扩张负脱钩	9	强脱钩	28	扩张负脱钩	9

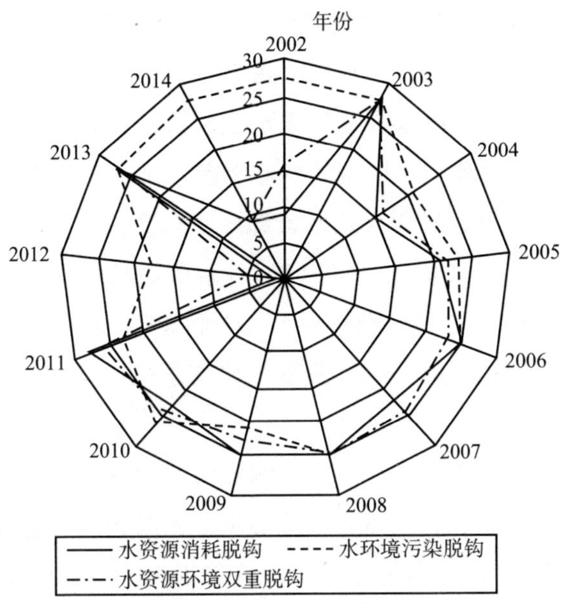

图 6-4　水资源消耗脱钩、水环境污染脱钩、水资源环境双重脱钩的脱钩指数对比

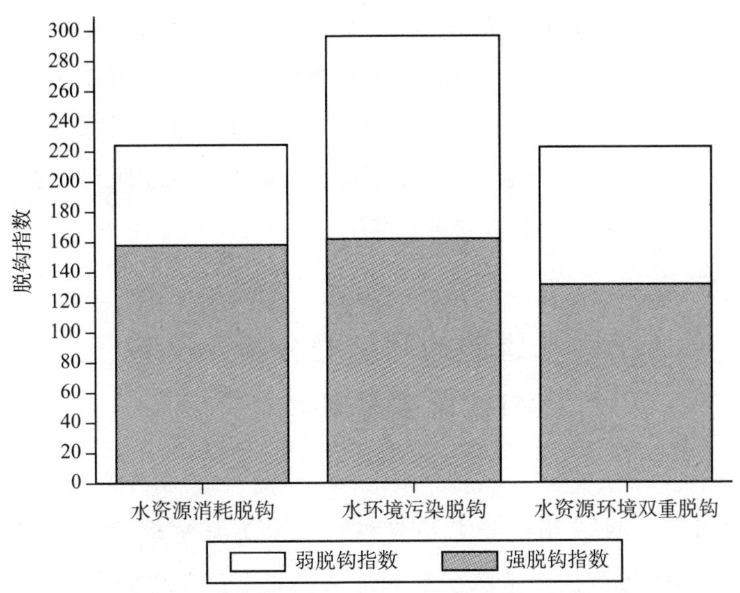

图 6-5　水资源消耗脱钩、水环境污染脱钩、水资源环境双重脱钩的强弱脱钩指数对比

从实现强脱钩年份的脱钩指数来看，水资源消耗脱钩中实现强脱钩年份的脱钩指数之和为158；水环境污染脱钩中实现强脱钩年份的脱钩指数之和达到了162；而水资源环境双重脱钩的强脱钩年份的脱钩指数之和仅为131，比两种单一脱钩的状态要差。结合弱脱钩年份的情况再次计算脱钩指数之和，结果发现水资源环境双重脱钩类型的强脱钩指数和弱脱钩指数之和是最低的，仅为222。水资源消耗脱钩与水环境污染脱钩的强弱脱钩指数之和分别达到了224和297。这说明，虽然纺织产业实现水资源环境双重脱钩的年份数量比较乐观，但是其脱钩指数在脱钩范围内并不理想。

根据上述分析可见，无论是从脱钩年份的绝对数量的角度还是从脱钩指数的角度进行比较，实现水资源环境双重脱钩的要求都比水资源消耗脱钩和水环境污染脱钩更加严苛。这是因为水资源环境双重脱钩将“直接进入经济系统参与运行的水资源消耗量”和“经济系统运行过程中产生的水环境污染”同时纳入了核算体系，无论是哪一方面的控制程度不理想，都会导致脱钩无法实现。提升产业的水资源环境效应，既需要降低水资源消耗量又需要降低废水排放量，因此资源消耗和经济二元体系或是经济和环境二元体系都不能有效地促进工业水资源综合管理工作水平的提升，资源环境综合视角下的水资源环境双重脱钩更加具有参考意义。

6.3 水足迹的驱动力分析——基于LMDI因素分解法

LMDI是一种常用的指数分解法，可分为乘法模式[230]和加法模式[231]。LMDI分解法在乘法模式和加法模式下都能得到合理的分解结果，而且两种模式的分解结果之间具有一定的联系，通过相应的数学公式可以进行相互转换[16]。加法模式的分解结果中分解余量为零，且即使数据中出现零值，也不会对分解结果造成影响[231]。

6.3.1 水足迹的 LMDI 分解模型

6.3.1.1 纺织产业的 LMDI 分解模型

选取 LMDI 分解法的加法模式对水足迹进行分解，从产业规模、行业结构以及技术水平三个方面分析纺织产业水足迹变化量的影响因素。将水足迹核算公式进行变形：

$$WF = \sum WF_i = \sum G \times \frac{G_i}{G} \times \frac{WF_i}{G_i} = \sum G \times WFS_i \times WFT_i \tag{6-11}$$

式（6－11）中，各分解变量的含义见表6－11。

表 6－11　　水足迹分解模型中变量的含义

变量	变量描述	单位
WF	纺织产业的水足迹	百万吨
WF_i	纺织产业子行业 i 的工业水足迹	百万吨
G	纺织产业的经济产出，代表产业规模因素	亿元
G_i	纺织产业子行业的工业总产值	亿元
WFS_i	子行业 i 的经济产出占纺织产业总产出的比重，代表行业结构因素	%
WFT_i	子行业 i 的水足迹强度，代表技术水平因素	吨/万元
WF^t	纺织产业第 t 年的水足迹	百万吨
WF^{t-1}	纺织产业第 t－1 年的水足迹	百万吨

对纺织产业水足迹年变化量 ΔWF 的分解可以用以下公式表示：

$$\Delta WF = \Delta WF_G + \Delta WF_{WFS} + \Delta WF_{WFT} \tag{6-12}$$

式（6－12）中，ΔWF_G 代表的是产业规模因素对纺织产业水足迹年变化量的贡献量，单位百万吨；ΔWF_{WFS}代表的是行业结构因素对纺织产业水足迹年变化量的贡献量，单位百万吨；ΔWF_{WFT}代表的是技术水平因素对纺织产业水足迹年变化量的贡献量，单位百万吨。

各因素的贡献量可通过以下公式计算：

$$\Delta WF_G = \sum \frac{WF^t - WF^{t-1}}{\ln WF^t - \ln WF^{t-1}} \times \ln \frac{G^t}{G^{t-1}} \quad (6-13)$$

$$\Delta WF_{WFS_i} = \sum \frac{WF^t - WF^{t-1}}{\ln WF^t - \ln WF^{t-1}} \times \ln \frac{S_i^t}{S_i^{t-1}} \quad (6-14)$$

$$\Delta WF_{WFT_i} = \sum \frac{WF^t - WF^{t-1}}{\ln WF^t - \ln WF^{t-1}} \times \ln \frac{WFT_i^t}{WFT_i^{t-1}} \quad (6-15)$$

6.3.1.2 基于LMDI分解模型的反弹效应计算方法

综合水资源消耗问题与水环境污染问题的反弹效应的概念，水足迹问题的反弹效应表示的是纺织产业相关技术水平的提高，一定程度上减少了水资源的消耗与废水的排放，促进了纺织产业规模的扩大与经济的增长，但同时又增加了工业用水需求和废水排放量，甚至会超出因技术水平提升获得的环境效益，使得纺织产业对水资源环境负荷的冲击仍呈现持续增长态势。

参照水资源和水环境的减量效应与反弹效应核算方式，建立水足迹减量效应与反弹效应的计算公式：

$$\Delta WF_d = \Delta WF_G - (\Delta WF_G + \Delta WF_{WFS_i} + \Delta WF_{WFT_i}) = -\Delta WF_{WFS_i} - \Delta WF_{WFT_i} \quad (6-16)$$

$$\Delta WF_r = \Delta WF_G - \Delta WF_d = \Delta WF_G + \Delta WF_{WFS_i} + \Delta WF_{WFT_i} = \Delta WF \quad (6-17)$$

式中，ΔWF_G 为产业规模的贡献值；ΔWF_{WFS_i}为行业结构的贡献值；ΔWF_{WFT_i}为技术水平的贡献值；ΔWF_d 为减量效应，ΔWF_r 为反弹效应，ΔWF 为累计贡献值，累计贡献值与反弹效应在数值上相等。

6.3.2 纺织产业水资源环境减量驱动因子与反弹效应分析

分析经济规模因素、经济结构因素和技术水平因素对水足迹变动的影响，并根据LMDI分解模型分解影响我国纺织产业水足迹减量的结构效应和强度效应，进而计算影响水足迹减量的反弹效应，结果见表6－12和图6－6。

表6－12　2002～2014年中国纺织产业水足迹因素分解　单位：百万吨、%

年份	因素分解			ΔWF（ΔWF_r）	ΔWF_d
	ΔWF_G	ΔWF_{WFS_i}	ΔWF_{WFT_i}		
2002	734.88（113.15）	351.72（54.16）	－437.15（－67.31）	649.45	85.43
2003	773.93（－81.87）	－485.78（51.39）	－1233.45（130.48）	－945.3	1719.23
2004	1856.6（109.35）	－67.75（－3.99）	－90.99（－5.36）	1697.86	158.74
2005	2546.43（194.14）	5.16（0.39）	－1239.96（－94.54）	1311.63	1234.8
2006	3077.94（－31311.70）	－419.49（4267.45）	－2668.28（27144.25）	－9.83	3087.77
2007	2336.59（230.15）	1158.26（114.09）	－2479.61（－244.24）	1015.24	1321.35
2008	4724.2（－1087.42）	－1076.68（247.83）	－4081.96（939.59）	－434.44	5158.64
2009	845.91（572.80）	－657.46（－445.19）	－40.77（－27.61）	147.68	698.23
2010	1613.06（1727.41）	1053.4（1128.08）	－2573.08（－2755.49）	93.38	1519.68
2011	2976.76（－221.43）	2.1（0.00）	－4323.21（3.22）	－1344.35	4321.11
2012	－391.61（906.71）	－126.59（293.10）	475.01（－1099.81）	－43.19	－348.42

续表

年份	因素分解			ΔWF (ΔWF$_r$)	ΔWF$_d$
	ΔWF$_G$	ΔWF$_{WFSi}$	ΔWF$_{WFTi}$		
2013	581.83 (-181.12)	-50.48 (15.71)	-852.59 (265.41)	-321.24	903.07
2014	92.63 (19.28)	273.81 (57.00)	113.95 (23.72)	480.39	-387.76
2002~2014	21769.15	-39.78	-19432.09	2297.28	19471.87

注：表中 ΔWF$_G$ 表示产业规模的贡献值，ΔWF$_{WFS_i}$ 表示行业结构的贡献值，ΔWF$_{WFT_i}$ 表示技术水平的贡献值，ΔWF 表示累计贡献值，ΔWF$_r$ 表示反弹效应，ΔWF$_d$ 表示减量效应。

资料来源：作者计算所得。

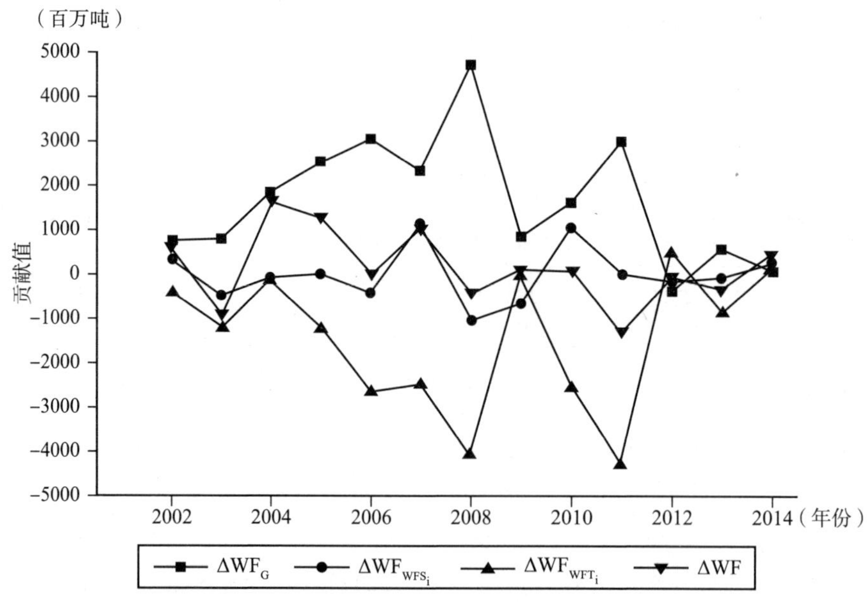

图 6-6 2002~2014 年中国纺织产业水足迹因素分解

注：图中 ΔWF$_G$ 表示产业规模的贡献值，ΔWF$_{WFS_i}$ 表示行业结构的贡献值，ΔWF$_{WFT_i}$ 表示技术水平的贡献值，ΔWF 表示累计贡献值。

资料来源：作者计算所得。

从表 6-12 和图 6-6 中可见，产业规模是拉动中国纺织产业水足迹上升的主要因素。除 2012 年外，其余年份产业规模因素对纺织业水足迹的贡献值均为正值。2002～2014 年，产业规模因素对纺织产业水足迹增长的总贡献值为 21769.15 百万吨，平均贡献值为 1674.55 百万吨，远大于行业结构因素（－3.06 百万吨）和技术水平因素（－1494.78 百万吨）。产业规模在 2002～2011 年对水足迹的影响较大，其中，2008 年的贡献值为 4724.20 百万吨，达到了样本期的最大值。原因在于长期以来，纺织产业作为劳动力密集型产业，凭借着中国劳动力丰富、成本低廉等优势不断扩大产业规模，生产过程中消耗了大量水资源，特别是印染、化纤浆粕等工序排放大量的废水造成了水环境污染。

行业结构因素对中国纺织产业水足迹的影响不明显。2002～2014 年，行业结构因素对纺织产业水足迹的贡献值有 6 年（2002 年、2005 年、2007 年、2010 年、2011 年和 2014 年）为正值，7 年（2003 年、2004 年、2006 年、2008 年、2009 年、2012 年和 2013 年）为负值，正负变化不稳定。行业结构因素贡献值的绝对值相比其他两个因素较小，最大贡献值为 2007 年的 1158.26 百万吨，有 4 年（2004 年、2005 年、2011 年和 2013 年）仅在 100 百万吨以内，行业结构因素对纺织产业水足迹的影响有限。这说明，纺织产业中存在产品附加值低下，中高端产品有效供给不足，部分行业存在阶段性、结构性产能过剩等问题。不过随着中国纺织产业行业结构的调整和升级，行业结构因素对水足迹的减量效应会更加明显。

技术水平因素是降低中国纺织产业水足迹的重要因素。除 2013 年和 2014 年之外，技术水平因素对水足迹的贡献值均为负值，2011 年达到反向最大为－4323.21 百万吨。技术水平对水足迹增长的抑制作用虽有起伏，但仍旧是最大贡献者。《纺织工业发展规划（2016～2020 年）》显示，2014 年大中型纺织企业有效发明专利数 5381 件，是 2010 年的 2.3 倍。“十二五”期间，大量节能降耗减排新技术得到广泛应用，百米印染布新鲜水的取水量由 2.5 吨下降到 1.8 吨以下，水回用率从 15% 提高到 30% 以上，全面完成单位增加值能耗降低、取水下降以及污染物总量减排等约束性指标。再利用纤维占纤维加工总量比重从 2010 年的

9.6%提高到2015年的11.3%。未来技术水平还将是抑制水足迹增长的最主要的因素，并且随着技术的进步和成熟，其对水足迹上升的抑制作用将会增大且日趋稳定。

对中国纺织产业2002～2014年的反弹效应和减量效应进行计算，结果如表6－12和图6－7所示。经济规模的扩张直接驱动了水资源的消耗，技术水平的提高（水足迹强度的降低）和经济结构的良性调整则是水足迹减量的驱动因素。即减量效应的值等于技术水平因素的贡献量与经济结构因素的贡献量之和，而反弹效应的值等于经济规模因素贡献量、经济结构因素贡献量和技术水平因素贡献量的总和。2002～2014年，中国纺织产业的减量效应的总量为19471.87百万吨，这代表在样本期间经济结构的调整升级和技术水平的进步引起的水足迹强度驱动了一定的减量效应。但2012年和2014年的减量效应的值为负数，分别为－348.42百万吨和－387.76百万吨，这表明经济结构的调整和技术水平的减量作用在这两年是负面的，即没有抑制水足迹反而促进了水足迹的增长。中国纺织产业的反弹效应的总量为2297.28百万吨，这意味着在样本期间，中国纺织产业的水足迹存量是上升的。其中，纺织产业的反弹效应有7年（2002年、2004年、2005年、2007年、2009年、2010年和2014年）为正值，即纺织产业水足迹的存量有7年呈现出上升趋势；有6年（2003年、2006年、2008年、2011年、2012年和2013年）为负值，即纺织产业水足迹的存量有6年是下降的。

通过对反弹效应和减量效应的研究发现，2002～2014年，我国纺织产业水资源环境的反弹效应确实存在，验证了研究的理论假说。在样本期间，经济结构优化和技术水平提升大幅度地降低了水资源消耗和水污染物的排放，但是水资源消耗和水环境污染排放总量仍然持续增长，这说明水足迹强度的降低并不完全意味着对水资源环境的冲击程度的降低。因为技术水平的提升在提高水生产率的同时也会促进经济规模的扩张。样本期间，中国纺织产业经济规模扩展过快，其对水资源需求的规模扩大抵消了水资源使用效率提高而带来的减量效应。

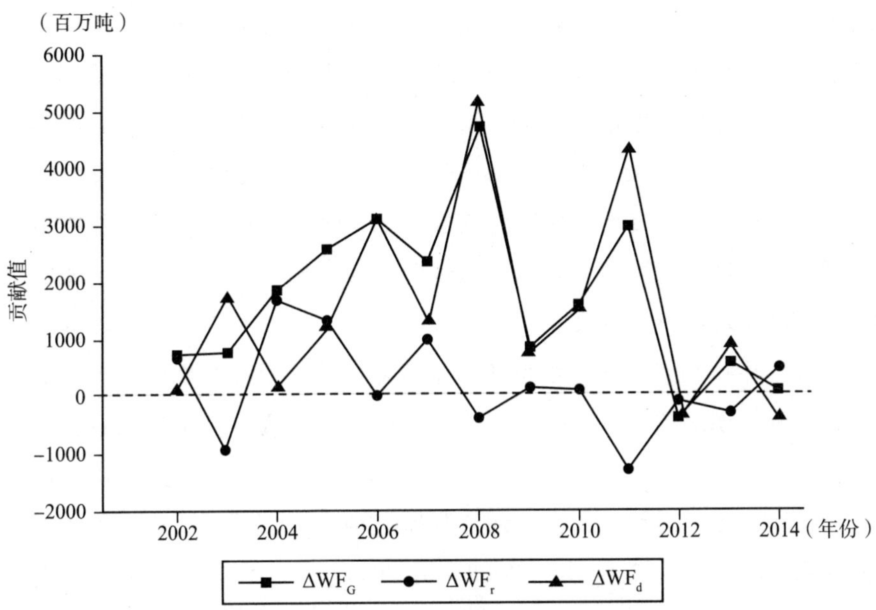

图 6－7　2002～2014 年纺织产业水足迹的减量效应和反弹效应

注：图中 ΔWF_G 表示产业规模的贡献值，ΔWF_r 表示反弹效应，ΔWF_d 表示减量效应。
资料来源：作者计算所得。

6.4　小　　结

纺织产业经济增长中的水资源环境双重脱钩问题研究结果表明水足迹生产率提高、脱钩趋势向好、水资源环境双重脱钩条件更严苛、水资源环境的减物质化受多种因素的影响，验证了理论假说三和理论假说四。主要结果如下：

（1）纺织产业水足迹总量呈先增长后下降趋势，水足迹生产率从低向高转变。纺织产业的水足迹生产率在 2001～2012 年呈现出明显上升趋势、2002～2014 年呈下降趋势，2001 年为水足迹生产率为 0.003 万元/吨，2014 年为 0.0133 万元/吨，但是水资源消耗和水环境污染排放总量仍然持续增长。这是因为随着经济规模快速扩张，节水减排技术的进步提高了工业生产的资源环境效应，但相对较低的水服务成本反而促进了经济规模进一步扩大，最终导致水足迹上升。新增的水足迹部分甚至全部抵消了因技术进步减少的水足迹。在水环境承载能力有限的前提下，只有经济活动所产生的水足迹总值保持在水资源环境承载力范围内，才能认为经济发展具备可持续性；如果经济发展中水足迹强度下降的同时水足迹绝对数值上升，表示资源环境依旧在恶化，所以不能认为经济已经实现可持续发展。

（2）中国纺织产业经济增长与水资源环境之间存在耦合关系和脱钩关系交替出现的情况，总体脱钩状态良好。从脱钩分析结果来看，我国纺织产业经济增长与水资源环境之间的脱钩类型包括了强脱钩、弱脱钩、扩张连接、弱负脱钩、扩张负脱钩五种类型。其中，有 5 年实现了强脱钩（2003 年、2006 年、2008 年、2011 年、2013 年），4 年实现弱脱钩（2005 年、2007 年、2009 年、2010 年）。总体上看，纺织产业经济增长与水资源环境的脱钩态势向好，但是纺织产业的经济发展尚未完全脱离对水足迹的依赖。

（3）水资源环境双重脱钩比单一的水资源消耗脱钩或单一的水环境污染脱钩更有效。从实现强脱钩和弱脱钩的年份数量上看，水资源环境双重脱钩的年份有 9 年，其中强脱钩 5 年，弱脱钩 4 年，整体情况相比水资源消耗脱钩和水环境污染脱钩较差。从实现脱钩年份的脱钩指数来看，水资源环境双重脱钩年份的脱钩指数之和为 222，低于水资源消耗强脱钩（224）和水环境污染强脱钩（297）。总体上看，中国纺织产业水资源环境双重脱钩情况与水资源消耗脱钩、水环境污染脱钩情况相比不容乐观，这验证了水资源环境双重脱钩的实现条件更加严格，对于提升水资源管理水平更具参考意义。

（4）中国纺织产业水资源消耗的减物质化受到产业规模、行业结构、技术水平等多种因素的影响，减量效应显著，但依然存在反弹效应。技术发展是引起中国纺织产业水足迹减量效应的主要因素，技术水平的进步使得水足迹强度降低，驱动了一定的减量效应。因此，提升技术水平是实现经济与水资源环境系统脱钩的重要途径。样本期间，中国纺织产业的反弹效应总量为2297.28百万吨，表明中国纺织产业的水足迹存量是上升的。产业规模是反弹效应存在的主要原因。产业规模因素在14年的样本期间内有12年对纺织业水足迹的贡献值为正值，并且远大于产业结构和技术水平的贡献值。这可能是由于我国纺织产业的经济增长方式尚未实现从数量型向质量效益型的转变，在生产过程中不可避免地对水资源环境造成破坏。行业结构因素在样本期内对纺织产业水足迹的贡献量绝对值较小，正负变化不稳定，这说明我国纺织产业结构存在一定的不合理性，助推了反弹效应的出现。随着中国纺织产业行业结构的调整和升级，行业结构因素对水足迹的减量效应会更加明显。

研究结论与政策启示

7.1 主要结论

研究从实现中国纺织产业经济增长中的水脱钩问题出发，基于环境高山理论、脱钩理论和水足迹理论，分别从水资源消耗脱钩、水环境污染脱钩、水资源环境双重脱钩三个层次，探讨纺织产业实现水脱钩的原因、目标、路径和手段，并在分析结果基础上提出促进中国纺织产业水脱钩，即实现经济增长与资源环境双赢的政策建议。研究主要结论如下：

第一，纺织产业经济增长与水资源环境之间存在着消长互损或协调互促的动态变动关系。由水资源消耗脱钩、水环境污染脱钩、水资源环境双重脱钩三个部分研究结果可知，纺织产业经济增长与水资源、水环境之间存在耦合关系和脱钩关系交替出现的情况。技术进步和外部强势的制度约束往往会催生脱钩结果优化，企业在资源环境倒逼情况下追求技术革新也是脱钩结果趋好的内生动力，但是强制资源环境成本的内部化可能会造成经济效益和资源环境效益的冲突，并使原有经济增长受到压抑，技术革新潜力、发展模式变革、资源环境政策以及企业私利行为的不确定性产生了两难、双赢甚至双亏的不确定性，三者总处于不断被生成、不断被化解的交互过程。

第二，纺织业、服装业和化纤业三个子行业的水脱钩情况有所差异，是由于三个子行业工艺、产品、技术的异质性，因此在制定政策时需要具体问题具体分析。在水资源消耗脱钩分析中，服装业的脱钩情况最好，这是由于纺织业和化纤业的生产工艺对水的依赖程度本身较大，而服装业的生产工艺对水的依赖程度较小，并且服装业经济增长速度相对其他两个子行业较快；在水环境污染脱钩中，化纤业脱钩水平最高、纺织业次之，服装业再次之，这是由于化纤业和纺织业本身水污染排放较大，随着国家环境整治力度加强，使它们的脱钩潜力得到了最大程度释放，而服装业的水污染排放总量远远小于相比其他两个行业，脱钩潜力相对较小。类比于其他工业行业，由于技术水平、产业特征、生产工艺、规模报酬等情况不同，脱钩情况也会有所差异，因此制定政策的侧重点和突破点应有所差异，“一刀切”政策可能会造成某些行业的衰退。

第三，实现纺织产业经济增长中的减水化，要综合考虑产业规模、行业结构、技术水平等多种因素的影响，但要警惕反弹效应的存在。从水资源消耗脱钩、水环境污染脱钩、水资源环境双重脱钩三个部分研究结果可知，产业规模是抑制减水化的主要因素，技术水平提高对减水化有促进作用，而行业因素虽然在三种脱钩情况分析中减水化贡献度不大，但也起到了一定的抑制或者促进作用。因此，减水化过程必然是产业规模、行业结构、技术水平等多种因素不断变动，作用力此消彼长的综合过程。另外，在三种脱钩的分析中，均存在着反弹效应，这就需要人们在发展中不仅要注重资源消耗、环境污染的流量问题，还要注重其存量变化可能带来的存量累积性风险。

第四，统筹思考水资源消耗与水环境污染问题，能够更有效地促进纺织产业水脱钩效果的实现。水资源环境双重脱钩研究中，针对水资源消耗、水环境污染和水资源环境分别分析了蓝水足迹脱钩、灰水足迹脱钩和水足迹脱钩，并做了对比分析。综合来看，从实现强脱钩和弱脱钩的年份数量上看，水资源环境双重脱钩的年份有9年，其中强脱钩5年，弱脱钩4年，整体情况相比水资源消耗脱钩和水环境污染脱钩较差。从实现脱钩年份的脱钩指数来看，水资源环境双重脱钩年份的脱钩指数之和为222，低于水资源消耗强脱钩（224）和水环境污染强脱钩（297）。总体上看，中国纺织产业水资源环境双重脱钩情况与水资源消耗脱钩、水环境污染脱钩情况相比不容乐观，这验证了水资源环境双重脱钩的实现条件更加严格，对于提升水资源管理水平更具参考意义。

综上所述，实现纺织产业经济增长与水环境污染下降的双赢，推动中国纺织产业绿色发展，要统筹考虑产业规模因素、行业结构因素以及技术水平因素的变动效应，按照行业和子行业的特点，因地制宜地开展节水治污及少水化、无水化技术改进和系统化水管理制度改革是实现纺织产业经济增长与水资源消耗脱钩的突破口。

7.2 政策建议

党的十九大勾画了绿色发展路线图，水脱钩是推进纺织产业可持续发展的必然选择，推进水资源全面节约和循环利用，提升水资源综合利用水平需要从打造绿色园区、开发绿色产品、建设绿色企业、优化绿色供应链、开展绿色制度创新等方面全面推进，把纺织产业建设成为工业节水减排的领跑与示范。政策建议具体如下：

第一，淘汰落后产能，打造纺织绿色园区，实现计量型用水管理创新。严格印染、化纤行业水耗和水污染物排放标准，在供给侧改革中严格控制印染、化纤等行业的新企业审批，淘汰过剩产能和低端产能。有序推进印染、化纤等重点园区的强制清洁生产审核，继续建设好清洁生产示范企业和示范试点、循环经济示范园区，加强过程考评、抽检和摘牌。严格控制园区规模，加强园区循环化改造，促进企业内部、企业之间以及园区之间水循环利用，促进循环型产业链的纵向延伸和横向拓展，积极探索工业领域资源循环利用模式。积极研究制定纺织绿色企业、产品的评价标准和方法，制定纺织企业用水、排水数据统计标准，加强纺织企业水资源综合利用计量监督。

第二，优化产业结构，开发纺织绿色产品，提高结构性用水生产效率。积极开发纺织少水产品、无水产品，引入天然彩色纤维材料、天然植物浆料，使用环保染料和加工助剂，开发天然可降解的植物染料，降低数码印花先进技术使用成本。采用绿色整理剂和生物处理技术，加快培育高端智能纺织印染装备的重要研发与生产基地。提高产品水耗标准，支持企业研发和生产具有环境标志、节能、节水的生产装备和产品。根据区域资源禀赋和产业基础，调整服装、家纺、产业用三大类终端产品纤维消费量的比例，提高产业用纺织品整体比例。鼓励发展时尚产业，利用设计、品牌、电子商务引导部分纺织工业向第三产业转型。深化产业结构调整，加快转变纺织产业粗放型的经济发展方式，发展绿色环保、附加值高、服务高端行业的现代纺织产业体系。扩大中高端纺织服装产品供给，鼓励产业用纺织品、服装时尚化品牌蓬勃发展，继续提高水资源生产率。

第三，推动技术革新，建设纺织绿色企业，加强企业用水管理成效。加快循环利用及节能减排等技术的研发和推广，鼓励企业加大技术改造，提升企业清洁生产能力。提高行业技术装备水平，淘汰落后产能，推进纺织产业从劳动密集型向技术密集型转变，推进纺织产业供给侧改革。推广先进无水少水加工技术和装备，在印染、化纤行业实施水效领跑者引领行动，推动水效对标达标，大幅降低单位产品取水量。积极开展工厂水平衡测试，加强纺织产业水重复利用、废水循环利用和中水回用等绿色发展关键共性技术和工艺设备的研发与利用，逐步淘汰流程长、能耗高、水耗大、污染大的落后工艺。鼓励中小企业兼并重组，对小型企业实行“关、停、并、转”的措施。

第四，开展绿色认证，优化纺织绿色供应链，提升集约化用水管理能力。制定水资源利用的投入产出表，组织开展纺织企业绿色产品水足迹评价，开展水标识和水标签实施的可行性论证及相关规范和标准的研究，培育节水示范企业。重视纺织产品生产的全生命周期过程控制，积极推行绿色供应链监控。完善育种、种桑、养蚕、缫丝、织造、印染、服装、家纺、回收的全产业链节能减排与资源综合利用标准，推动供应链标准的贯彻实施，嵌入全球绿色采购链条，促进纺织产品的质量、安全、节能、环保等指标达到国际先进标准水平，优先采购具有中国环境标志认证和国际绿色认证的产品，推进绿色消费。关注生产者劳动安全，减少对人体和环境有毒有害物质的生产和使用。建立废旧纤维制品回收利用体系，鼓励发展纺织服装废旧产品回收和再利用企业。

第五，推动制度改革，开展绿色管制创新，降低取水和废水排放绝对总量。环境经济政策作为调控产业绿色发展的市场化手段，以及政府法律法规作为“看得见的手”的管制手段都需要更加重视，要进一步推进水权交易的深度和广度，推广企业刷卡排污制度，加强纺织企业污染物末端排放控制和循环经济发展。继续推进最严格的水资源管理制度，开展差别化的工业水价、用水总量控制、水权交易、水污染排放总量控制、水污染权交易、环境污染责任险、绿色金融（信贷）、海陆统筹水治理等制度体系的适度改革，探索用水权和排污权集成的交易体制。强化信息公开，推进政府职能部门用水管理权利清单公开和边界工作的合作。利用技术服务机构，开展纺织企业水资源利用合同管理试点。增强普法执法力度，提高公众参与环境监管的作用。发挥行业协会作用，提升纺织行业用水技术服务和宣传管理水平。

7.3 研究局限

本书在研究中存在一定的不足，有待未来深化：

第一，研究使用的数据为重点调查行业数据，和实际情况会有所偏差。国家统计局和环保部公布的重点调查工业的工业生产总值、水资源消耗、废水排放、污染物排放量等数据均为重点调查行业数据，以规模以上工业为主，而实际上中小纺织企业（包含纺织、服装、化纤等子行业）也占有很大比重，这些中小企业的数据不在统计口径之内。相比规模以上企业，中小企业的规模经济效应、水资源效率、废水排放强度等均会呈现出不同的特征，所以本研究的结果会和实际的情况有所偏差，有待于抽样调查并深化研究。同时，纺织企业水脱钩案例的分析，若能在今后的研究中进一步加强，会有更强的实践意义。

第二，没有考虑纺织产业细分子行业的水资源环境双重脱钩评价与实现路径研究。研究对纺织产业及其三个子行业进行了水资源、水环境污染脱钩分析，但每个子行业下又有多个细分行业，包括棉纺织、毛纺织、麻纺织、丝绸、针织、长丝织造、印染、家用纺织、产业用纺织、服装、化纤、纺机等十二个行业。每个细分行业的水资源消耗、废水排放等情况都有所区别，贡献也不一，特别是其中的印染行业，由于前期需要投入大量的化学助剂，后续又要进行大量反复的水洗过程，是纺织产业中耗水排污的重点行业之一。后续研究可以聚焦细分行业进行脱钩研究。

附　录

附录1　纺织产业国家级节水及水污染治理的政策分析

新世纪以来，中国政府出台了一系列与纺织行业节水减排相关的法律法规和管理政策（见附表1－1、附表1－2），取得了良好的政策效果，有力地推进了纺织行业的节能减排，推进了纺织产业的绿色发展和生态文明建设。

附表1－1　　纺织产业节水国家级主要政策

序号	文件名称	发布部门	发布/实施时间
1	关于加强工业节水工作的意见	国家经贸委、水利部等	2000年10月25日
2	中华人民共和国水法	全国人民代表大会常务委员会	2002年10月1日
3	国务院办公厅关于推进水价改革促进节约用水保护水资源的通知	国务院办公厅	2004年4月19日
4	取水许可和水资源费征收管理条例	国务院	2006年4月15日
5	中华人民共和国循环经济促进法	全国人民代表大会常务委员会	2009年1月1日
6	中国节水技术政策大纲	国家发改委、科技部、水利部等	2010年3月3日
7	工业和信息化部关于进一步加强工业节水工作的意见	工业和信息化部	2010年5月4日
8	中共中央、国务院关于加快水利改革发展的决定	中共中央、国务院	2010年12月31日

续表

序号	文件名称	发布部门	发布/实施时间
9	节水型社会建设“十二五”规划	水利部	2012年1月20日
10	国务院关于实行最严格水资源管理制度的意见	国务院	2012年1月20日
11	国务院办公厅关于印发实行最严格水资源管理制度考核办法的通知	国务院办公厅	2013年1月2日
12	国务院关于印发《中国制造2025》的通知	国务院	2015年5月8日

附表1-2　　纺织产业水污染防治国家级主要政策

序号	文件名称	发布部门	发布/实施时间
1	中华人民共和国水污染防治法实施细则	国务院	2000年3月20日
2	中华人民共和国水污染防治法	全国人民代表大会常务委员会	2008年6月1日
3	关于进一步加强淘汰落后产能工作的通知	国务院	2010年2月6日
4	印染行业准入条件	工业和信息化部	2010年6月1日
5	印染行业“十二五”发展规划	中国印染行业协会	2012年1月20日
6	中华人民共和国清洁生产促进法	全国人民代表大会常务委员会	2012年7月1日
7	纺织染整工业水污染物排放标准	环保部、国家质检总局	2013年1月1日
8	关于办理环境污染刑事案件适用法律若干问题的解释	最高人民法院和最高人民检察院	2013年6月8日
9	关于进一步加强造纸和印染行业总量减排核算核查工作的通知	环保部	2013年11月27日
10	关于进一步推进排污权有偿使用和交易试点工作的指导意见	国务院办公厅	2014年8月6日
11	中华人民共和国环保法	全国人民代表大会常务委员会	2015年1月1日

续表

序号	文件名称	发布部门	发布/实施时间
12	水污染防治行动计划（水十条）	环保部	2015 年 4 月 2 日
13	排污权出让收入管理暂行办法	财政部、国家发改委、环境保护部	2015 年 10 月 1 日
14	国家生态工业示范园区管理办法	环保部	2015 年 12 月 17 日

从附表 1－1 和附表 1－2 中可以看出，我国对于纺织行业的用水总量、废水排放，以及废物的排放均有严格的限制。主要表现在以下几个方面：

（1）严格行业准入标准。2010 年 4 月，为了加快印染行业结构调整，规范印染项目准入，推进印染行业节能减排和淘汰落后技术，促进印染行业可持续发展，中华人民共和国工业和信息化部对《印染行业准入条件》进行了修订，并颁布了印染行业准入条件（2010 年修订版），在对印染项目的监督管理方面指出：新建和改扩建印染项目必须符合本准入条件；项目的投资备案、项目建设、土地供应、环评审批、安全许可、信贷融资等管理要依据本准入条件；新建和改扩建项目要在省级投资或工业管理部门备案；项目环境影响评价报告由省级工业管理部门提出预审意见后，报省级环境保护主管部门审批；其中，外资印染项目严格执行项目核准制。项目必须符合《印染行业准入条件（2010 年修订版）》。此准入条件从行业规范上严格了准入要求，明确了准入标准，有利于行业的整体规划和发展。

（2）推行清洁生产。2011 年 12 月，为扎实推进“十二五”时期重污染高耗能行业整治提升工作，推动产业转型升级，改善生态环境质量，促进生态文明建设，浙江省人民政府印发了《关于“十二五”时期重污染高耗能行业深化整治促进提升的指导意见》，其中明确提出要提升工艺水平；优先发展低毒、低污染、低能耗的替代工艺和清洁生产工艺，鼓励使用先进、环保、高效的生产工艺和装备，积极采用高效、安全、可靠的污染治理技术，不断提高资源能源循环利用率。继续拓展清洁生产审核覆盖面，6 大重点行业企业在整治验收前均应完成强制性清洁生产审核，并按审核要求实施清洁生产改造。

（3）严管废水治理。为了避免印染企业由于较高的污染治理费用而削弱企业竞争力，减少企业污染减排压力，在 2012 年 2 月，中国印染行业协会发布的印染行业“十二五”发展规划中，提到污染治理与控制主要是实现部分染色浴的循环使用、研究低成本的印染废水深度处理及回用技术和污泥处理技术。在国家和地方专项计划中，安排一批印染行业污染减排重大技术项目，攻克一批污染减排关键和共性技术。加快污染减排技术支撑平台建设，加强污染治理研发基地建设，推动建立以企业为主体、产学研相结合的污染减排技术创新与成果转化体系。

（4）修订行业标准。2012 年 11 月，环保部为贯彻《中华人民共和国环境保护法》《中华人民共和国水污染防治法》《中华人民共和国海洋环境保护法》《国务院关于加强环境保护重点工作的意见》等法律、法规和《国务院关于编制全国主体功能区规划的意见》，保护环境，防治污染，促进纺织染整工业生产工艺和污染治理技术的进步，修订了《纺织染整工业水污染物排放标准》，从行业标准上规定了污染排放标准，为以后各项相关政策的制定提供了依据，具有极大的意义。随着环境问题越来越严重及国家对环境保护的重视，国家对纺织产业污染物的排放的规制力度也会继续加大。

附录2　纺织产业浙江省节水及水污染治理的政策分析

作为中国的纺织第一大省，浙江省一方面基于国家层面的工业节水及水污染防治政策开展纺织产业的节水减排管理工作，另一方面也结合省情和自身行业特点出台一系列系统完善的工业节水和污染防治政策（附表2-1和附表2-2），逐步形成了自身的法律法规和政策管理体系，也使得浙江省在纺织产业的用水管理一直走在全国的前列。尤其需要指出的是，针对纺织产业中污染问题最为突出的印染行业，浙江省更是高度重视促进行业发展的“整治提升”工作，颁布了一系列有关其行业准入、技术创新、整治提升等政策文件。

附表2-1　浙江省纺织产业节水主要政策

序号	文件名称	发布部门	发布/实施时间
1	浙江省政府办公厅关于加强工业节水工作的通知	浙江省政府办公厅	2005年7月12日
2	浙江省取水许可制度实施细则	浙江省政府	2005年10月28日
3	浙江省节约用水办法	浙江省政府	2007年10月1日
4	浙江省水资源费征收管理办法	浙江省政府	2007年10月1日
5	浙江省人民政府办公厅关于进一步推进工业循环经济发展的意见	浙江省政府办公厅	2009年5月30日
6	浙江省水资源管理条例	浙江省人民代表大会常务委员会	2009年11月27日

续表

序号	文件名称	发布部门	发布/实施时间
7	浙江省工业循环经济示范园区（企业）评定暂行办法	浙江省经信委	2010 年 8 月 13 日
8	浙江省水利发展“十二五”规划	浙江省政府	2011 年 10 月 20 日
9	浙江省循环经济发展“十二五”规划	浙江省政府	2011 年 10 月 20 日
10	浙江省循环经济“991”行动计划（2011～2015 年）	浙江省政府	2011 年 12 月 27 日
11	浙江省超计划用水累进加价水费征收管理暂行办法	浙江省财政厅、省物价局	2012 年 5 月 1 日
12	浙江省水资源利用与开发保护“十二五”规划	浙江省政府	2012 年 10 月 19 日
13	关于实行最严格水资源管理制度全面推进节水型社会建设的意见	浙江省政府	2012 年 12 月 31 日
14	“五水共治”决策部署	浙江省人民代表大会	2013 年 11 月 28 日
15	关于贯彻落实省委省政府“五水共治”决策部署加快工业转型升级的意见	浙江省经信委	2014 年 2 月 13 日
16	浙江省抓节水工作方案	浙江省住房和城乡建设厅	2014 年 4 月 24 日
17	浙江省工业节水工艺、技术和装备推广导向目录（第一批）	浙江省经信委	2014 年 7 月 24 日

综合分析来看，浙江省通过技术创新和结构调整、发展循环经济、推进水制度改革和强化执法监督等多项措施来推进纺织产业节水和用水管理，具体如下：

（1）技术创新和结构调整。浙江省历来重视通过技术创新来推进工业节水和水污染治理，即主要通过采用先进工艺和设备、开展清洁生产等得以实现，强调用水量的下降、水资源效率的提升。如 2005 年 7 月，浙江省人民政府办公厅发布《关于加强工业节水工作的通知》，主要内容涉及加快调整产业结构与布局、依法淘汰落后的高耗水工艺、设备和产品、强化工业节水源头管理、严格用水器具市场准入制度、全面推行清洁生产、推动节水技术进步。行文中以较多的笔墨强调通过“技术创新”开展节水工作。文件也提到了“调整产业结构与布局”，主要是产业结构调整、产品结构调整。2014 年 7 月，浙江省经信委公布《浙江省工业节水工艺、技术和装备推广导向目录（第一批）》名录，内含 13 项可适用于纺织产业节水新技术和 8 项工业节水先进装备。

（2）发展循环经济。浙江省积极实施循环经济发展模式，通过构建和推动企业循环经济、园区循环经济、产业循环经济来节水减排。2005 年 2 月，浙江省政府办公厅发布《关于加快工业循环经济发展的意见》，明确指出“要加快工业循环经济，促进资源循环利用，实现工业经济与资源、环境的协调发展。”2009 年 5 月，浙江省政府颁发《关于进一步推进工业循环经济发展的意见》提出“推进区域工业生态化”。随后 2010 年 8 月，浙江省经信委颁发《浙江省工业循环经济示范园区（企业）评定暂行办法》，要求分期分批评定并重点培育 30 个示范园区和 300 家示范企业，推进工业循环经济发展，发挥循环经济对工业转型升级的引领和促进作用，以达到产业链高关联度，完善公用设施（集中供热、中水回用、污水处理等），从而实现资源的循环与利用。2011 年 10 月和 12 月，浙江省人民政府又相继出台了《浙江省循环经济发展“十二五”规划》《浙江省循环经济“991”行动计划（2011—2015 年）》，高度重视纺织印染行业循环经济的发展。

（3）推进水制度改革。浙江省在实践中越来越重视通过市场化的手段来推进节水减排工作，其中较为突出的工作就是进行水制度改革，推进包括水价改革、水权交易、水总量控制、水污染权交易和水污染权总量控制等一系列水制度改革。2005 年 10 月，浙江省颁发了《浙江省取水许可制度实施细则》，强调取水许可证制度，结合浙江省率先在全国开展的水权交易试点，走在了全国水资源管理的前列。2007 年 10 月实施的《浙江省节约用水办法》提出节约用水的促进措施包括：实行分类定价、阶梯式水价，建立激励节约用水的价格机制；用水户按照计量缴纳水资源费或者水费；实行水总量控制制度和水价改革。同年，浙江省实施《浙江省水资源费征收管理办法》，规定“取水者超过批准取水量取水的部分，其水资源费按照超额累进加价征收。”

（4）强化执法监督。在节水减排管理工作中，浙江省还通过行政手段和法制手段来强化执法监督，积极推进监管减排、淘汰落后产能、约束产业集聚、落实奖惩机制。2009 年 11 月，浙江省人民代表大会通过修订的《浙江省水资源管理条例》，其中强调：“根据国家规定制定并公布本省限期淘汰的落后的、耗水量高的工艺、设备和产品的名录。生产者、销售者或者生产经营中的使用者应当在规定的时间内停止生产、销售或者使用列入淘汰名录的工艺、设备和产品。”2014 年 2 月，浙江省经信委发布的《关于贯彻落实省委省政府“五水共治”决策部署加快工业转型升级的意见》督促指导各试点单位制订低端落后块状行业关停淘汰、整合入园、规范提升标准，要求到 2017 年完成淘汰落后印染产能 30 亿米，通过技术改造和工艺提升，力争到 2017 年，印染企业重复用水率达到 40% 以上。

附表 2 – 2　　浙江省纺织产业水污染防治的主要政策

序号	文件名称	发布部门	发布/实施时间
1	浙江省清洁生产审核暂行办法	浙江省经济贸易委员会、省环保局	2003 年 10 月 31 日
2	浙江省创建绿色企业（清洁生产先进企业）办法（试行）	浙江省经济贸易委员会、省环保局	2003 年
3	浙江省清洁生产审核机构管理暂行办法	浙江省经济贸易委员会、省环保局	2008 年 6 月 10 日
4	浙江省水污染防治条例	浙江省人民代表大会常务委员会	2009 年 1 月 1 日

续表

序号	文件名称	发布部门	发布/实施时间
5	浙江省印染产业环境准入指导意见	浙江省环保局	2009年2月25日
6	浙江省排污权有偿使用和交易试点工作暂行办法	浙江省政府办公厅	2010年10月9日
7	关于推进绿色信贷工作的实施意见	浙江省环保厅	2011年4月27日
8	浙江省"十二五"主要污染物总量减排实施方案（2011~2015）	浙江省环保厅	2011年11月23日
9	印染项目投资管理规定	浙江省经信委	2011年12月27日
10	"十二五"时期重污染高耗能行业深化整治促进提升的指导意见	浙江省政府	2011年12月29日
11	浙江省资源综合利用促进条例	浙江省人民代表大会常务委员会	2012年1月1日
12	浙江省清洁水源行动2012年度工作计划	浙江省政府	2012年6月13日
13	关于印发浙江省印染造纸制革化工等行业整治提升方案的通知	浙江省环保厅、浙江省经信委	2012年7月6日
14	浙江省智能纺织印染装备产业技术创新综合试点和省级高新区转型发展试点的方案	浙江省经信委	2012年12月10日
15	浙江省主要污染物总量减排计划	浙江省政府	2013年、2014年、2015年连续三年颁发
16	浙江省淘汰落后产能规划（2013~2017年）	浙江省淘汰落后产能工作协调小组	2013年4月16日
17	浙江省清洁生产行动计划（2013~2017）	浙江省经信委、环保厅、科技厅等	2013年6月9日
18	关于做好印染行业规划推进印染行业整治提升工作的通知	浙江省经信委、环保厅	2013年8月5日

续表

序号	文件名称	发布部门	发布/实施时间
19	“五水共治”决策部署	浙江省人民代表大会	2013 年 11 月 28 日
20	浙江省水污染防治条例	浙江省第人民代表大会常务委员会	2013 年 12 月 19 日
21	关于开展园区清洁生产示范试点的通知	浙江省经信委、环保厅	2014 年 3 月 19 日
22	关于印发浙江省治污水实施方案（2014～2017 年）的通知	浙江省环保厅	2014 年 4 月 30 日
23	浙江省综合治水工作规定	浙江省政府	2014 年 12 月 31 日
24	浙江省节能环保产业发展规划（2015～2020 年）	浙江省发展和改革委、经信委、环保厅	2015 年 12 月 8 日

从政策出台的数量和针对性上来看，相比于纺织产业的节水工作，纺织产业的水污染防治工作似乎得到了更加重视，浙江省通过技术创新、资源循环利用、结构调整、推进水制度改革和强化执法监督等多项措施来推进纺织产业污染防治工作。

（1）技术创新。2003 年 10 月，浙江省经济贸易委员会（现浙江省经济和信息化委员会）和浙江省环保局（现浙江省环保厅）联合颁布《浙江省清洁生产审核暂行办法》，2006 年 1 月，浙江省经信委颁布《浙江省创建绿色企业（清洁生产先进企业）办法（试行）》，其中都强调通过工艺技术水平的提高全面推动企业实施清洁生产，实现工业污染防治向以预防为主转变。为规范清洁生产审核行为，加强对清洁生产审核机构的管理，2008 年 6 月，浙江省经信委和环保厅两部门联合颁发《浙江省清洁生产审核机构管理暂行办法》。2012 年 6 月，浙江省政府发布《浙江省清洁水源行动 2012 年度工作计划》，2013 年 6 月，浙江省经信委、环保厅等 6 个部门联合出台了《浙江省清洁生产行动计划（2013～2017）》。

（2）资源循环利用。2012 年 1 月，浙江省开始执行《浙江省资源综合利用促进条例》，其中指出要：“统筹规划区域经济布局，明确资源综合利用的重点产业、行业和企业，提高产业规模化水平，推进产业结构调整，促进企业在资源综合利用领域进行合作，实现资源的高效利用和循环使用。”

（3）结构调整。2011 年 11 月，浙江省环保厅印发《浙江省“十二五”主要污染物总量减排实施方案（2011～2015）》，明确要求加大工业企业产业结构调整力度，其中纺织、印染、化纤企业占有很大的比重。浙江省政府又在 2013 年、2014 年、2015 年连续三年出台《浙江省主要污染物总量减排计划》，其中都十分重视结构减排工作，发挥节能减排的倒逼作用，加快淘汰高耗能、高污染的产能和技术，对印染业做出了具体的减排指标，并且每半年对各设区市进行一次考核督查，对执行不利的地区和企业予以通报。

（4）水制度改革。2006 年 1 月，浙江省出台《浙江省创建绿色企业（清洁生产先进企业）办法》，其中提出要“逐步推行排污权交易制度，可按环保资金管理权限优先安排环保贷款和贴息”，这是水污染权交易、绿色金融的早起雏形。2008 年 9 月，浙江省人民代表大会常务委员会通过《浙江省水污染防治条例》，其中全面提出了：“应当按照国家和省有关规定设置规范化排污口、重点水污染物排放实行总量控制制度、实行排污学科证申领制度、逐步推进重点水污染物排放总量控制指标有偿使用和转让、征收排污费、超过核定排污量加倍缴纳排污费。”2010 年 10 月，浙江省政府办公厅颁发《浙江省排污权有偿使用和交易试点工作暂行办法》，其中明确“始排污权指标的核定、分配和有偿使用原则”，并指出“开展排污权有偿使用和交易试点的地区，新建、改建、扩建项目和排污单位需要新增排污权指标的，应通过排污权交易取得，通过排污权交易机构的平台进行交易。”“排污权交易价格实行市场调节。”

（5）减排监管。2009 年 2 月，浙江省环保厅出台《浙江省印染产业环境准入指导意见》，其中规定印染项目应建在集中供热、污水集中处理厂等基础设施完善的工业区块。2013 年 8 月，浙江省经信委和浙江省环保厅联合发出《关于做好印染行业规划推进印染行业整治提升工作的通知》，明确指出要按照“关停淘汰一批、整合入园一批、规范提升一批”原则，开展对印染行业的整治提升工作。2013 年 4 月，浙江省淘汰落后产能工作协调小组发布《浙江省淘汰落后产能规划（2013 ~ 2017 年)》，要求印染业重点淘汰年限长、工艺落后、污染大的落后产能，腾出发展空间并向印染园区集中，集聚发展规模大、技术先进的少水及无水印染加工项目，实现印染行业的绿色健康发展。

2013 年 12 月，浙江省委十三届四次全会提出的“五水共治”重要决策部署，以“治污水、防洪水、排涝水、保供水、抓节水”为突破口倒逼转型升级，该战略实施两年多来，浙江省纺织产业节水减排工作取得了较大的进展。为了保障治水工程落地，浙江省政府各厅局相继出台了一系列规章制度，省环境保护厅出台了《关于印发浙江省治污水实施方案（2014 ~ 2017 年）的通知》；省水利厅出台了《浙江省“五水共治”保供水实施方案》；省住房和城乡建设厅发布《浙江省“抓节水”工作实施方案》。2014 年 12 月 31 日，浙江省政府颁布《浙江省综合治水工作规定》（2015 年 2 月 1 日起施行），这标志着浙江省正式进入水的“综合治理”时代。加快构建“一水一标”的“五水共治”标准体系，提高污水控制标准要求，促进污水排放标准体系与环境容量标准体系兼容，优化强制性地方标准体系结构，用先进标准推动节能技术改造，加快淘汰落后生产工艺和高耗能与排放标准严于国家标准水平，着重提高水、大气和固体废弃物污染防治水平。

总体来看，浙江省纺织产业的节水及水污染治理已经走在全国的前列，浙江省工业用水管理已经实现了以下五个方面的转变：（1）实现以行政化手段为主到以市场化手段为主的转变；（2）实现从末端淘汰到严格准入，再到有保有压持续发展的转变；（3）实现从治理为主、预防为辅到防治结合的转变；（4）实现从单纯淘汰到促进转型的转变；（5）实现从节水、水污染防治的单一考虑到综合水治理转变。

附录3　缩　略　词

COD	Chemical Oxygen Demand	化学需氧量
D	Decoupling	脱钩
DF	Driving Force	经济驱动力
EKC	Environmental Kuznets Curve	环境库兹涅茨曲线
ES	Environmental Stress	环境压力
GRE	Gross Rebound Effect	总反弹效应
G	Gross Industrial Production	工业总产值
IPAT	Environment impact, Population, Affluence and Technology	环境负荷、人口、经济与技术
ISO	International Standard Organization	国际标准化组织
LCA	Life Cycle Assessment	生命周期评价
LMDI	Logarithmic Mean Divisia Index Method	对数平均迪氏分解
MCF	Manufacture of Chemical Fibers	化纤业
MT	Manufacture of Textile	纺织业
MTWA	Manufacture of Textile Wearing Apparel, Footwear, and Caps	服装业
OECD	Organization for Economic Co-operation and Development	经济合作与发展组织
PSR	Pressure-State-Response	压力—状态—响应
RE	Rebound Effect	反弹效应

TI	Textile Industry	纺织产业
WC	Water Consumption	工业用水总量
WCI	Water Consumption Intensity	水资源消耗强度
WD	Wastewater Discharge	废水排放量
WEPI	Water Environmental Pollution Intensity	水环境污染强度
WF	Water Footprint	水足迹
WF_b	Blue Water Footprint	蓝水足迹
WF_g	Green Water Footprint	绿水足迹
WF_{gy}	Grey Water Footprint	灰水足迹
WFI	Water Footprint Intensity	水足迹强度
WFN	Water Footprint Network	水足迹网络
WFP	Water Footprint Productivity	水足迹生产率
WRP	Water Resource Productivity	水资源生产率

参考文献

［1］沈满洪．资源与环境经济学［M］．北京：中国环境科学出版社，2007.

［2］马尔萨斯．人口论［M］．周进，译．北京：商务印书馆，2001.

［3］李嘉图．政治经济学及赋税原理［M］．郭大力，王亚南，译．北京：商务印书馆，1962.

［4］约翰·斯图亚特·穆勒．政治经济学原理［M］．金镝，金熠，译．北京：华夏出版社，2013.

［5］马歇尔．经济学原理［M］．朱志泰，译．北京：商务印书馆，2009.

［6］Stokey N L. Are There Limits to Growth?［J］. International Economic Review，1998，39（1）：1－31.

［7］赫尔曼·E. 戴利．超越增长：可持续发展的经济学［M］．诸大建，胡圣，译．上海：上海译文出版社，2006.

［8］中华人民共和国环境保护部．中国环境统计年报 2014［M］．北京：中国环境科学出版社，2015.

［9］中国环境年鉴编辑委员会．中国环境年鉴 2002［M］．北京：中国环境年鉴社，2002.

［10］中华人民共和国国家统计局．中国工业经济统计年鉴 2015［M］．北京：中国统计出版社，2015.

［11］彭羽．中国纺织工业竞争力结构提升研究［D］．上海：上海

社会科学院，2010.

［12］ WTO. WTO 商品贸易数据库［DB/OL］. 2016.

［13］ 国务院研究发展中心. 国务院研究发展中心信息网——重点行业数据库（纺织工业）［DB/OL］. 2014.

［14］ 中华人民共和国工业和信息化部. 纺织工业“十三五”规划［EB/OL］［2017-08-26］. http：//www. miit. gov. cn/n1146295/n1652930/n3757019/c5267251/content. html.

［15］ OECD. Sustainable Development：Indicators to Measure Decoupling of Environmental Pressure From Economic Growth，Jt00121767［R］，2002.

［16］ Ang B W. Decomposition Analysis for Policymaking in Energy：Which Is the Preferred Method?［J］. Energy Policy，2004，32（9）：1131-1139.

［17］ OECD. Decoupling：A Conceptual Overview［J］. OECD Papers，2005，5（11）：37-37.

［18］ UNEP. Decoupling：Natural Resource Use and Environmental Impacts From Economic Growth［EB/OL］［2017-12-18］. http：//www. danishwaterforum. dk/activities/water-efficiency-conference_030215/f% c3% a6lles-session/9%20-%20niels-riegels_decouplingpresentation_030215. pdf.

［19］ 沈满洪. “五水共治”的体制、机制、制度创新［J］. 嘉兴学院学报，2015（1）：54-57.

［20］ Hotelling H. The Economics of Exhaustible Resources［J］. Bulletin of Mathematical Biology，1991，53（1-2）：281-312.

［21］ Joseph. Growth With Exhaustible Natural Resources：Efficient and Optimal Growth Paths［J］. Review of Economic Studies，1974，41（5）：123.

［22］ Dasgupta P，Heal G M. Economic Theory and Exhaustible Resources［M］. Cambridge University Press：J. Nisbet，1979.

[23] Grimaud A, Rougé L. Non-Renewable Resources and Growth With Vertical Innovations: Optimum, Equilibrium and Economic Policies [J]. Journal of Environmental Economics & Management, 2003, 45 (2): 433 - 453.

[24] 郭晔. 能源、技术与经济增长——基于中国与印度的比较分析 [J]. 数量经济技术经济研究, 2007, 24 (6): 137 - 145.

[25] Cleveland C J, Costanra C H. Energy and the Us Economy: A Biophysical Perspective [J]. Science, 1984, 225 (3): 119 - 206.

[26] Lee C C. Energy Consumption and Gdp in Developing Countries: A Cointegrated Panel Analysis [J]. Energy Economics, 2005, 27 (3): 415 - 427.

[27] 王青, 刘敬智, 顾晓薇等. 中国经济系统的物质消耗分析 [J]. 资源科学, 2005, 27 (5): 2 - 7.

[28] 傅素英. 资源消耗与经济增长关系的实证分析——以安徽省为例 [J]. 生态经济 (中文版), 2010 (3): 32 - 36.

[29] 王亚菲. 中国资源消耗与经济增长动态关系的检验与分析 [J]. 资源科学, 2011, 33 (1): 25 - 30.

[30] 诸大建, 朱远. 生态文明背景下循环经济理论的深化研究 [J]. 中国科学院院刊, 2013 (2): 207 - 218.

[31] Levin S A. Economic Growth and Environmental Quality [J]. Swedish Journal of Economics, 1972, 74 (2): 281 - 285.

[32] Forster B A. Optimal Capital Accumulation in a Polluted Environment [J]. Southern Economic Journal, 1973, 39 (4): 544 - 547.

[33] Selden T M, Song D. Environmental Quality and Development: Is There a Kuznets Curve for Air Pollution Emissions? [J]. Journal of Environmental Economics & Management, 2004, 27 (2): 147 - 162.

[34] Copeland B R, Taylor M S. North-South Trade and the Environment [J]. Quarterly Journal of Economics, 1994, 109 (3): 755 - 787.

[35] Andreoni J, Levinson A. The Simple Analytics of the Environmental Kuznets Curve [J]. Journal of Public Economics, 2001, 80 (2): 269 - 286.

[36] López R. The Environment as a Factor of Production: The Effects of Economic Growth and Trade Liberalization [J]. Journal of Environmental Economics & Management, 2004, 27 (2): 163 - 184.

[37] Brock W A, Taylor M S. The Green Solow Model [J]. Journal of Economic Growth, 2010, 15 (2): 127 - 153.

[38] Criado C O, Valente S, Stengos T. Growth and Pollution Convergence: Theory and Evidence [J]. Journal of Environmental Economics & Management, 2011, 62 (2): 199 - 214.

[39] Stokey N L. Are There Limits to Growth? [J]. International Economic Review, 1998, 39 (1): 1 - 31.

[40] 周侃，樊杰. 中国环境污染源的区域差异及其社会经济影响因素——基于339个地级行政单元截面数据的实证分析 [J]. 地理学报，2016，71 (11): 1911 - 1925.

[41] Grossman G M, Krueger A B. Environmental Impacts of a North American Free Trade Agreement [J]. Cepr Discussion Papers, 1992, 8 (2): 223 - 250.

[42] Panayotou T. Empirical Tests and Policy Analysis of Environmental Degradation at Different Stages of Economic Development [J]. Ilo Working Papers, 1993 (4): 1 - 42.

[43] Stern D I. Between Estimates of the Environmental Kuznets Curve [J]. Environmental Economics Research Hub Research Repo, 2010 (4): 1 - 23.

[44] Farhani S, Mrizak S, Chaibi A, et al. The Environmental Kuznets Curve and Sustainability: A Panel Data Analysis [J]. Energy Policy, 2014, 71 (3): 189 - 198.

[45] 杨凯，叶茂，徐启新．上海城市废弃物增长的环境库兹涅茨特征研究 [J]．地理研究，2003，22（1）：60－66.

[46] 杨海生，周永章，王树功等．外商直接投资与环境库兹涅茨曲线 [J]．生态经济（中文版），2005（9）：41－43.

[47] 陆旸，郭路．环境库兹涅茨倒U型曲线和环境支出的S型曲线：一个新古典增长框架下的理论解释 [J]．世界经济，2008，31（12）：82－92.

[48] Shafik N. Economic Development and Environmental Quality：An Econometric Analysis [J]. Oxford Economic Papers，1994，46（Supplement Oct.）：757－773.

[49] 虞义华，郑新业，张莉．经济发展水平、产业结构与碳排放强度——中国省级面板数据分析 [J]．经济理论与经济管理，2011，3（3）：72－81.

[50] 袁鹏，程施．中国工业环境效率的库兹涅茨曲线检验 [J]．中国工业经济，2011（2）：79－88.

[51] 张彬，左晖．能源持续利用、环境治理和内生经济增长 [J]．中国人口·资源与环境，2007，99（5）：27－32.

[52] 王彦彭．能源可持续利用、环境治理与内生经济增长 [J]．中外企业家，2011（8）：1－4.

[53] 于渤，黎永亮，迟春洁．考虑能源耗竭、污染治理的经济持续增长内生模型 [J]．管理科学学报，2006，9（4）：12－17.

[54] 石刚．环境与能源约束下的经济增长——理论模型分析 [J]．生产力研究，2014（2）：24－28.

[55] Tiris M，Atagunduz G，Dincer，I. Energy，Economy and Environment Modelling：Applications for Turkey [J]. Energy，1994，19（9）：1005－1009.

[56] Han X，Chatterjee L. Impacts of Growth and Structural Change on CO_2 Emissions of Developing Countries [J]. World Development，1997，25

(3): 395 - 407.

[57] Hanley N D, Mcgregor P G, Swales J K, et al. The Impact of a Stimulus to Energy Efficiency on the Economy and the Environment: A Regional Computable General Equilibrium Analysis [J]. Renewable Energy, 2006, 31 (2): 161 - 171.

[58] 刘希宋，李果. 工业结构与环境影响关系的多维标度分析——兼析哈尔滨市工业结构的优化升级 [J]. 经济与管理，2005，19 (10): 57 - 59.

[59] 徐婕，张丽珩，吴季松. 我国各地区资源、环境、经济协调发展评价——基于交叉效率和二维综合评价的实证研究 [J]. 科学学研究，2007，25 (S2): 282 - 287.

[60] 汪慧玲，余实. 资源环境约束条件下甘肃经济可持续发展瓶颈研究 [J]. 经济论坛，2010 (3): 95 - 97.

[61] 刘宇，黄继忠. 辽宁省产业结构演变的环境效应分析 [J]. 资源与产业，2013 (2): 116 - 122.

[62] 钞小静，任保平. 资源环境约束下的中国经济增长质量研究 [J]. 中国人口·资源与环境，2012，22 (4): 102 - 107.

[63] 任保平. 中国经济增长质量的观察与思考 [J]. 社会科学辑刊，2012 (2): 80 - 85.

[64] 沈满洪，程永毅. 中国工业水资源利用及污染绩效研究——基于2003 ~ 2012 年地区面板数据 [J]. 中国地质大学学报（社会科学版)，2015，15 (1): 31 - 40.

[65] Barker T, Dagoumas A, Rubin J. The Macroeconomic Rebound Effect and the World Economy [J]. Energy Policy, 2007, 35 (10): 4935 - 4946.

[66] Missemer A. William Stanley Jevons' the Coal Question (1865), Beyond the Rebound Effect [J]. Ecological Economics, 2012 (82): 97 - 103.

[67] Maltsoglou I. Simulating Exogenous and Endogenous Technology When Depletables, Renewables and Pollution Co-Exist: How to Achieve Sustainability? [D]. Italy: University of Rome 'Tor Vergata', 2009: 1-40.

[68] Saunders H D. A View From the Macro Side: Rebound, Backfire, and Khazzoom-Brookes [J]. Energy Policy, 2000, 28 (6-7): 439-449.

[69] Dimitropoulos J. Energy Productivity Improvements and the Rebound Effect: An Overview of the State of Knowledge [J]. Energy Policy, 2007, 35 (12): 6354-6363.

[70] Mizobuchi K. An Empirical Study on the Rebound Effect Considering Capital Costs [J]. Energy Economics, 2008, 30 (5): 2486-2516.

[71] Spielmann M, Haan P D, Scholz R W. Environmental Rebound Effects of High-Speed Transport Technologies: A Case Study of Climate Change Rebound Effects of a Future Underground Maglev Train System [J]. Journal of Cleaner Production, 2008, 16 (13): 1388-1398.

[72] 白竹岚，诸大建，蔡兵．上海 1978~2009 年能源反弹效应的完全分解分析 [J]. 华东经济管理，2011，25 (9)：1-7.

[73] Schmidt-Bleek F. Wieviel Umwelt Braucht Der Mensch? [J]. Mips-Das Maβ Für Ökologisches Wirtschaften Berli, 1994 (1): 1-12.

[74] Von W E, Lovins A B, Lovins L H. Factor 4: Doubling Wealth-Halving Resource Use: A New Report to the Club of Rome [J]. London England Earthscan Publications, 1997, 26 (11): 186-190.

[75] Bruyn S D, Opschoor J B. Developments in the Throughput-Income Relationship: Theoretical and Empirical Observations [J]. Ecological Economics, 1997, 20 (3): 255-268.

[76] Vehmas J, Kaivo-Oja J, Luukkanen J. Global Trends of Linking Environmental Stress and Economic Growth [M]. Turku School of Economics and Business Administration, Finland: Finland Futures Research Centre, Tampere Office, 2003: 1-24.

［77］ Climent F, Pardo A. Decoupling Factors on the Energy-Output Linkage: The Spanish Case ［J］. Energy Policy, 2007, 35 (1): 522 - 528.

［78］ 赵一平，孙启宏，段宁．中国经济发展与能源消费响应关系研究——基于相对“脱钩”与“复钩”理论的实证研究［J］．科研管理，2006，27（3）：128－134.

［79］ 王虹，王建强，赵涛．我国经济发展与能源、环境的“脱钩”“复钩”轨迹研究［J］．统计与决策，2009（17）：113－115.

［80］ Zhao Y, Sun Q, Duan N. Responsive Relationship Between Economic Development and Energy Consumption in China—A Practical Research Based on Comparative De-Link and Re-Link Theory ［J］. Science Research Management, 2006, 27 (3): 128 - 134.

［81］ Vehmas J, Kaivo-Oja J, Luukkanen J. Global Trends of Linking Environmental Stress and Economic Growth ［M］. Turku School of Economics and Business Administration, Finland: Finland Futures Research Centre, Tampere Office, 2003: 1 - 24.

［82］ Tapio P. Towards a Theory of Decoupling: Degrees of Decoupling in the Eu and the Case of Road Traffic in Finland Between 1970 and 2001 ［J］. Transport Policy, 2005, 12 (2): 137 - 151.

［83］ Azar C, Holmberg J, Karlsson S. Decoupling-Past Trends and Prospects for the Future ［J］. British Medical Journal, 2002, 21 (172): 33 - 38.

［84］ Cleveland C J, Ruth M. Indicators of Dematerialization and the Materials Intensity of Use ［J］. Journal of Industrial Ecology, 2010, 2 (3): 15 - 50.

［85］ Diakoulaki D, Mandaraka M. Decomposition Analysis for Assessing the Progress in Decoupling Industrial Growth From CO_2 Emissions in the Eu Manufacturing Sector ［J］. Energy Economics, 2007, 29 (4): 636 - 664.

[86] Commoner B. The Environmental Cost of Economic Growth [J]. Chemistry in Britain, 1972, 8 (2): 52-56.

[87] 陆钟武，王鹤鸣，岳强．脱钩指数：资源消耗、废物排放与经济增长的定量表达 [J]. 资源科学，2011，33 (1)：2-9.

[88] 王鹤鸣，岳强，陆钟武．中国1998～2008年资源消耗与经济增长的脱钩分析 [J]. 资源科学，2011，33 (9)：1757-1767.

[89] 易平．基于脱钩理论的地质公园旅游可持续发展评价研究 [D]. 湖北：中国地质大学，2014.

[90] Nordic Council of Ministers. Measuring Sustainability and Decoupling: A Survey of Methodology and Practice, 0908-6692 [R], 2006: 43-44.

[91] 钟太洋，黄贤金，韩立等．资源环境领域脱钩分析研究进展 [J]. 自然资源学报，2010 (8)：1400-1412.

[92] Vehmas J, Luukkanen J, Kaivo-Oja J. Linking Analyses and Environmental Kuznets Curves for Aggregated Material Flows in the Eu [J]. Journal of Cleaner Production, 2007, 15 (17): 1662-1673.

[93] Yu Y, Chen D, Zhu B, et al. Eco-Efficiency Trends in China, 1978 - 2010: Decoupling Environmental Pressure From Economic Growth [J]. Ecological Indicators, 2013, 24 (1): 177-184.

[94] Roinioti A, Koroneos C. The Decomposition of CO_2 Emissions From Energy Use in Greece Before and During the Economic Crisis and Their Decoupling From Economic Growth [J]. Renewable & Sustainable Energy Reviews, 2017 (76): 448-459.

[95] Enevoldsen M K, Ryelund A V, Andersen, M. S. Decoupling of Industrial Energy Consumption and Co - Emissions in Energy - Intensive Industries in Scandinavia [J]. Energy Economics, 2007, 29 (4): 665-692.

[96] Ren S, Yin H, Chen X H. Using Lmdi to Analyze the Decoupling of Carbon Dioxide Emissions By China's Manufacturing Industry [J]. Environ-

mental Development, 2014, 9 (1): 61 –75.

[97] Wu C, Huang X, Yang H, et al. Embodied Carbon Emissions of foreign Trade Under the Global Financial Crisis: A Case Study of Jiangsu Province, China [J]. Journal of Renewable & Sustainable Energy, 2015, 7 (4): 10288 –11029.

[98] 李一，石瑞娟，骆艳等．纺织工业碳排放峰值模拟及影响因素分析——以宁波市为例 [J]. 丝绸，2017，54 (1): 36 –42.

[99] Zhang Z. Decoupling China's Carbon Emissions Increase From Economic Growth: An Economic Analysis and Policy Implications [J]. World Development, 2000, 28 (4): 739 –752.

[100] Femia A, Hinterberger F, Luks F. Ecological Economic Policy for Sustainable Development: Potentials and Domains of Intervention for Delinking Approaches [J]. Population & Environment, 2001, 23 (2): 157 –174.

[101] Stead D, Banister D. Separating Transport Growth From Economic Growth-Is It Possible? [C] //European Transport Conference 2002, 2002: 1 –18.

[102] Galeotti M. Environment and Economic Growth: Is Technical Change the Key to Decoupling? [J]. Ssrn Electronic Journal, 2003 (90): 1 –21.

[103] Ballingall J, Steel D, Briggs P. Decoupling Economic Activity and Transport Growth: The State of Play in New Zealand [C]//Australasian Transport Research Forum. New Zealand Institute of Economi, 2003: 1 –24.

[104] Muldera P. Decoupling Economic Growth and Energy Use [J]. Ssrn Electronic Journal, 2003, 2004 –005/3 (Tinbergen Institute): 1 –38.

[105] OECD. Decoupling: A Conceptual Overview [J]. Oecd Papers, 2005, 5 (11): 37 –37.

[106] Chen B M, Hong D U. Analyzing Decoupling Relationship Between Arable Land Occupation and Gdp Growth [J]. Resources Science,

2006, 28 (5): 36 -42.

[107] Wei J, Zhou J, Tian J, et al. Decoupling Soil Erosion and Human Activities on the Chinese Loess Plateau in the 20th Century [J]. Catena, 2006, 68 (1): 10 -15.

[108] Wang M. The Theory of Decoupling Applied to the Model of Recycling Economy in Zhejiang Province [J]. Forestry Economics, 2006 (12): 40 -43.

[109] Mckinnon A C. Decoupling of Road Freight Transport and Economic Growth Trends in the UK: An Exploratory Analysis [J]. Transport Reviews, 2007, 27 (1): 37 -64.

[110] Lu I J, Lin S J, Lewis C. Decomposition and Decoupling Effects of Carbon Dioxide Emission From Highway Transportation in Taiwan, Germany, Japan and South Korea [J]. Energy Policy, 2007, 35 (6): 3226 - 3235.

[111] Halada K, Shimada M, Ijima K. Decoupling Status of Metal Consumption From Economic Growth [J]. Materials Transactions, 2008, 71 (71): 823 -830.

[112] Li Y, Oberheitmann A. Factors Enabling the Decoupling of China's Energy-Related Emissions From Its Economic Growth Where Is China on the Environmental Kuznets Curve? [J]. Asien, 2008, 106 (1): 7 -23.

[113] Druckman A, Jackson T. The Carbon Footprint of UK Households 1990 -2004: A Socio-Economically Disaggregated, Quasi-Multi-Regional Input-Output Model [J]. Ecological Economics, 2009, 68 (7): 2066 - 2077.

[114] Steger S, Bleischwitz R. Decoupling Gdp From Resource Use, Resource Productivity and Competitiveness: A Cross-Country Comparison [M]. Sheffield: Greenleaf, 2009: 171 -193.

[115] Andreoni V, Galmarini S. Decoupling Economic Growth From

Carbon Dioxide Emissions: A Decomposition Analysis of Italian Energy Consumption [J]. Energy, 2012, 44 (1): 682 -691.

[116] Alsheyab M T, Kusch S. Decoupling Resources Use From Economic Growth-Chances and Challenges of Recycling Electronic Communication Devices [J]. Journal of Economy, Business and Financing, 2013, 1 (1): 99 - 107.

[117] Wei S. Decoupling Cultivated Land Loss By Construction Occupation From Economic Growth in Beijing [J]. Habitat International, 2014, 43 (43): 198 -205.

[118] Wang W, Kuang Y, Huang N, et al. Empirical Research on Decoupling Relationship Between Energy-Related Carbon Emission and Economic Growth in Guangdong Province Based on Extended Kaya Identity [J]. The Scientific World Journal, 2014, 2014 (5): 1 -11.

[119] Zhang M, Song Y, Su B, et al. Decomposing the Decoupling Indicator Between the Economic Growth and Energy Consumption in China [J]. Energy Efficiency, 2015, 8 (6): 1231 -1239.

[120] Wang Z, Zhao L, Mao G, et al. Eco-Efficiency Trends and Decoupling Analysis of Environmental Pressures in Tianjin, China [J]. Sustainability, 2015, 7 (11): 11542 -15407.

[121] Malmaeus J. Economic Values and Resource Use [J]. Sustainability, 2016, 8 (5): 490.

[122] Zhang M, Bai C, Zhou M. Decomposition Analysis for Assessing the Progress in Decoupling Relationship Between Coal Consumption and Economic Growth in China [J]. Resources Conservation & Recycling, 2016, 129: 454 -462.

[123] Longhofer W, Jorgenson A. Decoupling Reconsidered: Does World Society Integration Influence the Relationship Between the Environment and Economic Development? [J]. Social Science Research, 2017, 65: 17 -

29.

[124] Aokisuzuki C. Developing Methodology to Evaluate Decoupling Economic Growth From Environmental Impacts of Materials Use in Japan [C]//2017 Joint Conference Isie and Issst. Chicago, USA, 2017.

[125] Hu Y, Wen Z, Lee J K, et al. Assessing Resource Productivity for Industrial Parks Using Adjusted Raw Material Consumption (Armc) [J]. Resources Conservation & Recycling, 2017 (124): 42 – 49.

[126] Shuai C, Jiao L, Song X, et al. Decoupling Analysis on the Relationship Between Economic Development and Environment Degradation in China [M]. Singapore: Springer Singapore, 2017.

[127] Stamm A. Sustainability-Oriented Innovation Systems: Towards Decoupling Economic Growth From Environmental Pressures? [J]. Die Discussion Paper, 2017 (20): 1 – 42.

[128] 汪奎，邵东国，顾文权等. 中国用水量与经济增长的脱钩分析 [J]. 灌溉排水学报，2011，30 (3): 34 – 38.

[129] Zhu H, Li W, Yu J, et al. An Analysis of Decoupling Relationships of Water Uses and Economic Development in the Two Provinces of Yunnan and Guizhou During the First Ten Years of Implementing the Great Western Development Strategy [J]. Procedia Environmental Sciences, 2013 (18): 864 – 870.

[130] 吴丹. 中国经济发展与水资源利用脱钩态势评价与展望 [J]. 自然资源学报，2014 (1): 46 – 54.

[131] 王宝强. 基于脱钩分析的中国经济增长与水资源关系利用研究 [D]. 甘肃：兰州大学，2015.

[132] Gilmont M. Water Resource Decoupling in the Mena Through Food Trade as a Mechanism for Circumventing National Water Scarcity [J]. Food Security, 2016, 7 (6): 1 – 19.

[133] 雷洁，雷菁，徐成剑. 经济发展与污水排放的脱钩分析——

以武汉市为例［J］. 中国农村水利水电，2014（1）：96－98.

［134］李斌，曹万林. 经济发展与环境污染的脱钩分析［J］. 经济学动态，2014（7）：48－56.

［135］Conrad E，Cassar L. Decoupling Economic Growth and Environmental Degradation：Reviewing Progress to Date in the Small Island State of Malta［J］. Sustainability，2014，6（10）：6729－6750.

［136］白彩全，黄芽保，宋伟轩等. 长三角地区工业经济发展与环境污染脱钩研究［J］. 环境科学与技术，2015，38（7）：157－163.

［137］李孝坤，韦杰. 重庆都市区环境压力与经济发展退耦研究［J］. 自然资源学报，2010，25（1）：139－147.

［138］盖美，胡杭爱，柯丽娜. 长江三角洲地区资源环境与经济增长脱钩分析［J］. 自然资源学报，2013（2）：185－198.

［139］王来力. 纺织服装碳足迹和水足迹研究与示范［D］. 上海：东华大学，2013.

［140］邵珍珍. 中国纺织工业水足迹与经济发展关系的实证分析［D］. 天津：天津工业大学，2016.

［141］Yang Z H，Wei S U，Zhao W Q. Decoupling Analysis of Urban Water Resources and Economic Development Based on Water Ecological Footprint［J］. Economic Geography，2016（10）：161－167.

［142］Hoekstra A Y，Hung P Q. Value of Water Research Report Series No. 12－Virtual Water Trade：A Quantification of Virtual Water Flows Between Nations in Relation to International Crop Trade［R］. Deflt，Netherlands，2002：159－170.

［143］Hoekstra A Y. Value of Water Research Report Series No. 12－Virtual Water Trade：Proceedings of the International Expert Meeting on Virtual Water Trade［R］. Deflt，Netherlands，2003：171－182.

［144］Chapagain A K，Hoekstra A Y. Water Footprints of Nations［J］. Journal of Banking & Finance，2004，27（8）：1427－1453.

[145] Hoekstra A Y, Chapagain A K, Aldaya M M, et al. Water Footprint Manual: Sate of the Art 2009 [M]. Enschede, The Netherlands: Water Footprint Network, 2009.

[146] ISO, ISO: 14046: 2014. Environmental Management-Water Footprint-Principles, Requirements and Guidelines [S]. Switzerland, 2014.

[147] Egan M. The Water Footprint Assessment Manual. Setting the Global Standard [J]. Social & Environmental Accountability Journal, 2011, 31 (2): 181 - 182.

[148] Pfister S, Koehler A, Hellweg S. Assessing the Environmental Impacts of Freshwater Consumption in Lca [J]. Environmental Science & Technology, 2009, 43 (11): 4098 - 4104.

[149] Ridoutt B G. A Revised Approach to Water Footprinting to Make Transparent the Impacts of Consumption and Production on Global Freshwater Scarcity [J]. Global Environmental Change, 2010, 20 (1): 113 - 120.

[150] Heijungs R, Guinée J B. Environmental Life Cycle Assessment of Products [M]. Leiden: Centre of Environmental Science, 1992.

[151] Hoekstra A Y, Chapagain A K. The Water Footprint of Cotton Consumption [J]. Unesco-Ihe Institute for Water Education, 2005, 47 (6): 765 - 766.

[152] Chapagain A K, Hoekstra A Y. The Water Footprint of Coffee and Tea Consumption in the Netherlands [J]. Ecological Economics, 2007, 64 (1): 109 - 118.

[153] Aldaya M M, Allan J A, Hoekstra A Y. Strategic Importance of Green Water in International Crop Trade [J]. Ecological Economics, 2010, 69 (4): 887 - 894.

[154] Gerbensleenes P W, Lienden A V, Hoekstra A Y, et al. Biofuel Scenarios in a Water Perspective: The Global Blue and Green Water Footprint of Road Transport in 2030 [J]. Global Environmental Change, 2012, 22

(3): 764－775.

[155] 孙世坤，王玉宝，刘静等. 中国主要粮食作物的生产水足迹量化及评价 [J]. 水利学报，2016，47 (9): 1115－1124.

[156] Fader M，Gerten D，Thammer M，et al. Internal and External Green-Blue Agricultural Water Footprints of Nations，and Related Water and Land Savings Through Trade [J]. Hydrology and Earth System Sciences，2011，15 (5): 1641－1660.

[157] Elena G C，Esther V. From Water to Energy: The Virtual Water Content and Water Footprint of Biofuel Consumption in Spain [J]. Energy Policy，2010，38 (3): 1345－1352.

[158] 白雪，胡梦婷，朱春雁等. 基于 ISO 14046 的工业产品水足迹评价研究——以电缆为例 [J]. 生态学报，2016，36 (22): 7260－7266.

[159] 孙义鹏，杨凤林. 基于水足迹理论的水资源可持续利用研究——以沿海缺水城市大连为例 [D]. 大连市: 大连理工大学，2007.

[160] 谭秀娟. 重庆市直辖以来水足迹研究 [D]. 重庆: 西南大学，2010.

[161] 王艳阳，王会肖，蔡燕. 北京市水足迹计算与分析 [J]. 中国生态农业学报，2011，19 (4): 954－960.

[162] 蔡振华，沈来新，刘俊国等. 基于投入产出方法的甘肃省水足迹及虚拟水贸易研究 [J]. 生态学报，2012，32 (20): 6481－6488.

[163] 孙才志，陈栓，赵良仕. 基于 ESDA 的中国省际水足迹强度的空间关联格局分析 [J]. 自然资源学报，2013，28 (4): 571－582.

[164] 刘秀巍，刘馨磊，孙庆智等. 产品水足迹研究及其在纺织行业的应用 [J]. 纺织导报，2011 (3): 23－26.

[165] 王来力，吴雄英，丁雪梅等. 棉针织布的工业碳足迹和水足迹实例分析初探 [J]. 印染，2012，38 (7): 43－46.

［166］王来力，吴雄英，丁雪梅等．纺织品及服装的工业水足迹核算与评价［J］．纺织学报，2017，38（9）：162－167．

［167］张音，丁雪梅，吴雄英．服装产品工业水足迹的若干基本问题［J］．印染，2013，39（7）：43－46．

［168］严岩，贾佳，王丽华等．我国几种典型棉纺织产品的工业水足迹评价［J］．生态学报，2014，34（23）：7119－7126．

［169］许璐璐，吴雄英，陈丽竹等．分阶段链式灰水足迹核算及实例分析［J］．印染，2015（16）：38－41．

［170］苏爱珍，吴雄英，丁雪梅．纺织服装产品水足迹标签构建的若干问题［J］．印染，2016（21）：34－38．

［171］孙清清，黄心禹，石磊．纺织印染企业水足迹测算案例［J］．环境科学研究，2014，27（8）：910－914．

［172］钟玲，柳若安，刘尊文等．工业园区纺织产品水足迹核算与评价［J］．环境与可持续发展，2016，41（6）：40－43．

［173］Cooperation O E. Oecd Environmental Indicators：Development, Measurement and Use［J］. Snuc-Sistema Nacional De Unidades De Conservação，2003，25：37.

［174］Rapport D J，Friend A M. Towards a Comprehensive Framework for Environmental Statistics：A Stress-Response Approach［M］. Ottawa：Statistics Canada，1979.

［175］崔延松．水资源经济学与水资源管理［M］．北京：中国社会科学出版社，2008．

［176］中华人民共和国环境保护部．2014年中国环境状况公报［EB/OL］［2017－12－04］. http：//www. zhb. gov. cn/gkml/hbb/qt/201506/t20150604_302942. htm.

［177］中华人民共和国国家统计局，Gb/T4754－2011．中国的国民经济行业分类标准［S］．2011．

［178］郑易生．环境与经济双赢乌托邦的误区与现实选择［J］．中

国人口·资源与环境，2000（3）：112－114.

［179］陆钟武．穿越“环境高山”：工业生态学研究［M］．北京：科学出版社，2008.

［180］王磊．基于经济增长与生态环境保护双赢的减物质化研究［D］．天津：南开大学，2010.

［181］Thompson S A. Water Use，Management，and Planning in the United States［M］. San Diego：Academy Press，1999.

［182］Grossman G M，Krueger A B. Economic Growth and the Environment［J］. Nber Working Papers，1994，110（2）：353－377.

［183］Khazzoom J D. Economic Implications of Mandated Efficiency in Standards for Household Appliances［J］. Energy Journal，1980，1（4）：21－40.

［184］Brookes L. A Low Energy Strategy for the Uk［J］. Atom，1979，269：73－78.

［185］Saunders H D. The Khazzoom-Brookes Postulate and Neoclassical Growth［J］. Energy Journal，1992，13（4）：131－148.

［186］中国环境年鉴编辑委员会．中国环境年鉴 2003［M］．北京：中国环境年鉴社，2003.

［187］中国环境年鉴编辑委员会．中国环境年鉴 2004［M］．北京：中国环境年鉴社，2004.

［188］中国环境年鉴编辑委员会．中国环境年鉴 2005［M］．北京：中国环境年鉴社，2005.

［189］中国环境年鉴编辑委员会．中国环境年鉴 2006［M］．北京：中国环境年鉴社，2006.

［190］中华人民共和国环境保护部．中国环境统计年报 2006［M］．北京：中国环境科学出版社，2007.

［191］中华人民共和国环境保护部．中国环境统计年报 2007［M］．北京：中国环境科学出版社，2008.

［192］中华人民共和国环境保护部．中国环境统计年报2008［M］．北京：中国环境科学出版社，2009.

［193］中华人民共和国环境保护部．中国环境统计年报2009［M］．北京：中国环境科学出版社，2010.

［194］中华人民共和国环境保护部．中国环境统计年报2010［M］．北京：中国环境科学出版社，2011.

［195］中华人民共和国环境保护部．中国环境统计年报2011［M］．北京：中国环境科学出版社，2012.

［196］中华人民共和国环境保护部．中国环境统计年报2012［M］．北京：中国环境科学出版社，2013.

［197］中华人民共和国环境保护部．中国环境统计年报2013［M］．北京：中国环境科学出版社，2014.

［198］Belder P，Spiertz J J，Bouman B M，et al. Nitrogen Economy and Water Productivity of Lowland Rice Under Water-Saving Irrigation［J］. Field Crops Research，2005，93（2－3）：169－185.

［199］中华人民共和国工业和信息化部．纺织工业“十二五”发展规划［EB/OL］.［2017－07－17］. http：//www. miit. gov. cn/n1146285/n1146352/n3054355/n3057267/n3057273/c3522180/content. html.

［200］中华人民共和国全国人民代表大会常务委员会．中华人民共和国水污染防治法［EB/OL］［2017－07－17］. http：//www. gov. cn/zhengce/2008－02/28/content_2602219. htm.

［201］Yu F，Han F，Cui Z. Evolution of Industrial Symbiosis in An Eco-Industrial Park in China［J］. Journal of Cleaner Production，2014，87（1）：339－347.

［202］中华人民共和国工业和信息化部．工业和信息化部关于进一步加强工业节水工作的意见［EB/OL］［2017－07－17］. http：//www. miit. gov. cn/n1146285/n1146352/n3054355/n3057542/n3057555/c3609188/content. html.

［203］中华人民共和国国务院．中共中央 国务院关于加快水利改革发展的决定［EB/OL］．［2017－07－17］. http：//www. gov. cn/jrzg/2011－01/29/content_1795245. htm.

［204］刘畅，李一，楼志献等．绍兴纺织印染业废水治理现状问题及对策［J］. 丝绸，2016（8）：45－51.

［205］中华人民共和国工业和信息化部．纺织工业"十一五"发展纲要［EB/OL］［2017－07－17］. http：//www. miit. gov. cn/n1146295/n1146562/n1146650/c3561753/content. html.

［206］Rose A，Casler S. Input-Output Structural Decomposition Analysis：A Critical Appraisal［J］. Economic Systems Research，2006，8（1）：33－62.

［207］Rueda J M，Beutel J，Neuwahl F，et al. A Symmetric Input-Output Table for Eu27：Latest Progress［J］. Economic Systems Research，2009，21（1）：59－79.

［208］Yang Z，Liu H，Xu X，et al. Applying the Water Footprint and Dynamic Structural Decomposition Analysis on the Growing Water Use in China During 1997－2007［J］. Ecological Indicators，2016（60）：634－643.

［209］Paul S，Bhattacharya R N. CO_2 Emission From Energy Use in India：A Decomposition Analysis［J］. Energy Policy，2004，32（5）：585－593.

［210］Ang B W，Liu N. Negative-Value Problems of the Logarithmic Mean Divisia Index Decomposition Approach［J］. Energy Policy，2007，35（1）：739－742.

［211］Howarth R B，Schipper L，Duerr P A，et al. Manufacturing Energy Use in Eight OECD Countries：Decomposing the Impacts of Changes in Output，Industry Structure and Energy Intensity［J］. Energy Economics，1991，13（2）：135－142.

［212］Park S H. Decomposition of Industrial Energy Consumption：An

Alternative Method [J]. Energy Economics, 1992, 14 (4): 265 -270.

[213] Sun J W. Changes in Energy Consumption and Energy Intensity: A Complete Decomposition Model [J]. Energy Economics, 2004, 20 (1): 85 -100.

[214] Sun J W. Accounting for Energy Use in China, 1980 -94 [J]. Energy, 1998, 23 (10): 835 -849.

[215] Vehmas J, Luukanen J, Kavio-Oja J. Technology Development Versus Economic Growth: An Analysis of Sustainable Development [R]: In Eu-Us Seminar: New Technology Foresight. Forecasting & Assessment Methods, 2004.

[216] 中华人民共和国国家发展和改革委员会. 2011 年度棉花临时收储预案 [EB/OL] [2017 -04 -27]. http: //bgt. ndrc. gov. cn/zcfb/201103/t20110330_500042. html.

[217] 中华人民共和国工业和信息化部. 化纤工业“十二五”发展规划 [EB/OL] [2017 -05 -15]. http: //www. miit. gov. cn/n1146295/n1146562/n1146650/c3074236/content. html.

[218] 中华人民共和国工业和信息化部. 关于印发《国家环境保护“十二五”规划》的通知 [EB/OL] [2017 -08 -20]. http: //www. miit. gov. cn/n1146 295/n1652930/n3757019/c5267251/content. html.

[219] 中华人民共和国国务院. 国务院关于实行最严格水资源管理制度的意见 [EB/OL] [2017 -07 -19]. http: //www. gov. cn/zwgk/2012 -02/16/content_2067664. htm.

[220] 马永喜, 王娟丽, 李一. 纺织工业废水处理模式改进研究 [J]. 丝绸, 2017, 54 (4): 37 -42.

[221] 中华人民共和国国务院. 纺织工业调整和振兴规划 [Eb/Ol] [2017 -08 -20]. Http: //WWW. Gov. Cn/Zwgk/2009 -04/24/Content_1294877. Htm.

[222] 中华人民共和国工业和信息化部. 工业和信息化部 国家发

展和改革委员会关于印发《化纤工业“十三五”发展指导意见》的通知 [EB/OL] [2017 - 08 - 20]. http://www.miit.gov.cn/n1146285/n1146352/n3054355/n3057601/n3057609/c5411390/content.html.

[223] Hulten C R. Divisia Index Numbers [J]. Econometrica, 1973, 41 (6): 1017 - 1025.

[224] Boyd G, Mcdonald J F, Ross M, et al. Separating the Changing Composition of U. S. Manufacturing Production From Energy Efficiency Improvements: A Divisia Index Approach [J]. Energy Journal, 1987, Volume 8 (2): 77 - 96.

[225] Longhofer W, Jorgenson A. Decoupling Reconsidered: Does World Society Integration Influence the Relationship Between the Environment and Economic Development? [J]. Social Science Research, 2017 (65): 17 - 29.

[226] Ang B W, Zhang F Q. A Survey of Index Decomposition Analysis In Energy and Environmental Studies [J]. Energy, 2014, 25 (12): 1149 - 1176.

[227] 中华人民共和国环境保护部, GB 4287 - 2012. 纺织染整工业水污染物排放标准 [S]. 2012.

[228] 郭承龙, 张智光. 污染物排放量增长与经济增长脱钩状态评价研究 [J]. 地域研究与开发, 2013, 32 (3): 94 - 98.

[229] 中华人民共和国主席令第八十七号. 中华人民共和国水法 [M]. 北京: 法律出版社, 2002.

[230] Ang B W, Liu F L. A New Energy Decomposition Method: Perfect In Decomposition and Consistent In Aggregation [J]. Energy, 2001, 26 (6): 537 - 548.

[231] Ang B W, Zhang F Q, Choi K H. Factorizing Changes In Energy and Environmental Indicators Through Decomposition [J]. Energy, 1998, 23 (6): 489 - 495.

后　　记

本书是在我博士论文的基础上修改完成的，在博士论文撰写过程当中，我的导师沈满洪教授付出了大量的心血，在选题确定、开题报道、大纲起草、论文写作与修订过程中认真审定与指导，对我完成本文起到了非常大的帮助。

当然，专著最终能够顺利完稿，离不开浙江理工大学纺织产业可持续发展研究团队的通力合作。特别是本书的第 4 ~6 章主要内容已以 SCI\ SSCI 论文的形式刊发在国际期刊上，以供学者的探讨；在论文发表过程中，浙江理工大学王来力博士给予了大量的指导和帮助，骆艳、陆琳忆、沈洁等同学积极参与，对于课题组成员刻苦专研的学习精神、协同创新的合作精神和不辞辛劳的奉献精神，我深感欣慰，并表示由衷感谢。也要感谢经济科学出版社李雪编辑。

本书的出版得到浙江理工大学浙江省生态文明研究中心、浙江省丝绸与时尚文化研究中心、服装学院的大力支持与资助。在此，表示由衷的感谢！

李　一

2018 年 5 月 29 日